内蒙古如期完成了脱贫攻坚目标任务，可喜可贺。脱贫摘帽不是终点，而是新生活、新奋斗的起点。解决发展不平衡不充分问题、缩小城乡区域发展差距、实现人的全面发展和全体人民共同富裕，仍然任重道远。内蒙古地广人稀，农牧民生活居住比较分散，生态环境脆弱，在巩固拓展脱贫攻坚成果、推进乡村振兴上难度大、挑战多，要坚决守住防止规模性返贫的底线。要发展优势特色产业，发展适度规模经营，促进农牧业产业化、品牌化，并同发展文化旅游、乡村旅游结合起来，增加农牧民收入。

——2021 年 3 月 5 日，习近平总书记在参加十三届全国人大四次会议内蒙古代表团审议时的重要讲话

脱贫攻坚丛书

POVERTY ALLEVIATION SERIES

# 建设亮丽内蒙古

## ——内蒙古自治区脱贫攻坚答卷

本书编写组

人民出版社

# 编　委　会

# 目　录 CONTENTS

## 第六章　"切断贫困代际传递"
### ——教育扶贫的实践与成果

## 第七章　"没有全民健康，就没有全面小康"
### ——健康扶贫的实践与成果

## 第八章　"一方水土养一方人"
### ——易地扶贫搬迁的实践与成果

## 第三部分　机制保障篇

# 第四部分　先进风采篇

# 前　言

　　2021 年 2 月 25 日，习近平总书记在全国脱贫攻坚总结表彰大会上庄严宣告，我国脱贫攻坚战取得了全面胜利，现行标准下 9899 万农村贫困人口全部脱贫，832 个贫困县全部摘帽，12.8 万个贫困村全部出列，区域性整体贫困得到解决，完成了消除绝对贫困的艰巨任务，创造了又一个彪炳史册的人间奇迹！回首过去，我们见证并亲历了中华民族奋斗史上浓墨重彩的一笔。这段非凡的历程，值得每一个中华儿女骄傲自豪，必将成为中华民族的宝贵财富和永久记忆。

　　一部中国史，就是一部中华民族同贫困作斗争的历史。早在 2000 多年前，中国的先人就发出了"民亦劳止，汔可小康"的希冀。千百年来，中华民族渴望摆脱贫穷、走向富足。中国共产党从成立之日起，就坚持把为中国人民谋幸福、为中华民族谋复兴作为初心使命，团结带领中国人民为创造自己的美好生活进行了长期艰辛奋斗。一代代中国人民，在党的领导下开启了人类史上前无古人的减贫接力赛。特别是党的十八大以来，以习近平同志为核心的党中央从实现第一个百年奋斗目标的战略全局出发，把扶贫开发工作摆在治国理政的突出位置，作出一系列重大部署和安排，明确脱贫攻坚是实现第一个百年奋斗目标的底线任务。2015 年 11 月召开的中央扶贫开发工作会议，作出了全面打赢脱贫攻坚战的决定，向全党全国各族人民发出了决战决胜脱贫攻坚战的号令，全面打响了声势浩大的脱贫攻坚人民战争，力度之大、规模之广、影响之深，前所未有。党和人民披荆斩棘、栉风沐雨，发扬钉钉子精神，敢于啃硬骨头，攻克了一个又一个贫中之贫、坚中之坚，脱贫攻坚取得了重大历史性成就。

作为我国最早成立的少数民族自治区，内蒙古始终与祖国同呼吸、共命运。在这场史无前例的脱贫攻坚战中，在中国共产党的坚强领导下，内蒙古与全国步调一致，交出了一份优秀的答卷。

内蒙古自治区集民族地区、革命老区、偏远地区、生态脆弱区于一体，有 31 个国贫旗县和 26 个区贫旗县，3681 个贫困嘎查村。全区贫困面和深度贫困旗县主要分布在大兴安岭南麓和阴山南北麓，这些地方贫困发生率高、贫困程度深、基础设施条件差，攻坚任务十分艰巨。对内蒙古而言，打赢打好脱贫攻坚战，既是扶贫工作也是民族工作，既是经济问题也是政治问题，关乎全局、关乎长远、关乎根本。

在发展历程中的每一个关键时刻，内蒙古都得到了党中央的坚强领导和深情关切。2018 年初，习近平总书记在内蒙古自治区参加十三届全国人大代表选举，表达了党中央对边疆民族地区的重视，体现了党中央加快推进欠发达地区发展、打赢脱贫攻坚战的决心。之后，习近平总书记每年参加内蒙古代表团审议，都把打好脱贫攻坚战作为讲话的重要内容。

"打好脱贫攻坚战，关键是打好深度贫困地区脱贫攻坚战，关键是攻克贫困人口集中的乡（苏木）村（嘎查）。""要坚持因地制宜、因村施策，宜种则种、宜养则养、宜林则林，把产业发展落到促进农民增收上来。要建强农村基层党支部，提升乡镇和村为农民和农业服务能力。""要巩固和拓展产业就业扶贫成果，做好易地扶贫搬迁后续扶持，推动脱贫攻坚和乡村振兴有机衔接。"

殷殷嘱托，重如千钧，成为内蒙古各族儿女决战决胜脱贫攻坚的行动指南、根本遵循。

面对这场只能赢、不能输的背水之战，内蒙古自治区党委、政府把脱贫攻坚作为最大政治任务和头号民生工程来抓，深入学习贯彻习近平总书记关于扶贫工作的重要论述和对内蒙古的重要讲话重要指示批示精神，全面贯彻落实党中央、国务院脱贫攻坚决策部署，层层落实工作责任，强化保障措施，严格考核监督，驰而不息、一以贯之地推进、推进、再推进。

全区各地聚焦"两不愁三保障"，把"精准"要求贯穿脱贫攻坚全过程、各环节，建立完善责任体系、政策体系、投入体系、考核体系、社会动员体系、监管体系，实施"十项清零达标"专项行动，逐步形成了符合边疆民族地区区情的脱贫攻坚模式。

各级党委、政府将脱贫攻坚的战场当作锤炼能力、检验初心的考场，尽锐出战、倾力帮扶。内蒙古自治区省级领导同志一对一联系贫困旗县，18个专项工作推进组、57支工作总队、8万多名扶贫干部奔赴一线，足迹遍布3681个贫困嘎查村和5008个非贫困嘎查村。逐级规划时间表、路线图，倒排工期，做到不脱贫工作队不撤离、责任人不脱钩。抓党建促脱贫工作深入推进，党旗始终在脱贫攻坚一线高高飘扬。

放眼北疆大地，一个个贫困嘎查村实现华丽蜕变，一个个民生项目落地扎根，一项项脱贫政策落实到位，一个个贫困地区生机勃发，一个个贫困家庭气象一新……我们可以自豪地告诉世人，内蒙古各族贫困群众的脱贫，是基本民生需求和发展权利得到充分保障的真脱贫、脱真贫，这份成绩单，经得起历史和人民的检验。

本书系统总结了内蒙古自治区的精准扶贫精准脱贫模式，力图通过图文并茂的形式和通俗易懂的语言全方位展现脱贫攻坚做法、经验和成效，并从实践层面上升到理论层面，以期为今后巩固脱贫攻坚成果、建立解决相对贫困的长效机制、全面实施乡村振兴战略提供有益参考。内蒙古自治区的脱贫实践，是中国消除绝对贫困行动的组成部分，是边疆民族地区全面建成小康社会征程的生动缩影，具有典型性和代表性。内蒙古的脱贫攻坚工作亦是研究我国扶贫开发实践的一个窗口，对其他国家和地区推进减贫工作具有一定的启发和借鉴意义。

本书由内蒙古扶贫办、实践杂志社、内蒙古党委党史和文献研究室联合编写，图片和视频均由内蒙古扶贫办提供。同时，感谢在本书编写过程中给予大力支持的单位和部门，他们是内蒙古社会科学院和自治区政府办公厅、发改委、教育厅、民政厅、财政厅、人社厅、住建厅、水利厅、农牧厅、卫健委、林草局等。

本书编写组

2021 年 4 月

第一部分

脱贫答卷篇

# 第 一 章

# 贯彻落实习近平总书记关于扶贫工作重要论述的生动实践

党的十八大以来，以习近平同志为核心的党中央从全面建成小康社会、实现第一个百年奋斗目标要求出发，把扶贫开发工作纳入"五位一体"总体布局、"四个全面"战略布局，作出一系列重大部署和安排，明确脱贫攻坚是实现第一个百年奋斗目标的重点任务，全面打响脱贫攻坚战。内蒙古自治区党委、政府坚持以习近平新时代中国特色社会主义思想和习近平总书记关于扶贫工作的重要论述为统领，对内蒙古扶贫工作作出重要部署和顶层设计；全区各级扶贫部门全面落实自治区党委、政府脱贫攻坚决策部署，围绕"两不愁三保障"目标，狠抓"责任落实、政策落实、工作落实"，推动全区脱贫攻坚取得巨大成就。

## 一、坚持党的领导，强化组织保证

习近平总书记深刻指出："切实落实领导责任。坚持党的领导，发挥社会主义制度可以集中力量办大事的优势，这是我们的最大政

2018 年 12 月，内蒙古自治区党委召开扶贫开发领导小组会议暨打赢精准脱贫攻坚战旗县（市、区）委书记述职交流视频会

治优势。"自治区为认真落实五级书记抓扶贫要求，出台了《内蒙古自治区五级书记抓脱贫攻坚工作职责》，党政"一把手"亲自抓带头干，既当指挥员又当战斗员，切实履行第一责任人责任，层层传导压力，引领带动各级各部门把扶贫工作紧紧抓在手上，形成强大的攻坚合力。建立健全了由自治区党委书记任组长，自治区主席任第一副组长，党委、政府等有关省级领导任副组长，44 个部门为成员单位的脱贫攻坚组织机构，统筹推进全区脱贫攻坚。指导各盟市、旗县相应成立了盟市（旗县）委书记任组长的扶贫开发领导小组，逐级压实各级书记脱贫攻坚责任。"各级党委和政府要高度重视扶贫开发工作，把扶贫开发列入重要议事日程。"自治区党委、政府对全区脱贫攻坚工作负总责，重在把党中央脱贫攻坚决策部署转化为实施意见，压实各级脱贫攻坚工作责任。开展现职省级领导干部联系贫困旗县工作，36 位省级领导"一对一"联系贫困旗县，帮助基层推动脱贫攻坚。自治区成立 18 个脱贫攻坚专项工作推进组，由部门

主要负责人任工作组组长，推进本行业本领域脱贫攻坚工作，政府常务副主席牵头、各领域分管副主席负责，进一步压实了领导班子成员和行业部门脱贫攻坚责任。盟市党委、政府从当地实际出发，重点做好上下衔接、指导基层、盟市内协调、督促检查等工作，推动自治区脱贫攻坚各项政策措施落地生根。旗县党委、政府承担脱贫攻坚主体责任，重点做好进度安排、项目落地、资金使用、人力调配、推进实施等工作。苏木乡镇党委、政府和嘎查村"两委"对本地区脱贫攻坚工作承担具体责任，负责推动各项政策落地和各项工作落实。"农村基层党组织是党在农村全部工作和战斗力的基础，是贯彻落实党的扶贫开发工作部署的战斗堡垒。"自治区将强化基层帮扶力量作为提升基层党组织建设的重要抓手，向57个贫困旗县分别派驻由1名厅级干部带队的脱贫攻坚工作总队，常驻贫困旗县督导脱贫攻坚；向3681个贫困嘎查村和5008个非贫困嘎查村派驻脱贫攻坚工作队，从自治区、盟市、旗县和乡镇累计选派8.2万余名党政机关、国有企业和事业单位干部到嘎查村担任第一书记和驻县、驻村干部，32180名干部驻村开展帮扶，有效推动了扶贫项目、产业发展、集体

## 制度体系

📎 五级书记抓扶贫

📎 省级干部"一对一"联系贫困旗县

📎 派驻工作总队（向57个贫困旗县均派驻工作总队）

📎 选派8689个驻村工作队共3.2万余人

📎 共选派帮扶责任人18万人，帮扶每个贫困户

经济、基层党建等重点任务落实。

# 二、坚持精准方略，提高脱贫实效

习近平总书记指出："精准扶贫，一定要精准施策。要坚持因人因地施策，因贫困原因施策，因贫困类型施策。"自治区通过深入调查摸底，在六个精准（即扶持对象、项目安排、资金使用、措施到户、因村派人、脱贫成效）上想办法、出实招、见真效，对不同原因、不同类型的贫困，采取不同的脱贫措施，对症下药、精准滴灌、靶向治疗，践行了习近平总书记关于"强调扶贫措施精准到户到人，主要是强调对贫困户要有针对性的帮扶措施，缺啥补啥，但并不是说每一项扶贫措施都是对着所有贫困户去的"具体要求。内蒙古是边疆少数民族地区，贫困地区经济发展相对滞后，基础设施比较薄弱，尤其是燕山—太行山、大兴安岭南麓两个集中连片特困地区，大量贫困群众居住在交通不便、土地贫瘠的发展受限地区，在国家和自治区多轮扶贫开发中都没有彻底拔掉穷

**工作体系**

开展建档立卡，着力解决"扶持谁"的问题

开展驻村帮扶，着力解决"谁来扶"的问题

精准落实帮扶措施，着力解决"怎么扶"的问题

严把贫困退出关，着力解决"如何退"的问题

根，是脱贫攻坚最难啃的硬骨头。自治区针对这部分贫困程度更深、其他扶贫政策收效不明显的贫困群众，实施了易地扶贫搬迁工程，为下一步乡村振兴、新型城镇化等国家战略的实现奠定了坚实基础。自治区按照"宜农则农、宜牧则牧、宜工则工"的产业发展要求，大力发展优势主导产业，大力发展特色农畜产品种养殖及农畜产品深加工，持续强化贫困地区农牧业生产基础设施建设。将贫困旗县全部纳入自治区 15 个优势产业带和 11 个产业集群，因地制宜发展肉羊、肉牛、奶牛、饲料饲草、玉米、水稻、小麦、马铃薯、向日葵、杂粮杂豆、果蔬等主导产业，突出资源优势发展光伏、电商、旅游、生态、庭院经济等特色产业，把贫困户吸附在产业链条上，实现贫困人口产业项目全覆盖，通过产业带动实现稳定脱贫。2016—2019 年累计通过产业脱贫 41.87 万人，占脱贫总人口的 52%。在 2019 年国务院脱贫攻坚成效考核中获得两个"好"，产业扶贫工作得到了充分肯定。同时，大力实施生态扶贫，将 80% 以上的国家和自治区林业重点生态建设项目安排到贫困旗县，兴安盟入选"国家生态文明建设示范盟"、"绿水青山就是金山银山"实践创新基地，让更多贫困人口在生态扶贫中实现增收。

# 三、坚持加大投入，强化资金支持

自治区根据脱贫攻坚任务需要和财力情况，按照习近平总书记强调的"各级政府要加大对扶贫开发的支持力度，形成有利于贫困地区和扶贫对象加快发展的扶贫战略和政策体系"，始终把脱贫攻坚资金保障摆在突出位置，大幅增加资金投入。按照贫困状况、政策任务和脱贫成效等，着重向扶贫开发工作重点旗县、贫困革命老区、贫困少数民族地区、贫困边境地区和连片特困地区倾斜，使资金向脱贫攻坚主战场聚焦。2016—2020年，内蒙古自治区累计投入财政专项扶贫资金461.4亿元。"在增加财政投入的同时，要加大扶贫资金整合力度。"为进一步做好内蒙古自治区涉农涉牧资金统筹整合工作，相继出台了《内蒙古自治区人民政府办公厅关于贫困旗县统筹整合使用财政涉农涉牧资金试点工作的实施意见》(内政办发〔2016〕101号)、《内蒙古自治区人民政府关于进一步加强扶贫资金使用管理的意见》（内政发〔2018〕21号）等一系列统筹整合涉农涉牧资金制度文件。贫困旗县加大资金统筹整合使用工作推进力度，科学编制和制定资金统筹整合方案及资金管理办法，严格执行资金整合范围，切实做到"因需而整、应整尽整"，有效提高了资金使用效率。2016—2020年，内蒙古自治区31个国贫旗县计划整合资金规模297.53亿元。自治区也在积极做好金融扶贫这篇文章，强化金融扶贫小额信贷工作，启动实施了金融扶贫富民工程，先后出台系列金融扶贫政策文件，形成了与全区精准扶贫精准脱贫任务相适应、比较完善的扶贫小额信贷政策框架体系。截至2020年8月底，累计发放建档立卡贫困户扶贫小额贷款49.35万户（次）、203.64亿元，边缘户贷款0.14亿元。同时，加

2012—2020年财政扶贫资金投入情况表

强扶贫资金监管，严格落实资金监管责任，在持续做好扶贫资金日常监督管理工作的基础上，由财政、扶贫等部门牵头成立资金使用监管指导组，对 57 个贫困旗县扶贫资金使用情况开展了两轮督查，及时发现问题并督促解决。

# 四、坚持社会动员，凝聚各方力量

"'人心齐，泰山移'。脱贫致富不仅仅是贫困地区的事，也是全社会的事。"习近平总书记 2018 年在打好精准脱贫攻坚战座谈会上的讲话进一步强调，"我们坚持政府投入的主体和主导作用，深入推进东西部扶贫协作、党政机关定点扶贫、军队和武警部队扶贫、社会力量参与扶贫"。自治区坚持问题导向，完善政策措施，坚持充分发挥政府和社会两方面力量作用，持续深化京蒙扶贫协作，扎实推进中央单位定点帮扶，积极开展社会扶贫工作，形成脱贫攻坚合力。一是加强京蒙扶贫协作，凝聚脱贫攻坚合力。2018 年京蒙两地签署《全面深化京蒙扶贫协作三年行动框架协议》以来，内蒙古自治区党委、政府与北京市党委、政府坚决贯彻习近平总书记关于扶贫工作的重要论述，不断强化责任担当，加强财政援助，优化结对关系，探索"组团式"帮扶，密切人才交流，深化各领域合作，推动劳务就业协作，京蒙扶贫协作不断取得新成绩，共 30 万贫困群众受益，并助力 31 个国贫旗县全部实现摘帽。特别是牢记"东西部扶贫协作和对口支援要注意由'输血式'向'造血式'转变，实现互利双赢、共同发展"的要求，京蒙双方不断拓展结对范围，推动基层广泛开展结对，推进"组团式"帮扶，深入开展镇镇结对、村村结对、村企结对、社会组织与村结对、学校结对、医院结对等"六个结对"，实现横向拓展、精准

## 社会动员体系

中央单位定点帮扶国贫旗县

京蒙两地开展协作扶贫

自治区厅局定点帮扶贫困嘎查村

开展"万企帮万村"行动

动员社会各界广泛参与扶贫

对接、互利共赢。双方每年签署年度扶贫协作协议，确定财政援助、干部和专业技术人员互派、省内外就业、携手奔小康、社会动员等重点指标任务。二是积极开展社会扶贫工作，深入开展"万企帮万村"行动。按照中央和自治区关于打赢脱贫攻坚战的决策部署，结合边疆少数民族地区实际情况采取有力措施，开展"村（嘎查）企合作"精准扶贫行动。立足于丰富的畜禽资源，充分发挥地方特色和区域优势，积极推动"公司＋贫困户"特色养殖业，"公司＋合作社＋农户"订单式、就业式、培训式发展特色种植业扶贫，在资源丰富但社会经济水平较为落后的地区，变自然资源为优质资产，借助地缘及资源优势，带动贫困户脱贫。截至 2020 年 6 月，1148 家企业与 2986 个嘎查村结对，2182 个项目累计投入 28.7 亿元，带动建档立卡贫困户 5.4 万户 13.56 万人。引导民营企业积极参与沙漠生态治理，营造致富新路，既改善了生态环境，又带动了周边农牧民增收致富。有效发挥"中国社会扶贫网"作用，制定了《内蒙古自治区"中国社会扶贫网"上线工作的实施方案》，为贫困需求和爱心帮扶搭建了公开透明有效的对接平台。

# 五、坚持从严要求，促进真抓实干

"脱贫攻坚，从严从实是要领。"习近平总书记如是强调，"脱贫攻坚要坚持实事求是，不能层层加码，提不切实际的目标"。脱贫攻坚的目标任务是"确保现行标准下的农村贫困人口全部脱贫，消除绝对贫困；确保贫困县全部摘帽，解决区域性整体贫困"。贫困县脱贫摘帽，既是"两个确保"目标任务中的一个指标，又是实现"消除绝对贫困"的前提和基础。自治区弥补政府自我评估缺陷，委托与被评估方无隶属关系和利益关系的第三方，科学设定"三率一度"（综合贫困发生率不能超过3%、参考错退率不能超过2%、漏评率不能超过2%和群众认可度达到90%以上），对接"两不愁三保障"扶贫标准，既保障了第三方有规可依、规范有序开展评估，也保证了客观、公正、准确检查被评估方，这是自治区积极探索形成的委托第三方机构可复制、可推广的成功经验。"加强考核，确保成效。要用严格的制度来要求和监督，不能做与不做一个样、做多做少一个样。"自治区不断根据脱贫攻坚形势进展改进考核评估机制，坚持从严从实，构建最严格的考核评估体系，持续实化考核方法、内容、程序，充分发挥考核"坚持从严要求，促进真抓实干"的作用，形成了一系列重要经验和有效做法。一是强化考核顶层设计，经过不断丰富完善，逐渐形成了"三原则"——在部署上确立了综合性原则、在内容上确立了全面性原则、在结果上确立了关联性原则。二是立足攻坚形势任务，突出精准"四个要点"——责任考核之"严"、因势调整之"实"、分类考核之"准"、平时考核之"全"。三是坚持较真碰硬，规范考核"五大环节"——健全制度体系、完善考核程序、强化结果运用、

**监督体系**

- 统筹规范督查考评
- 改进资金监管机制
- 广泛接受社会和媒体监督
- 坚决有力抓好问题整改

激发考核实效、总结经验启示。四是坚持务实较真，建立了贫困县退出管理体系，形成了规范有序、可资借鉴的第三方参与机制。五是聚焦习近平总书记多次强调的"切实防止形式主义，不能搞花拳绣腿，不能搞繁文缛节，不能做表面文章"的要求，开展扶贫领域形式主义、官僚主义集中整治，重点从减少文山会海、减少多头检查、防止层层评估等形式主义官僚主义方面聚焦发力，建成自治区精准扶贫大数据平台，实现22个行业部门横向数据共享，中央、自治区、盟市和旗县四级数据纵向贯通，切实为基层减负，推动脱贫攻坚工作取得实效。

# 六、坚持群众主体，激发内生动力

加强扶贫扶志，激发贫困群众内生动力，是中国特色扶贫开发的显著特征，是内蒙古自治区实现高质量脱贫的关键环节，更是抵御返贫风险的强大保障和实现持续发展的动力来源。自脱贫攻坚以来，内蒙古自治区始终按照习近平总书记强调的"要加强扶贫同扶志、扶智相结合，激发贫困群众积极性和主动性，激励和引导他们靠自己的努力改变命运，使脱贫具有可持续的内生动力"的要求，破解脱贫攻坚进程中的深层次矛盾和问题。结合实际制定了《关于开展扶贫扶志行动措施》，通过加大宣传力度、强化教育引导和技能培训、拓宽就业渠道、实施奖励机制等途径增强脱贫致富信心，有效帮助贫困群众打开自主脱贫通道，激发增收致富谋发展的内生动力，让贫困群众从"坐着等"变为"起来干"，全区广大贫困群众脱贫致富信心和自我发展能力明显提高，精神面貌显著改变，扶贫扶志工作取得积极进展。成功经验也颇为丰富，比如，赤峰市敖汉旗创办脱贫攻坚讲习所，开展扶志教育，激活内生动力；呼和浩特市清水河县和赤峰市林西县创新实施"孝扶共助"工程，把树立良好家风、推动移风易俗与打赢脱贫攻坚战紧密结合起来；赤峰市阿鲁

兴安盟乌兰浩特市签约家庭医生在乌兰哈达镇白音特布斯格嘎查开展入户服务

科尔沁旗和兴安盟乌兰浩特市创新性探索出已入选全国扶贫扶志典型案例的"积分制"扶贫模式，以在建档立卡贫困户中立标杆、树榜样的方式，引导困难群众克服"等靠要"思维，激励和引导贫困群众通过发展生产赚积分、得奖励，树立勤劳实干的"精气神"。"把贫困群众积极性和主动性充分调动起来，引导贫困群众树立主体意识，发扬自力更生精神，激发改变贫困面貌的干劲和决心，变'要我脱贫'为'我要脱贫'，靠自己的努力改变命运"，最大限度激发了建档立卡贫困户内生动力。

# 七、坚持先行先试，创新资产管理

内蒙古把各类扶贫资金变成扶贫资产，构建起了资产底数清楚、产权归属明晰、管理运营规范的扶贫资产管理机制。扶贫资产像"滚雪球"一样越滚越大，成为巩固脱贫成果的源头活水。党的十八大以来，随着自治区扶贫开发投入力度持续加大，项目建设形成相当规模的扶贫资产，对促进贫困群众持续增收脱贫、壮大农村集体经济发挥了重要作用。基于这一认识，内蒙古自治区先试先行，率先在全国开展扶贫资产管理工作，印发《内蒙古自治区人民政府关于加强扶贫资产管理的指导意见（试行）》（内政发〔2019〕18号），通过试点先行、组织部署、完善机制、定期调度等方式，构建起了扶贫资产底数清楚、产权明晰、管理规范、运营专业的扶贫资产管理工作机制。建立完善公益类、经营类、到户类县乡村三级管理台账，推进公司化管理运营，创新管理模式，合理规范扶贫资产收益，强化风险防控，确保扶贫资产"滚雪球"式持续保值增值。经初步统计，其中共投入各类扶贫资金734亿元，形成各类资产484亿元，其中，公益类资产

118 亿元，经营类资产 179 亿元，到户类资产 187 亿元。同时，通过各具特色、符合地区实际的制度创新和模式创新，探索形成了"加强资金资产项目管理，建立健全资产管理制度，持续发挥效益"的成功经验。如呼和浩特市采取"1 ＋ 1 ＋ 1"多元化扶贫资产管理模式（1 种公司化运营模式，1 种设立扶贫资产管理办公室模式，1 种由乡镇、村集体经济及行业部门自主管理模式），让扶贫资产收益持续发挥带贫减贫效应，巩固提升脱贫成果。兴安盟突泉县推行双向追踪、三级定责、五权明置、五化运营的"2355"管理模式，有效解决扶贫资金从哪里来和到哪里去、扶贫资产"谁来管""怎么管"、扶贫收益"怎么用"的问题。锡林郭勒盟通过实施"苏鲁克"（扶贫"铁畜"）管理办法规范资产收益，采取 3 年为一个承包期限，承包到期且贫困户达到脱贫标准后，嘎查收回所承包"铁畜"，对新增贫困户或返贫户进行下一轮自我扶持发展，形成了扶贫资产持续保值、贫困户长期受益的良好管理机制。

# 八、坚持机制创新，蓄力乡村振兴

习近平总书记强调："要把脱贫攻坚同实施乡村振兴战略有机结合起来，推动乡村牧区产业兴旺、生态宜居、乡风文明、治理有效、生活富裕，把广大农牧民的生活家园全面建设好。"自治区始终坚持体制机制创新，在高质量打赢脱贫攻坚战、巩固脱贫成果和建立解决相对贫困长效机制方面进行积极探索，持续推进全面脱贫与乡村振兴有效衔接。赤峰市作为自治区先行先试地区，2019 年 5 月获批建设国家扶贫改革试验区，学习借鉴其他改革试验区成功经验，探索适合西部省份实际的扶贫改革试验长效体制机制，累计为各级扶贫改革试验区投入资金 1.1 亿元，启动实施试验试点项目 21 个。部分项目取得了很好成效，为乡村振兴全面开展奠定扎实基础，防贫保障基金、"乡招村用"扶贫队伍建设体制机制改革、构建农村综合信用体系和创新农村牧区互助融合养老模式 4 个试验项目，作为典型案例上报国扶办。"及时探讨未来解决相对贫困问题的长效机制，同时也是当前巩固脱贫成果、打赢脱贫攻坚战的重要保障。"自治区推动试验区在相对贫困预警机制、识别标准和长效帮扶方面积极探索，统筹城乡贫困识别与帮扶，建立了以综合性收支测算体系为主的多维相对贫困识别体系，创新建立以完善综合民生保障为主的解决整体性相对贫困机制、以"两补两转"生态扶贫和统筹推进乡村振兴为主的解决区域性相对贫困机制，强化区域经济发展和产业带贫成效，提高收入型或收支平衡型相对贫困人口收入，确保实现稳定脱贫不返贫，从而形成缓解相对贫困的长效帮扶措施。利用扶贫资金、资产收益分红资金和嘎查村集体经济设立各种类型的防贫基金池，用于解决辖区内相对贫困问题。完善帮扶政策和社会保障体系，探索开展农村牧区互助养老模

鄂尔多斯市杭锦旗集中打造的小聚居

式，确保相对贫困人口能够享受到公平的公共服务，整体生活水平能够随着社会发展逐步得到改善，进而在实现巩固脱贫成果的基础上治理相对贫困，构建全面防贫屏障。

# 第 二 章

# 内蒙古脱贫攻坚交出满意答卷

　　党的十八大以来，内蒙古自治区党委、政府深入学习习近平总书记关于扶贫工作的重要论述，全面贯彻落实党中央、国务院各项决策部署，聚焦精准扶贫精准脱贫，层层落实工作责任，强化保障措施，严格考核监督，扎实推动全区脱贫攻坚工作，取得了历史性的巨大成就。在 2019—2020 年省级党委政府脱贫攻坚成效考核中，内蒙古自治区连续两年被国务院、扶贫开发领导小组认定为完成年度计划、减贫成效显著、综合评价好的地区。

　　2012 年，内蒙古自治区共有国家级贫困旗县 31 个、自治区级贫困旗县 26 个，全区贫困总人口 197 万人。2019 年 4 月 19 日，26 个自治区级贫困旗县全部摘帽；2020 年 3 月 4 日，31 个国家级贫困旗县全部摘帽，3681 个建档立卡贫困嘎查村全部退出。2020 年底，剩余的 1.6 万建档立卡贫困人口全部脱贫。至此，内蒙古自治区 57 个贫困旗县全部脱贫摘帽，实现贫困县全部"清零"，区域性整体贫困问题得到解决。"上下同欲者胜"，经过 8 年万众同心、艰苦卓绝的斗争，内蒙古自治区如期完成了脱贫攻坚任务目标。

内蒙古 57 个贫困旗县"摘帽"时间表

|  | 2017 年 | 2018 年 | 2019 年 | 2020 年 | 合计 |
|---|---|---|---|---|---|
| 国家级贫困旗县 | 1 | 10 | 20 |  | 31 |
| 自治区级贫困旗县 | 13 | 13 |  |  | 26 |

2012—2020 年内蒙古自治区贫困人口变化及贫困发生率

# 一、全面实现"两不愁三保障"

　　"两不愁"即不愁吃、不愁穿，内蒙古自治区已全面实现，且质量水平不断提升。"三保障"包括义务教育有保障、基本医疗有保障、住房安全有保障，这三个方面的脱贫退出条件也已全部达标。

　　义务教育方面。2014 年，国家启动实施全面改善贫困地区义务教育薄弱学校基本办学条件项目，重点支持内蒙古自治区 76 个贫困、边境及少数民族旗县义务教育薄弱学校全面改善基本办学条件。截至 2019 年

《决战决胜脱贫攻坚 60 热问》第三集

底，自治区全面消除了 D 级危房，住宿"大通铺"、食堂土灶台、火炉取暖等问题得到解决，配备了必要的教学设备、体育设施和信息化设备，贫困地区义务教育学校办学条件达到标准化建设要求。同时，义务教育阶段实行"两免一补"和营养改善计划，全区 2016 年以来累计资助各级各类学生 2102.79 万人次，资助金额 233.41 亿元。自治区还建立了控辍保学管理动态数据库，精准做好失学辍学儿童少年监测、核查和劝返工作，确保了全区义务教育阶段学生无因贫失学辍学情况。

医疗保障方面。全面实施贫困人口免费健康体检和"两免、两降、四提、四助"的医疗保障倾斜政策。"两免"即免住院押金，免（减）个人参保费用；"两降"即降低基本医保、大病保险起付线；"四提"即提高住院治疗报销比例、提高重大疾病报销比例、提高门诊常见病报销比例、提高慢性病门诊补助比例；"四助"即开展新农合大病保险救助、建立大病保障基金救助、落实民政医疗救助、购买大病商业保险救助。全面落实"大病集中救治一批、慢病签约服务管理一批、重病兜底保障一批"工作要求，将贫困人口全部纳入城乡居民基本医疗保险、大病保险和医疗救助范围。自2016 年以来，内蒙古连续 3 年对全区 45 个主要病种、48 个次要病种进行调查核实，确认贫困患者 33.86 万人。因病致贫返贫贫困户患者核实核准率达 100%。截至 2019 年底，建档立卡贫困人口实现应保尽保，贫困患者救治比例达 99.9%，30 种大病患者救治率达 99.9%；34.4 万名贫困慢性病患者享受签约服务，签约率达98.5%；住院医疗费用个人自付比例控制在 15% 左右，县域内就诊率达到 90% 以上。内蒙古还实施了贫困旗县卫生院卫生室达标专项行动，安排财政专项资金 1.3 亿元，完成 752 所卫生室和 176 个卫生院达标建设。

住房保障方面。早在 2009 年，国家就开始实施危房改造工程，一期工程到 2012 年末结束；二期工程从 2013 年开始实施，2016 年结束。两期工程内蒙古共改造涉及分散供养五保户、低保户、贫困残疾人家庭等三类低收入农村牧区家庭危房 96 万户。2016 年开始，又将农村牧区危房改造列为脱贫攻坚的一项重要任务。2016 年 12 月，财政部、住建部出台了专门针对农村危房改造的《中央财政农村危房改造补助资金管理办法》，加大了对农村危房改造的资金支持力度。2013—2020 年，内蒙古共下达中央补助资金 79.6 亿元，自治区本级补助资金 63.6 亿元，支持 99.3 万居住在危房中的农牧区贫困户实施危房改造，其中 13.7 万户建档立卡贫困户住上了安全房、放心房。改造后的住房经受住了地震和洪灾考验，切实保护了贫困群众的生命财产安全，极大地改善了自治区农牧区贫困户的居住环境。

2017—2020 年危房改造总户数及其建档立卡贫困户危房改造数

饮水安全方面。2018 年，国家在扶贫对象动态管理工作要求中，增添了"饮用水安全保障"一项。内蒙古 80% 以上的地区处于干旱、半干旱地区，大部分地区水资源匮乏，一些地区存在地下水含氟量、含砷量超标情况，部分地区贫困群众长期饮用高氟水导致骨骼畸形，饮用高砷水导致慢性砷中毒，引起神经衰弱。"十三五"期间，中央财政补助自治区饮水安全资金9.9亿元，自治区本级财政安排投资12.9亿元用于饮水安全工程建设。到2018年底，建成农村集中式和分散式供水工程93万多处，解决了1820万农牧区人口的饮水困难问题。内蒙古通过开展地方病防治专项三年攻坚行动，安排饮水安全巩固提升工程改水专项资金共7.51亿元，实施了一系列改水工程，通过远距离输水、就近取水处理、开采浅层地下水等途径解决了63个旗县、共计

建档立卡贫困户危房改造前后对比图
（上图为改造前，下图为改造后）

74万人的氟砷碘超标问题。全区贫困人口饮水安全问题得到全面解决，农村牧区集中供水率达82%，自来水普及率达81%，水质得到明显改善。2019年，中央、自治区、盟市、旗县四级党委政府继续投资8.41亿元，对农村牧区饮水安全进行巩固提升，对分散居住的贫困户免费提供净水器，对居住相对集中的村落则建造小型水厂，保障了困难群众的饮水安全。到2020年底，自治区已实现所有贫困户饮水安全达标。

# 二、贫困群众收入水平大幅度提高

自脱贫攻坚战打响以来，内蒙古自治区党委、政府坚持科学调整救助标准与坚持开发式扶贫相结合的方针，贫困地区群众收入水平实现大幅增长。

一方面，建立科学的救助标准动态调整机制，确保困难群众基本生活水平与经济增长同步。全区城市低保平均标准由 2016 年的 542元 / 月提高到 2020 年的 732 元 / 月，年均增长 7.8%；农村牧区低保平均标准由 2016 年的 4197 元 / 年提高到 2020 年的 6307 元 / 年，年均增长 10.7%，农村牧区特困人员供养平均标准达到 10043 元 /人·年。自 2016 年起，内蒙古自治区农村牧区低保平均标准和所有旗县（市、区）农村牧区低保标准均高于同期扶贫标准。另一方面，坚持开发式扶贫方针，特别注重增强贫困群众内生动力，引导、支持困难群众用自己的双手增加收入、创造财富。2014 年以来，累计实施产业扶贫项目 3.4 万个，扶持贫困人口 234 万人次；2016 年以来，以技能培训、岗位开发、劳务协作为主要抓手，累计实现贫困人口就业 34.52 万人次，其中通过提供公益性护林员岗位解决了 1.67 万名贫困人口的就业问题。

全区贫困地区农牧民人均可支配收入由 2015 年的 9612 元增加到2019 年的 13793 元，增长 43.5%，高于同期全区农牧民人均可支配收入 1.7 个百分点。在建档立卡户中，90% 以上贫困户得到产业扶贫和就业扶贫支持，工资性收入和财产性收入占比逐步提升，转移性收入占比逐年下降，贫困户脱贫致富能力不断提高，人均收入由 2014年的 2902 元增加到 2020 年的 13159 元。2013—2019 年，内蒙古农

（单位：％）

图例：
城镇常住居民人均可支配收入比上一年增长
农村牧区常住居民人均可支配收入比上一年增长

**2013—2019 年农村牧区、城镇常住居民人均可支配收入增速**

村牧区常住居民人均可支配收入从 8985 元大幅提高到 15282 元，6 年增长 70.1%，年均增长 9.3%，而同期城镇常住居民人均可支配收入年均增长 7.8%，农村牧区常住居民人均可支配收入增长速度比城镇常住居民高出 1.5 个百分点。从具体年份来看，除 2015 年、2016 年两者收入增速基本相当外，其他年份农村牧区常住居民收入增速都高于城镇常住居民，农村牧区常住居民与城镇常住居民之间收入差距持续稳定缩小。

# 三、贫困地区基本生产生活条件明显改善

党的十八大以来，内蒙古自治区持续加大对贫困嘎查村的投入和支持力度，推进水、电、路、网等基础设施和教育、卫生、文化等公共服务体系建设，贫困地区农牧民生活条件明显改善，基础设施不断完善，生产生活质量得到全面提高。

贫困地区居民生活条件不断改善。食品支出比重是国际通用的

衡量一个国家或地区人民生活水平高低的重要指标。党的十八大以来，内蒙古恩格尔系数（食品占居民消费支出比重）持续下降，2019年农村居民、城镇居民恩格尔系数依次为27.3%、26.4%，分别比2013年下降了3.9%、5.4%，食品在居民消费中的占比越来越低。家庭消费向现代化、科技化迈进，计算机、汽车等耐用消费品加速普及。2019年，内蒙古农村牧区每百户拥有的洗衣机、电冰箱、彩色电视机等传统耐用消费品94.53台、104.17台、107.91台，分别比2012年增加14.72台、19.85台和2.33台，拥有量持续增加，与全国农村平均水平差距逐渐缩小；每百户拥有的家用汽车、计算机、热水器等现代耐用消费品34.17辆、26.19台、29.78台，分别比2014年开始统计以来增加了17.05辆、9.02台、16.22台，实现了快速增长。2012年以来，党和政府高度重视改善居民的居住条件，加大了民用住宅建设的投资力度，近年来更是通过建设廉租房和经济适用房等方式千方百计解决居民住房难的问题。随着棚户区改造和贫困地区危旧房改造项目的推进，许多居民家庭告别低矮、破旧、设施简陋的住房，迁入宽敞明亮、设施全全的楼房，居住条件明显改善。2019年，

（单位：%）

**2013—2019年内蒙古农村居民、城镇居民恩格尔系数变化**

自治区城镇居民、农村居民人均住房建筑面积 34.73 平方米、28.72 平方米，分别比 2013 年增加 4.84 平方米、3.82 平方米。

贫困地区基础设施不断完善。自脱贫攻坚战打响以来，全区 3694 个贫困嘎查村累计投入扶贫资金 280 亿元，贫困嘎查村平均投入 758 万元。截至 2019 年底，全区贫困地区农村牧区公路里程累计达 12.4 万公里，实现了具备条件的建制村全部通硬化路；"十三五"期间，新建和改扩建供水工程 15317 处，新打机电井 4015 眼，供水基本井（筒井） 2 万余眼，建成储水窖 1 万余处，安装净水设备 16.8 万余套，新建、改造管网 16890 千米，建成自来水工程 2780 处，430 万农牧民从中受益；3694 个贫困嘎查村全部通动力电，58 万户贫困人口全部通生沽用电；3657 个贫困嘎查村已通光纤，通达率达 99%，已通 4G 网络贫困嘎查村 3612 个，通达率达 98%；已通宽带（包括 4G 网络）3677 个，通达率达 99.5%；12.5 万贫困人口通过易地扶贫搬迁摆脱了"一方水土养活不了一方人"的困境，贫困地区群众出行难、吃水难、用电难、通信难等问题得到解决。

# 四、贫困地区经济社会发展明显加快

2015 年，习近平总书记在中央扶贫开发工作会议上指出："脱贫攻坚任务重的地区党委和政府要把脱贫攻坚作为'十三五'期间头等大事和第一民生工程来抓，坚持以脱贫攻坚统揽经济社会发展全局。"内蒙古自治区党委、政府始终以习近平总书记"坚持以脱贫攻坚统揽经济社会发展全局"这一重要要求作为处理脱贫攻坚和经济社会发展关系的根本遵循，贫困地区经济社会发展明显加快。

内蒙古自治区以脱贫攻坚为契机，在致力于贫困群众脱贫致富的同时，全盘考量贫困地区经济社会发展。2014年以来，自治区十分重视产业扶贫，累计实施产业扶贫项目3.4万个，确定肉羊、生猪、肉牛、家禽、饲料饲草、蔬菜、马铃薯等七大类扶贫产业，通过农牧业产业扶贫、旅游扶贫、电商扶贫、光伏扶贫等措施，促进了贫困地区产业兴旺，带动了贫困地区居民就业，增加了贫困地区居民收入。而贫困人口收入的增加又有着相比其他人群更容易转化为刚需的特点，成为有效的市场需求，进而形成正向循环，贫困地区经济活力和发展后劲得到明显增强。2019年，内蒙古57个贫困旗县经济社会发展取得了新成绩，许多指标增速处于全区前列，生产总值达4852.4亿元；规模以上工业企业单位数达到1153个；三次产业结构更加合理，第一产业比重继续降低，第二、三产业比重不断加大；社会消费品零售总额1477.1亿元；农牧民人均可支配收入达到13793元。

自治区57个贫困旗县中，除鄂伦春自治旗、莫力达瓦达斡尔族自治旗分布在大兴安岭林区生态条件好的地区外，其余贫困旗县多分布在生态环境条件脆弱地区。自治区将生态建设与脱贫攻坚同谋划、同推进、同落实，大力实施生态补偿扶贫、国土绿化扶贫、林草产业扶贫。2018年和2019年，内蒙古在贫困地区累计完成林业生态建设作业面积1588万亩，是计划目标的158.8%。2016年以来，全区累计为1.67万名建档立卡贫困人口提供生态护林员岗位，每人每年享受国家护林补助1万元，带动8万贫困人口增收；利用公益林生态效益补偿资金，聘用1.5万贫困人口参与森林资源管护；继续实施退耕还林还草工程，提高种苗造林费每亩补助标准。另外，"十三五"期间，内蒙古将居住在生态环境脆弱、禁止或限制开发地区的农牧民搬迁到更加宜居的村镇、社区，搬迁群众开启新生活的同时使迁出区生态得到休养生息，实现了迁入区富起来、迁出区绿起来。

# 五、贫困地区基层治理能力稳步增强

在脱贫攻坚过程中，资源和人才等持续向贫困地区倾斜汇聚，不仅给贫困地区带来了发展机会，也激发了基层治理活力、提升了基层治理能力。自治区为强化基层帮扶力量，加强对贫困旗县的工作指导，向 57 个贫困旗县分别派驻由 1 名厅级干部带队的脱贫攻坚工作总队，常驻贫困旗县督导脱贫攻坚。向 3681 个贫困嘎查村和 5008 个非贫困嘎查村派驻脱贫攻坚工作队，从自治区、盟市、旗县和乡镇累计选派 8 万余名党政机关、国有企业和事业单位干部到嘎查村担任第一书记和驻县、驻村干部。自 2013 年自治区向 57 个国贫区贫旗县派驻驻村工作队、第一书记起，部分软弱涣散的基层党组织面貌焕然一新，凝聚力、战斗力显著增强，基层干部在开展贫困识别、精准帮扶方面的能力显著提高，巩固了党在农村牧区的执政基础。村"两委"中青年比例不断提升，高学历高素质人才不断增长，众多新乡贤、返乡能人在脱贫战场上各展所长，一批"土专家""田秀才"成长起来。在新冠肺炎疫情防控中，贫困地区基层干部展现出很强的战斗力，许多驻村工作队拉起来就是防"疫"队、战"疫"队，这离不开几年来在脱贫工作中的历练。

脱贫攻坚和基层治理二者相互促进，给贫困群众的生活带来了翻天覆地的变化。全区各地全面落实"四议两公开"，全面推行"三务"公开，91%的嘎查村实现了村务公开常态化，1.1 万个嘎查村全部依法选举产生村务监督委员会；拓展村民参与村级公共事务平台，创新协商议事形式和活动载体，60%以上的旗县（市、区）制定了协商目录，普遍开展了协商实践；全区村规民约覆盖率、修订率均达 100%，村民议事会、道德评议会、红白理事会、禁赌禁毒会"四会"组织综合组建率达到 61.7%，旗县级以上文明嘎查村和苏木乡镇占比达到 58.14%，充分发挥群众性自治组织作用。内蒙古自治、法治、德治的乡村治理体系进一步健全，农村牧区婚丧喜庆铺张浪费、大操大办等陈规陋习，高额彩礼、薄养厚葬等不良风气突出问题得到有效整治，文明乡风逐渐形成。

"其作始也简，其将毕也必巨。"内蒙古自治区各族干部群众通过多年"坚定决心不松劲，精神抖擞向前进"的奋进搏击，向国家和人民递交了高质量脱贫的内蒙古答卷。伴随着第一个百年奋斗目标的全面实现和社会主义现代化新征程的开启，内蒙古自治区定将继续撸起袖子加油干，齐心协力创辉煌，祖国北疆这道风景线定会建设得更加亮丽。

# 第 三 章

# 内蒙古脱贫攻坚的经验启示

内蒙古自治区大力弘扬"上下同心、尽锐出战、精准务实、开拓创新、攻坚克难、不负人民"的脱贫攻坚精神，坚持精准扶贫精准脱贫的基本方略，聚焦"两不愁三保障"突出问题，全面推动责任落实、政策落实和工作落实，注重在实践中创新和总结，形成了具有边疆民族地区特色的攻坚模式，取得了决定性的减贫成就，为常态化解决相对贫困问题和实现共同富裕奠定了坚实基础。

## 坚持党的领导，坚决贯彻落实党中央路线方针政策

消除贫困、改善民生、实现共同富裕，是社会主义的本质要求，体现着中国共产党的初心使命。党的十八大以来，脱贫攻坚被纳入"五位一体"总体布局和"四个全面"战略布局进行部署，党对于脱贫攻坚的领导得以不断强化，党的领导力、组织力和战斗力得以充分运用于打赢脱贫攻坚战。

内蒙古始终以习近平总书记关于扶贫工作的重要论述为指导，全面落实"省负总责、市县抓落实"工作机制，构建形成五级书记抓扶贫、上下联动促攻坚的局面。严格执行脱贫攻坚一把手负责制，层层

签订责任书、立下军令状，脱贫攻坚期内保持贫困旗县党政正职稳定，实行省级领导干部"一对一"联系贫困旗县制度，逐级成立 18 个专项推进组，向 57 个贫困旗县分别派驻由 1 名厅级干部带队的工作总队，向所有贫困嘎查村和有贫困人口的非贫困嘎查村选派工作队，为每个贫困户落实 1 名帮扶责任人，形成全体动员、尽锐出战的决战态势。深入推进抓党建促脱贫，持续整顿软弱涣散基层党组织，推动基层党组织成为带领群众脱贫致富的坚强战斗堡垒。只要我们切实增强"四个意识"、坚定"四个自信"、做到"两个维护"，坚决听从习近平总书记指挥，坚决贯彻党中央决策部署，工作就有保证、发展就有希望、事业就能顺利，就一定能够战胜前进道路上的任何艰难险阻。

## 坚持人民立场，努力满足老百姓对美好生活的需要

习近平总书记在全国脱贫攻坚总结表彰大会上指出："我们始终坚定人民立场，强调消除贫困、改善民生、实现共同富裕是社会主义的本质要求，是我们党坚持全心全意为人民服务根本宗旨的重要体现，是党和政府的重大责任。"掷地有声的话语，彰显了以人民为中心的发展思想。

内蒙古始终把群众满意度作为衡量脱贫攻坚成效的重要标尺，出台聚焦解决"两不愁三保障"突出问题实施方案，集中开展"大排查大整治"、"十项清零达标"、"百日攻坚"等专项行动，着力解决贫困群众吃饭穿衣等基本民生需求，着力解决贫困群众出行、上学、就医、住房、饮水等切身利益问题，着力解决事关贫困群众长远发展的产业就业问题。全力优先保障脱贫攻坚资金投入，8 年来四级财政累计投入专项扶贫资金 460.3 亿元、整合涉农涉牧资金 111.2 亿元、发

放扶贫小额贷款 210.2 亿元、实施产业扶贫项目 3.5 万个、实现贫困人口就业 52.5 万人次，真金白银的投入让贫困群众有了真真切切的获得感幸福感。只要我们始终坚持以人民为中心的发展思想，把人民群众对美好生活的向往作为奋斗目标，更加自觉地使改革发展成果惠及全区各族人民，就一定能够推动共同富裕取得更为明显的实质性进展。

## 坚持攻克两个关键，提升扶贫质量

脱贫攻坚的主要难点是深度贫困。内蒙古认真贯彻落实习近平总书记在参加十三届全国人大一次会议内蒙古代表团审议时的重要讲话精神，坚持全面打好脱贫攻坚战这一统领全局的战略安排的同时，牢牢把握重点攻克深度贫困这个堡垒的战术要点，以攻克两个关键为根本取向，不断构建以重点攻克助推全面打好、用全面打好引领重点攻克的攻坚格局。

攻克两个关键指的是，一要打好深度贫困地区脱贫攻坚战，二要攻克贫困人口集中的乡（苏木）村（嘎查）。2017 年，内蒙古自主确定了 15 个深度贫困旗县、258 个深度贫困嘎查村、12.9 万深度贫困人口，并从产业扶贫、易地扶贫搬迁、生态扶贫、教育扶贫、健康扶贫、住房安全、社保兜底、基础建设、土地政策等九个方面对深度贫困地区给予特殊倾斜，确保了深度贫困地区和深度贫困群众同全国人民一道进入小康社会。

攻克两个关键不仅是扶贫区域和对象瞄准上的创新，也是集中优势兵力、打好脱贫攻坚战方法论上的创新。方法决定看法，方法决定做法，方法决定成败。根据深度贫困的"两高、一低、一差、三重"特征和深度贫困地区资源要素禀赋情况，因地制宜、因村施策、因户施法，创立了脱贫攻坚"十项清零达标"专项行动等诸多可学习、可推广的攻坚模式，形成了内容丰富的"两个关键攻克"方法论体系。

## 坚持智志双扶，增强贫困群众内生动力

扶贫先扶志，扶贫必扶智。扶志扶智是激发脱贫内生动力的根本之策。内蒙古坚持扶志与扶智结合，帮助贫困群众树立摆脱困境的志气，形成脱贫致富的素质，以自我发展能力的提升推动脱贫致富奔小康。

扶思想，促进思维方式改变。因循守旧的思维方式如果长期占据贫困群众的头脑，所谓激发内生动力将会成为一句口号，难以转化为具体的脱贫行动。针对部分贫困群众对扶贫政策缺乏正确认知，仍然用"边看边等"不着急、"你干我看"不行动、"你热我冷"不配合等思维方式应对精准扶贫的情况，内蒙古建立了道德浸润、精神激励等方面的长效机制，形成了"解困—改变—回馈"的良性循环模式。以工代赈、生产奖补、劳务补助，设置爱心超市积分，张贴善行义举榜和道德红黑榜，倡导孝扶共助，开设讲习所等均是这一创新模式的具体方法。

扶教育，阻断贫困代际传递。坚持"发展教育脱贫一批"，注重发挥教育切断代际贫困的功能与作用，通过"控辍保学＋精准资助＋全面改薄＋推普攻坚"模式，构建了"不要让孩子输在起跑线上"和"努力让每个人都有人生出彩机会"的教育支持网络。在教育扶贫理论与内蒙古实践相结合过程中，产生了资助体系"三个全覆盖"、提质"两类学校"、"一家一案，一生一案"控辍保学和推广普通话等一系列精准帮扶举措，促进了教育公平和义务教育均等化发展。

扶文化，唱响致富"好声音"。发展文化事业和文化产业是改造

贫困文化的根本路径。在文化事业方面，推动贫困地区公共文化服务体系建设，实施文化惠民工程，打造了一批以"乌兰牧骑＋"基层综合志愿服务活动为典型代表的具有点亮群众"精气神"效应的文化品牌。在文化产业方面，深入挖掘、继承、创新优秀民族特色文化资源，围绕具有富民效应和示范效应的"衣食住行乐"文化产业，发展新型文化市场主体、文化业态、文化旅游消费模式，打开了奶食制品、蒙古族刺绣等传统产品的新消费圈。

## 坚持打好两场战役，实现增绿与增收互促双赢

生态环境保护和脱贫致富不是矛盾对立的关系，而是辩证统一的关系。打赢绿水青山保卫战和脱贫攻坚战，关键是要增强辩证思维能力，正确处理绿水青山和金山银山的关系，实现绿富双赢的永续发展。内蒙古深学笃用习近平生态文明思想，始终保持加强生态文明建设的战略定力，一手抓生态建设、保护与修复，一手抓生态补偿、发展生态产业，创建了生态与民生、增绿与增收相互促进的生态扶贫模式，促进生态环境改善和贫困人口持续增收同步。

绿色减贫的主要做法是以生态优先、绿色发展为导向，以"两补偿、两带动"为抓手，通过生态保护、生态修复工程建设和发展生态产业，将生态资源转化为产业优势和经济优势。具体内容上，以林草为重点，加大贫困地区生态保护与修复力度，实施退耕还林、退牧还草和防沙治沙等重点生态工程，吸纳贫困人口参与生态建设和修复项目实现务工增收的同时，大力发展特色经济林、林下经济、生态旅游产业，增加贫困户的经营性收入。以补奖为动力，实施生态护林员补偿、公益林生态效益补偿、草原补奖、退耕还林补助政策，提升生态补偿带贫效果。其中禁牧和以草定畜等补助奖励政策的实施，对

改变传统牧业经营方式、调整产业结构以及增加牧民转移性收入起到了关键的推动作用，草原生态保护和修复对牧区脱贫攻坚作出了重要贡献。

## 坚持作风建设，推进责任落实与基层减负

作风问题是关系各项事业成败的大问题，脱贫攻坚尤其需要以过硬的作风来保驾护航。打赢脱贫攻坚战，必须先要打好作风攻坚战，以作风攻坚推动脱贫攻坚，确保扶贫工作务实、脱贫过程扎实、脱贫结果真实。内蒙古始终把作风建设放在脱贫攻坚的突出位置，直面脱贫工作中的形式主义、官僚主义、弄虚作假现象，统筹推进责任落实和基层减负，以作风攻坚助推脱贫攻坚，取得了显著成效。

落实责任不松劲是脱贫攻坚的"加法"，也是矛盾的主要方面。脱贫攻坚工作中存在的诸多不精准问题，看似是工作层面的问题，实则是落实责任不到位的作风问题。内蒙古聚焦责任落实，强化改革创新抓落实的方式，严格遵照"一分部署，九分落实"的工作要求。强化考核导向抓落实：坚持以考促改、以改提质，对考核发现的问题由领导小组办公室整理汇总后，形成问题清单反馈给各盟市和推进组，真正压实了脱贫攻坚责任。强化日常督导抓落实：发挥自治区派驻贫困旗县脱贫攻坚工作总队作用，指导督查脱贫攻坚专项巡视、成效考核问题整改和解决"两不愁三保障"突出问题、脱贫攻坚"十项清零达标"行动等重点任务落实。强化正向激励抓落实：自治区出台了《关心关爱脱贫攻坚一线干部若干办法》，从职务职级晋升、考核奖励、评优评先等 6 个方面明确了 18 项措施，建立起基层一线扶贫干部的激励和关心关爱机制。强化追责问责抓落实：对工作责任不落实、政策不落实、工作不扎实、弄虚作假等问题，进行全区通报，问

大数据平台助力脱贫攻坚高效化、精准化

题严重的从严追责问责。

强调责任落实并不否认减负的必要性，减负是脱贫攻坚的"减法"，也是添动力。针对脱贫攻坚"上面千条线，下面一根针"的情况，内蒙古建立了自治区、盟市、旗县三级扶贫系统视频会议平台，并与国务院扶贫办会议系统对接，确保国家的有关会议精神第一时间传达到基层，同时也减少基层往返开会的时间和费用。强化精准扶贫大数据平台运用，采取原则上直接从平台中提取数据、不再要求基层通过其他渠道报送的方式，减轻了基层填表报数的负担。对各行业部门关于脱贫攻坚的检查督导进行统筹，一次检查考核结果共享共用，自治区行业部门不再单独组织脱贫攻坚方面的考核检查。明确要求盟市、旗县不得擅自组织脱贫退出第三方评估，切实减轻基层负担，留出更多的时间抓工作落实。

## 坚持制度创新，推动脱贫攻坚和乡村振兴有机结合

推进全面脱贫与乡村振兴有效衔接，推动减贫战略和工作体系平稳转型是巩固提升脱贫攻坚成果的一项重大战略任务，也是实现扶贫工作由集中式解决绝对贫困向常态化解决相对贫困转变的一项重大战略部署。

内蒙古按照习近平总书记在参加十三届全国人大一次会议内蒙古代表团审议时提出的"把脱贫攻坚同实施乡村振兴战略有机结合起来"的要求，围绕巩固脱贫成果和完成剩余脱贫任务，建立长短结合、标本兼治的体制机制，推进脱贫摘帽地区乡村牧区全面振兴，创建了国家扶贫改革试验区赤峰样板。

赤峰市自 2019 年获批建设国家扶贫改革试验区以来，坚持以体

制机制创新为核心任务，在高质量打赢脱贫攻坚战、巩固脱贫成果和建立解决相对贫困长效机制方面进行积极探索，积累了可复制可推广的接续推进经验。巩固脱贫攻坚成果方面，赤峰市拓展"三带一减""两补两转"产业扶贫模式，注册"赤峰扶贫"公益标识，打造"赤峰牛羊肉""赤峰杂粮""赤峰果蔬"三大消费扶贫品牌，形成了生产、供销、信用"三位一体"的扶持闭环。解决相对贫困方面，赤峰市统筹城乡贫困识别与帮扶，建立了以综合性收支测算体系为主的多维相对贫困识别体系，创新党建联合体与产业化联合体融合发展、社会保障扶贫、农村牧区互助养老和防贫保障基金等综合民生保障方式，积极探索缓解相对贫困的长效帮扶新路径。贫困治理能力方面，赤峰市通过扶贫队伍"乡招村用"、扶贫资产收益基金池和乡风文明综合信用评价等举措，解决了嘎查村基层治理体系的转换和内生发展动力不足等问题。

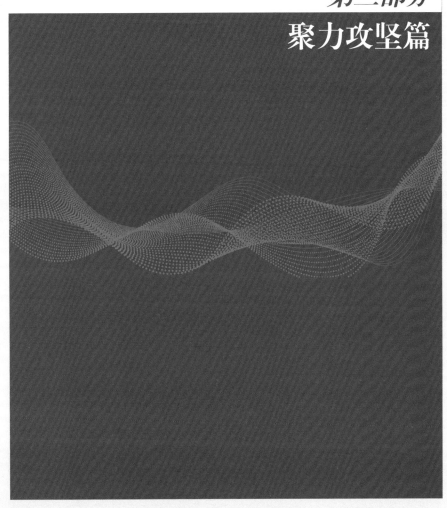

第二部分
聚力攻坚篇

# 第 四 章

## "发展产业是实现脱贫的根本之策"

——产业扶贫的实践与成果

## 一、综 述

党的十八大以来，内蒙古自治区认真贯彻落实习近平总书记关于扶贫工作的重要论述和内蒙古工作重要讲话重要指示批示精神，把发展产业作为脱贫攻坚的根本之策，举全区之力推动产业精准扶贫。

《决战决胜脱贫攻坚 60 热问》第一集

### （一）建立政策体系，通过政策保障实现脱贫

内蒙古始终把产业扶贫作为脱贫攻坚工作的重中之重，坚持高起点谋划，高标准部署，高质量推进。一是加强组织领导。自治区人民政府成立了产业精准扶贫工作领导小组，定期召开产业扶贫工作现场会、电视电话会等专题会议，部署产业扶贫工作，协调解决产业扶贫中存在的问题，并印发《关于建立推进产业精准扶贫工作机制

## 产业发展

立足全区资源禀赋和自然优势，全力发展优势特色产业。财政专项资金向贫困地区倾斜，产业发展资金年均投入100亿元以上，形成了特色产业与精准扶贫相互促进、持续发展的良好局面

的通知》，完善了产业扶贫工作运行和落实机制，构建了"1＋13"产业扶贫体系。指导各盟市、贫困旗县也成立了相应的组织机构，形成了自治区负总责、盟市旗县抓落实的上下联动推进机制。二是突出规划引领。编制了《内蒙古自治区"十三五"产业扶贫规划》，指导57个贫困旗县和24个有贫困村的非贫困旗县编制了产业扶贫项目规划。三是强化政策保障。印发了《关于贫困地区发展特色产业促进精准扶贫的实施意见》，制定了《关于进一步促进全区产业精准扶贫工作的政策措施》，细化了用地、金融、农牧业保险等20项务实管用的政策措施，为产业扶贫提供了有力的政策保障。四是畅通融资渠道。内蒙古自治区人民政府办公厅印发《关于进一步完善精准扶贫信贷政策八项措施的通知》，完善了扶贫小额信贷政策，规范发展扶贫小额信贷，推动金融机构开展贷款需求再调查，确保符合贷款条件且有贷款意愿的建档立卡贫困户实现能贷尽贷，切实满足有效需求。截至2020年10月，全区扶贫小额信贷余额27.8亿元，已累计投放产业扶贫贷款447亿元，活体牲畜质押贷款30亿元，农村承包地经营权抵押贷款60亿元。搭建产业精准扶贫强龙板融资平台，推动25家扶贫龙头企业在内蒙古股权交易中心挂牌融资，有效解决了产业扶贫融资难的问题。五是加强工作考核。将产业扶贫工作纳入对盟市旗县党委、政府的实绩考核，明确了5个方面、5项考核指标，考核结果作为对盟市党政主要负责人和

领导班子综合评价的重要依据，通过考核推动产业扶贫落地见效。六是强化督导调度。建立产业扶贫调度机制，对产业扶贫资金投入、产业指导员、技术专家组、科技包联组实行台账化管理，及时掌握工作进度和成效。完善产业扶贫督查制度，通过不定期调研督导和定期专项调度检查相结合的方式，推进产业扶贫各项措施落实。

## （二）强化产业培育，通过产业覆盖带动脱贫

一是大力发展优势主导产业。自治区按照"宜农则农、宜牧则牧、宜工则工"的产业发展要求，近 3 年累计向贫困地区和大兴安岭南麓片区倾斜农牧业发展资金 445 亿元，大力发展特色农畜产品种养殖及农畜产品深加工业，持续强化贫困地区农牧业生产基础设施建设。将贫困旗县全部纳入自治区 15 个优势产业带和 11 个产业集群，

兴安盟扎赉特旗五道河子专业合作社带动群众增收

《决战决胜脱贫攻坚60热问》第四集

因地制宜发展肉羊、肉牛、奶牛、饲料饲草、玉米、水稻、小麦、马铃薯、向日葵、杂粮杂豆、果蔬等主导产业，突出资源优势发展光伏、电商、旅游、生态、庭院经济等特色产业，把贫困户吸附在产业链条上，实现贫困人口产业项目全覆盖，通过产业带动实现稳定脱贫。全区57个贫困旗县建有1376个"一村一品"基地、2012个特色产业基地，建设11000个储窖和冷库，创建带贫减贫的扶贫产业园区491个，通过务工收益、财产收益、生产收益和资产收益等方式带动贫困人口13.7万人。二是集中发展光伏产业。全区共建光伏扶贫电站461座、共164.7万千瓦，涉及11个盟市、53个贫困旗县。三是积极发展乡村旅游业。全区共打造了96个旅游产业扶贫示范项目，覆盖56个贫困旗县。四是创新发展电商产业。在31个国贫县实施电子商务进农村综合示范项目，先后评定了48个国家级电子商务示范县。

### （三）加强主体培育，通过联结带动巩固脱贫

坚持"扶优、扶强"原则，采取政策引导、项目扶持、示范创建等形式，先后出台了《关于深化农村牧区改革建立完善龙头企业与农牧民利益联结机制的意见》《关于进一步完善农（牧）企利益联结机制的意见》等文件，累计投入资金5亿元，加大新型经营主体培育力度，引导新型经营主体与贫困户建立减贫带贫机制，通过多种模式，带动贫困户参与产业发展获得收益。一是针对强劳力贫困人口，实行"菜单式"等扶贫模式，将扶贫资金补贴到户，让贫困户通过发展产业增收脱贫。二是针对弱劳力贫困人口，采取"托管寄养式"等扶贫模式，让贫困户与新型经营主体建立减贫带贫关系，通过订单生产、

通辽市科尔沁区敖力布皋镇好老营子村红干椒合作社社员挑选红干椒

托管寄养、保底收购等形式实现收益。三是针对无劳力贫困人口，采取"资产收益式"等扶贫模式，将扶贫资金投入到设施农业、加工、光伏等项目，收益给贫困户分红或补助，让贫困户享受产业发展收益，实现增收脱贫。截至 2020 年 10 月，全区农企利益联结比例达到82%，其中，有 656 个产业化龙头企业和 2605 个合作社与贫困户建立利益联结关系，指导贫困旗县组建产业化联合体 320 家，通过新型经营主体直接带动贫困人口 15 万人次，实现年人均增收 2400 元；通过"政府／党支部＋公司企业／合作社＋贫困户"模式带动贫困人口 28.7 万人，人均增收 1700 元；通过家庭农牧场、土地流转、"集体经济＋奖励积分"等模式带动贫困人口 1.1 万，人均增收 700 元。在资产收益扶持带动方面，对有劳动能力但无经营能力或无劳动能力的贫困人口，推行资产收益分红和劳务补助，扶持贫困人口 37.48 万人次，年人均增收 1200 元；在特色产业带动方面，通过旅游产业共带动 3.3 万户、8.18 万贫困人口增收，带动 2203 户、4736 人脱贫；通过电商产业帮助贫困户增收 4175.5 万元，带动贫困人口创业就业 17033 人；通过光伏产业惠及 15.3 万贫困户，设置公益岗位 20925 个，吸纳贫困人口就业 16315 人。

## （四）突出科技指导，通过技术服务推动脱贫

实施农牧业科技支撑行动，提升贫困人口内生动力。一是印发《内蒙古自治区农牧厅关于组建产业扶贫技术专家组的通知》，围绕优势主导产业，组建由四级产业扶贫技术专家组成的"千名专家"技术团队，采取"专家+技术指导员+科技示范户+辐射带动贫困户"的工作机制，根据产业发展需求，为贫困户提供生产经营技术保障。截至目前，共开展产业扶贫培训 4000 余期，覆盖贫困农牧民 15 万余人次。二是指导旗县建立了贫困户产业发展指导员队伍，吸纳基层农技人员、乡土专家、致富带头人、新型经营主体带头人等作为产业指导员，共选聘产业发展指导员 1.7 万人，因村因户开展产业指导。三是落实帮扶责任，对 20 个深度贫困旗县实行产业扶贫科技包联，点对点帮助贫困户提升脱贫能力。已开展技能培训 3896 期次，覆盖贫困人口 47.7 万人次。四是加大贫困地区高素质农牧民培育力度。依托国家高素质农民培育项目和中组部、农业农村部农村实用人才带头人培训项目，在自治区本级、12 个盟市、94 个旗县（区）开展农牧民教育培训工作。截至 2019 年底，国家高素质农民培育项目累计向贫困旗县倾斜项目资金 13244 万元，在贫困旗县培育高素质农牧民 44552 人，培训农村牧区实用人才带头人 3700 余人，实现对贫困地区全覆盖。

以全程现代化为一体的种植模式

## （五）注重产销对接，通过产品销售促进脱贫

为了深化产销对接，通过销售拉动脱贫，自治区采取多种形式拓宽销售渠道。一是加强特色农产品品牌培育。实施品牌提升行动，加大区域公用品牌和"蒙字号"品牌的培育宣传力度，锡林郭勒羊肉、科尔沁牛、呼伦贝尔草原羊肉、兴安盟大米、赤峰小米、乌兰察布马铃薯、河套向日葵、乌海葡萄、鄂托克阿尔巴斯绒山羊、达茂草原羊、敖汉小米等 11 个区域公用品牌入选 2019 中国农业品牌目录；通辽黄玉米、科尔沁牛、乌兰察布马铃薯 3 个区域品牌价值超百亿元，

科尔沁种牛产业

天赋河套影响力位居全国第二，产品溢价 20%以上；培育出了蒙牛、蒙草、蒙稻、蒙薯、蒙葵等"蒙字号"品牌，品牌越树越亮，实现了产品质价双提升。二是依托农牧业展会拓宽销售渠道。连续举办七届内蒙古绿色农畜产品博览会、三届中国—蒙古国博览会——内蒙古绿色农畜产品展；连续两年在广州、上海举办了内蒙古味道——内蒙古绿色农畜产品展销会。三是积极组织农产品产销对接活动。组织贫困地区参加农业农村部组织的首场全国贫困地区农产品产销对接活动和东北贫困地区县（市）农产品产销对接活动，签订合作协议约 4.1 亿；举办内蒙古乌兰察布市首届"中国农民丰收节"暨贫困旗县农畜产品进京销售产销对接会，现场签约金额达 2.36 亿元，自由签约洽谈达成协议 3.97 亿元。四是促进"农校、校企"对接。举办农校对接活动，现场促成 14 家高校与 27 家企业签署农畜产品销售合作协议。五是加强京蒙协作帮扶。在北京市消费扶贫双创中心运营内蒙古馆，深

2020 年 5 月 31 日，内蒙古消费扶贫集中采购展销服务中心揭牌仪式
在呼和浩特市举行

化与首农、阿里巴巴、京东等企业战略合作，通过线上与线下结合，推动贫困旗县优质农畜产品走进北京。2018 年、2019 年共组织贫困地区参加了农产品产销对接活动 12 次，有 22 家贫困地区上线京东"特产馆"，在京东设立 45 家便利店，建设 1500 多家京东"金融小站"，15 个贫困旗县与首农集团签订直采业务，国贫旗县还通过京东集团、建行商城等网络平台销售农畜产品超过 20 亿元，京蒙协作依托各类线上与线下馆、站、会等实现进京销售 9.5 亿元。

## （六）严格资产管理，通过壮大集体经济有力脱贫

全面完成土地确权颁证，已完成确权耕地面积 9700 多万亩，完善土地承包合同率达到 99%，土地承包经营权证颁发率达到 98%。规范集体承包地流转，协调金融部门推进土地承包经营权抵押担保

试点工作，不断拓宽农牧民融资渠道，为发展壮大嘎查村集体经济提供了土地保障。推动 11225 个嘎查村（涵盖 3694 个贫困嘎查村）完成清产核资工作，99% 的嘎查村完成集体经济成员身份确认，87% 的嘎查村完成股权设置，85% 的嘎查村成立了股份（经济）合作社。出台了《关于扶持发展壮大嘎查村级集体经济的指导意见》，自治区、盟市、旗县三级拿出资金，重点扶持 497 个嘎查村发展壮大集体经济（每个嘎查村 125 万元），截至 2020 年 10 月，全区集体经济年收入 5 万元以下的嘎查村基本"清零"达标，为进一步发展壮大村级集体经济打下了良好基础。

# 二、典型案例

 **案例一**

## 杭锦旗：光伏新村里阳光灿烂的日子

巴拉亥光伏新村位于鄂尔多斯市杭锦旗呼和木独镇，南邻库布齐沙漠，北依九曲黄河，是易地搬迁聚居地，按照田园风格进行布局，总户数 160 户。走进巴拉亥光伏新村，暖阳将编织的万道金线遍撒村落，屋顶上蓝色的太阳能板熠熠生辉，很是耀眼。

黄河渗漏区，土地盐碱化，是马在全对老家最深刻的记忆。挪出穷窝，告别土屋，成为多年以来一家人最深切的渴望。

53 岁的马在全老家在巴拉亥光伏新村一社，那里离黄河很近，每逢开河时期或雨季，土地到处翻浆泥泞，生产和出行十分困难。他家 4 口人住在一间破旧的土房里，来自土地的种植收入少，还要拉扯两个孩子，因资金短缺，2015 年被识别为贫困户。脱贫攻坚，让梦想照进现实。2016 年，被认定为易地扶贫搬迁户的马在全一家，搬到巴拉亥光伏新村易地扶贫搬迁安置点，政府补贴 8 万元，自己没花一分钱，便住进崭新的 73 平方米的砖瓦房，还配有 30 平方米凉房。住进新房、吃上自来水、领到扶贫羊、转移性政策收入、孩子上学补助……这一项项精准具体的帮扶，让马在全在 2016 年底顺利脱贫了。

"挪穷窝"只是迈出了帮助困难群众过上好日子的关键一步，要让易地扶贫搬迁发挥出更大的作用，还要做好"后半篇文章"，更需在建新村、改新业、斩穷根上做精做细。近年来，杭锦旗、呼和木独镇两级政府和结对帮扶单位、企业形成攻坚合力，加大产业扶贫力度，在巴拉亥光伏新村引进规划为 5 兆瓦光伏发电扶贫项目。项目涵盖 1.76 兆瓦屋顶光伏电站和 1.24 兆瓦光伏扶贫电站两部分，屋顶光伏电站由包含建档立卡贫困户的 160 户村民的太阳能电板组成，并网发电后户均年收入约 5000 元；光伏扶贫电站由该镇整合扶贫资金，采取"党支部＋企业＋村集体＋贫困户"模式，建设"五村联建"光伏扶贫项目，建成后每村每年获得利润约 10 万元左右，并拿出 10% 利润分给贫困户。

利民为民好政策，也让马在全夫妇俩对未来的生活充满了期待。之前主要从事种植，识别为贫困户后，妻子雷音参加了杭锦旗举办的就业烹饪培训班，回来后给呼和木独镇里的信用社帮厨。"2018 年，丈夫种地养羊，我自己开了个'雷音农家饭店'，女儿上了小学，儿子也大学毕业，当年实现稳定脱贫，并购买了一辆新轿车。"雷音说。

2019 年 4 月，巴拉亥光伏新村屋顶光伏电站实现并网发电。"光伏扶贫见效快、收益稳，项目能为群众提供 20 年的长期稳定收入，让贫困户在家便享'阳光收益'。"鄂尔多斯市发展和改革委员会派驻巴拉亥村第一书记梁育栋说。"刚并网发电那段时间，一有空闲就拿出手机，打开 APP 查看自己家的发电量。"雷音笑着说，丈夫和自己生怕光伏板清洗不干净，影响发电量，也影响收入。5 月初，"五村联建"光伏扶贫电站实现并网发电。"这不仅让村里又有了一大笔收入，还能助力全村脱贫户增收。"梁育栋说，"五村联建"旁边的预留地现正在筹建 0.1 兆瓦光伏扶贫新项目，效益全归村集体，将新增收 3 万到 4 万元。

2020 年，巴拉亥光伏新村被列为鄂尔多斯市乡村振兴重点示范村。该村以"村集体经济强村、光伏产业富民、农牧业循环增效"为发展理念，进一步规划光伏产业示范区和种养殖产业区，积极争取土地整理盐碱地改造项目，打造高标准农牧业基地。"党的政策这么好，帮扶干部又这样卖力，我们更有心劲儿奔富路，人家走上我跑上，一定要过上个好光景。"马在全信心满满地说，"太阳出来就能发电，手心里握着'阳光存折'，未来是阳光更加灿烂的日子！"

 **案例二**

## 奈曼旗：搭上电商"顺风车"农牧民触网生金

生活在通辽市奈曼旗互利村的王洪岩过去对直播带货一无所知；但现在，他明白这小小的镜头可以帮他把喊不上价、卖不出去的农产品卖到全国各地。电商成为破解农产品外销难、为农民增收脱贫的良方，也形成了一条互帮互助、充满生机的产业链。

虽然脸上总挂着笑，但王洪岩生活不易。2016年，妻子得了脑出血，生活不能自理。看病欠下一屁股债，一家三口成了建档立卡贫困户。王洪岩祖祖辈辈生活的地方，农民靠天吃饭，受制于气候、土壤等条件，这里产业结构单一，贫困人口连片，但凡遇到点灾病，就一贫如洗。

奈曼的土壤适合种地瓜。每年清明前后，王洪岩撒下种子，10月份收获果实，经过粉碎、沉淀、晾晒等多道工序，春节前就能做出红薯粉，口感倍儿筋道。"过去赶着车拿地瓜粉去换粮食，再卖钱，一年下来只挣几千块。"王洪岩说，虽然牛肉干、奶制品、芥肉、杂粮、葵花籽也都是村里的"宝"，却走不出、走不远。

2019年5月，奈曼旗电商消费扶贫运营中心成立，与合作社、农户签订购销合同，通过采购带动贫困户脱贫减贫增收，又自建商城销售农产品。如今，奈曼旗本土电商企业已发展到19家，嘎查村级电子商务服务站586个，电子商务从业人员达到1500多人。

"听说了吗？前几天有个明星卖奈曼的牛肉干，几秒钟就卖了两万斤。"这消息前阵子在奈曼不胫而走，也传到了贫困户代云顺的耳朵里。他四处打听——这是咋做到的？2020年5月9日晚，"带货一哥"李佳琦直播销售奈曼的牛肉干，上架仅仅5秒，2万斤牛肉干就被秒光，当日销售额达到了180万元。这不仅为当地农产品打出名气，也让农民开始琢磨起"带货"。

代云顺主动找到电商扶贫运营中心请教。针对他的"网红培训课"也就此开始：先是一步一步教如何操作抖音、快手等

2020 年 5 月 31 日，自治区扶贫办主任么永波为"内蒙古新丝绸之路"
沿线特产扶贫助困直播带货

APP，然后是帮他拍摄接地气、有人气的短视频，还定期到直播
间学习介绍农产品……没几天的工夫，代云顺在快手 APP 上的
粉丝就涨了几千人。

电商对面朝黄土背朝天的农民来说有些陌生。"贫困户不知
道电商扶贫是什么，想积极脱贫却不知道如何做。"运营中心电
商扶贫项目负责人邵海亮说，运营中心不仅让贫困户了解电商运
营全过程，还开始培养网红或与网红合作助销农产品。

在奈曼电商扶贫运营中心，每天都有几百单快递发出。隔
壁，邵海亮忙碌地联系着这些农产品的货源和销售渠道。

目前中心已开设淘宝旗舰店和京东旗舰店，另外建立微信平
台 10 个，农产品线上销售直播间 10 个，自建商城、自建物流，
形成了一体式综合助农产品线上销售平台，从生产、收购到销

售，产业链初具。

邵海亮有一个专门的手机架子，上面装上了5部手机，每部手机都有几十个微信群，专为当地的贫困户而建。村民们家里有什么滞销的农产品，在群里喊一声，运营中心就帮忙联系销路。

"我家就是贫困户，所以我特别理解他们遇到滞销时的心情。"邵海亮是"90后"，大学毕业后他选择返乡创业。但在贫困地区创业艰难，他选择了方兴未艾的电商扶贫，助力当地村民脱贫致富。2020年上半年，运营中心已经为当地销售了1370万元的牛肉干、芥肉等农产品，带动175个贫困户501人实现增收。

乡村振兴、产业扶贫呼唤年轻人回来。如今，邵海亮已吸引几十人加入团队，个个都是活力无限的大学毕业生。王京涛刚毕业，学习电子商务专业的他没有选择留在大城市，而是回到家乡。提起回乡的原因，他说："家里更需要懂电子商务的，我们要帮助更多农户脱贫！"

**案例三**

## 兴安盟："指尖艺术"创造美好新生活

"自从加入萨日郎巾帼民族手工艺品专业合作社，我的刺绣技术得到了不少提高，刺绣的作品都是合作社的订单，每年靠刺绣能挣1万多元。另外，合作社还给每月300元的保底工资，一年的保底收入3600元。两项合起来，挣1.3万余元没问题。"兴安盟科右前旗乌兰毛都苏木勿布林嘎查建档立卡贫困户金花说，她的一家三口中有两个病人，老伴患有哮喘，儿子残疾，她是家里唯一的劳动力，刺绣收入加上产业扶贫的3头牛，年收入2.3

万余元。

"传统手工刺绣散于民间,凭单打独斗形不成气候,也很难找到市场。"科右前旗萨日郎巾帼民族手工艺品专业合作社负责人秀云说,她们把散落在草原的绣娘和有刺绣兴趣的贫困妇女们组织起来,通过发展刺绣手工艺品产业,开发地域民族特色旅游纪念品,带动当地妇女脱贫致富。

2019年,萨日郎巾帼民族手工艺品专业合作社就与100户建档立卡贫困户和贫困边缘户建立了利益联结机制,增加贫困户收入户均在800元以上,不仅让牧民妇女切身感受到刺绣的无限魅力和美好前景,还增强了她们凭手艺脱贫致富达小康的信心和底气。

秀云介绍:"2020年,我们与150户未脱贫建档立卡贫困户、1500户已经脱贫户建立利益联结机制,实现年人均增加收入1000元以上。"

近年来,兴安盟各旗县市深挖非遗文化宝藏,在政策扶持、人才培养、品牌宣传、产销对接等方面扎实推动刺绣、剪纸、树皮画等传统手工艺产业化发展,为更多的贫困人口以及广大农牧民群众提供就业创业增收平台,增强贫困户内生动力及造血功能,让传统手工艺成为助力群众增收致富的重要抓手。

"指尖上的艺术"蒙古族刺绣,助力科右中旗脱贫攻坚的事儿早已声名远播。近年来,科右中旗盘活植根于草原深处的蒙古族刺绣传统产业,激发贫困地区妇女脱贫致富内生动力,带动2.1万人参与到刺绣产业,2895名建档立卡贫困妇女实现"居家就业、巧手致富",人均年增收2000元。科右中旗已成为蒙古族妇女"居家就业、巧手致富"的优秀范例与政府主导的"文化扶贫、脱贫攻坚"的生动实践。

眼下，蒙古族刺绣产业让科右中旗的近 3000 名贫困妇女自食其力，自力更生，自强不息，实现居家就业、创业、增收的多赢效果，使巾帼不让须眉展现在脱贫攻坚主战场上，成为脱贫攻坚奔小康的主力军。

佟塔娜是兴安盟扎赉特旗阿尔本格勒镇哈日础鲁嘎查的脱贫户，平时需要照顾家人不能外出打工。自从她参加扎赉特旗妇联组织的手工艺技能培训后，现在已经成为熟练工，小到香包、帽子，大到抱枕、背包都能独自完成。"一个月下来能挣六七百块钱，挣到的钱可以给孩子买学习用品，以及生活用品。"佟塔娜高兴地说。

"我们的妇女手工扶贫车间自 2019 年 12 月建成后，共开展各类培训 6 期，培训人数 280 人，其中建档立卡贫困群众 25 人。"扎赉特旗妇女手工制品扶贫车间负责人白玉勤说，手工制品让越来越多的贫困妇女足不出户，凭手上技巧穿针引线，就能够获得稳定收入，为脱贫后保持牧民稳定增收架构起产业支撑。

每到周末，兴安盟突泉县赵日霞都非常忙碌，因为利用这两天的时间她要免费为突泉镇的低保户和 50 岁以上、20 岁以下的剪纸爱好者进行免费的剪纸培训。"希望把传统手艺与城乡失业人员结合起来，提高就业率。"赵日霞说，未来将继续发挥其自身优势，带动更多普通老百姓通过自己的双手创造财富。

在兴安盟阿尔山市，人们用白桦树皮、松树皮、松塔、苔藓、岩石等源于自然的东西作为画的原材料，绘成一幅幅天然的树皮画艺术品。树皮画作品作为旅游文创产品，不但成为阿尔山市旅游发展的一张艺术名片，也成了白狼镇贫困户脱贫致富的法宝。自 2016 年以来，阿尔山市白狼镇 45 户 72 名贫困人口每年从林俗文化产业公司分得 985 元的分红,4 年累计分红 30 余万元。

**案例四**

## 乌兰察布市：构建紧密多元的利益联结机制

推动龙头企业、合作社与贫困农牧民构建紧密的利益联结机制，依托农牧业新型经营主体带动贫困户持续增收，是构建扶贫长效机制、防止返贫的关键。乌兰察布市大力实施"龙头企业带贫减贫工程"，积极推行"龙头企业＋合作社＋贫困户"模式，将国债专项资金和高标准农田建设、畜禽粪污资源化利用、产业强镇等重大农牧业项目向减贫带贫能力强的龙头企业和合作社倾斜，根据带动能力强弱给予国债专项资金、京蒙帮扶资金、银行贷款等资金和政策的支持，提高龙头企业、合作社、家庭农牧场等新型经营主体参与脱贫攻坚积极性，引导他们通过订单合同、服务协作、劳务用工、资产收益等方式与贫困户建立紧密的利益联结关系。

一是建立订单合同模式，各类新型经营主体与贫困户签订订单合同收购农畜产品，其中种植业订单面积30789亩，畜牧业订单规模4699头（只），覆盖有劳动能力贫困户5341户。二是建立服务协作模式，龙头企业、合作社通过提供良种、技术或以代养（种）托管等方式带动贫困户发展生产，覆盖有劳动能力贫困户3847户。三是建立就业带动模式，通过政策支持、引导，鼓励企业吸纳有劳动能力的贫困人口务工就业，增加工资性收入，覆盖有劳动能力贫困户901户。四是建立土地流转模式，将贫困户家庭自有土地折股量化到龙头

产业扶贫案例：莜麦熟了

企业或合作社，贫困户按照股份获得收益，增加财产性收入，覆盖有劳动能力贫困户13202户。五是建立资产收益模式，将扶贫专项资金投入到龙头企业或专业合作社，将形成的资产采取优先股的方式量化给贫困户，贫困户凭借优先股权获得保底收益并参与二次返利，覆盖有劳动能力贫困户13316户。各类新型经营主体通过多种模式将贫困人口吸纳到农牧业生产经营链条中，带动贫困户36607户（次）持续增收，构建了产业扶贫长效机制。

作为全国知名燕麦全产业链公司，内蒙古阴山优麦公司通过发放农资、土地流转、订单收购、吸纳就业四种方式，与贫困户建立起了可供借鉴的利益联结机制。

一是实施订单模式，解决贫困农民"三难"（买难、种难、卖难）问题。采用"公司＋农场＋基地"的合作模式，2018年发展燕麦订单种植5.4万亩，涉及贫困户859户，每亩增收200元，户均增收4860元。2019年签订燕麦订单6万亩，涉及贫困户2630户，每亩增收230元，户均增收5060元，2020年与农户签订订单面积5万亩，涉及贫困户1950户。与阴山优麦签订燕麦收购协议的贫困户，公司在秋季以高于市场价40%的价格进行收购，切实解决销售问题，以此达到贫困户增收的目的。二是坚持互利共赢，推进利益联结。一方面，阴山优麦公司与45个嘎查村达成发展村集体协议，45个嘎查村将集体经济启动资金1935万元，已入股到公司，阴山优麦公司每年给予每个村委会不低于6%的入股分红。另一方面，建档立卡贫困户入股阴山优麦公司，参与公司的产业化经营，共有1026名建档立卡弱体力劳动者将1026万元资金入股到公司，公司按照保本分红的原则，为每人每年发放分红不低于600元。三是围绕金融扶贫，加强政银企合作。采取"政融保"的方式，2018年以来，累计从内蒙古银行贷款 9000 万元，带动贫困户实现增收。2018 年带动贫困户 1087 户，给予每户不低于 1800 元的生产资料。2019 年向 7 个苏木乡镇 2764 户贫困户发放马铃薯种子 650 吨、燕麦种子 40 吨、生物菌剂 10 万元，并直接帮扶 444 户贫困户，给予 900 元购买生产资料。2020 年为 6 个乡镇 2100 户贫困户免费发放 182 吨燕麦种子。四是优化用工模式，促进就业扶贫。阴山优麦公司以临时工和合同工相结合的形式，优先为察右中旗建档立卡贫困户提供就业机会，先后安排 35 名贫困户就业，每人每年工资不低于 3 万元。

 **案例五**

## 喀喇沁旗马鞍山村：深山里"长"出生态产业链

位于燕山山脉七老图山系深处的马鞍山村，隶属于内蒙古赤峰市喀喇沁旗河南街道，因一座形似马鞍的山峰而得名，这里是革命老区、贫困山区，也是多民族聚居区和生态脆弱区。站在马鞍山村一眼望去，周边群山环绕、林海茫茫。从昔日默默无闻的贫困小山村，到"中国最美乡村""国家森林乡村""全国旅游示范村"等殊荣加身的富裕村、文明村、网红村，生态经济的蓬勃发展，今天的马鞍山村万象更新！

马鞍山村的脱贫路，是随着山葡萄产业的发展壮大走出来的。这里地处北纬 41 度左右，山坡地多，昼夜温差大、光照时间长、土壤有机质丰富，特别适合种植山葡萄。2000 年，时任村党支部书记的张国志带领村民引进山葡萄良种试种，种出的山葡萄色泽好、糖分足，很快就带动本村、邻村的农户形成了一定规模。

不过，要把满山遍野的"紫珠珠"变成农民兜里的"钱串串"，不是一蹴而就的事儿。在一次次思路调整和产业转型中，马鞍山村逐步探索出在党组织引领下抱团发展的产兴业旺之路。

2009年，张国志等人筹资办起了山葡萄专业合作社，组织全村种植抱团发展。2012年，村里兴办了葡萄酒公司，自己发展成品酒酿制，之后几年里，公司先后实现了吸引投资、招商重组。2016年初，驻村工作队来到马鞍山村，为山葡萄产业进一步撑腰助力：投入45万元扶贫项目资金盘活了当时正处于亏损状态的葡萄酒公司，为村里的种植户联系区内专家作技术培训，更换了耐寒、耐旱方面更具优势的品种，实施了总投资46.6万元的山地灌溉设施项目……一项项帮扶举措，针对的都是产业发展遇到的各种瓶颈。2019年1月，工作队与村党总支以融合党建的形式，与旗直单位、企业及周边村的16个党组织共同建立了马鞍山村山葡萄产业联合党委。联合党委的成员单位根据村里提出的发展需求提供力所能及的帮助，真正将"自家事自家办"变为"一家事大家办"。

短短几年光景，马鞍山村的山葡萄产业规模扩大了，附加值提高了，产业链也延长了。村里建成了集中连片的种植基地，山葡萄种植面积从2016年的2000亩发展到2020年的3500亩，每亩纯收入突破5000元。马鞍山村的贫困户中，33户75人靠种植山葡萄实现稳定脱贫，49户116人成为葡萄酒公司股东，8户参与企业和基地劳动的贫困户每年人均增收3000多元。现在，全村一半以上的村民种植山葡萄，还有四五十名村民利用社交软件做起了葡萄酒微商。村里出产的葡萄酒涵盖不同档次的20多个品种，山下建起了红酒庄园，吸引游客前来观光体验并为客户提供定制服务，通过微商带货，葡萄酒的销路扩展到全国各地。

　　山葡萄产业风生水起的同时，村里的乡村旅游业也依托村里良好的生态环境蓬勃发展起来。远到北京、河北，近到赤峰市区和通辽，游客络绎不绝，农家乐、民宿遍地开花，红酒庄园、汽车营地、射击体验场等项目纷纷投入运营，村里的葡萄酒、农家特产和山野菜也不愁卖了。

　　"每到旅游旺季，我们得从大清早一直忙到晚上九十点钟。"马鞍山村农家乐老板王子成乐呵呵地说道："我们用的都是村里贫困户自家种植、采摘的蔬菜、干果和山野菜，雇着贫困户，还按照村里统一安排设置了贫困人员公益岗，一个旅游季下来，大家收益都很不错。"

　　在马鞍山村，生态带动旅游、旅游带动扶贫，已形成一个完整的链条。"在这个链条上，生态可以说是马鞍山村发展的基底，也是我们的'拳头产品'。"喀喇沁旗派驻马鞍山村第一书记刘叶阳说："守护绿水青山，在良好生态中汲取源源不断的发展红利，就是马鞍山村脱贫致富的新路子。"

　　到 2020 年，马鞍山村共吸引游客 13.5 万人，全年旅游总收入 392 万元，全村已有 16 家农家乐、3 家民宿，100 多人直接或间接通过旅游业实现了增收。旅游业上了规模，村里又成立了赤峰三色文化旅游公司，寓意着红色底蕴、绿水青山、紫色葡萄三张旅游名片。公司为村里的红色旅游项目提供场地、讲解等服务，2020 年为村集体经济创收 6 万元。"马鞍山村地处革命老区，下一步我们计划建一个红色教育基地，开辟一条红色旅游线路，让更多村民参与其中。"说起村里今后的文旅资源开发，刘叶阳信心十足。

# 第 五 章

# "一人就业，全家脱贫"

## ——就业扶贫的实践与成果

# 一、综 述

内蒙古自治区人力资源和社会保障厅始终把就业扶贫作为一项重要的政治任务，通过实施产业带动、技能培训、创业扶持、就业援助、对口帮扶和公共服务6项行动，狠抓"六个到位"，大力促进贫困劳动者就业，确保"出现一人、帮扶一人、就业一人"，实现动态清零。截至2019年底，全区法定劳动年龄内有劳动能力和就业愿望的贫困劳动力累计实现就业18.4万人，高质量完成了就业扶贫任务。

## （一）组织保障到位，推动实现"三个100%"目标

一是加强组织领导，健全工作落实机制。围绕协调推进社保就业扶贫工作，自治区成立了由人社厅牵头，发改、经信和扶贫等6个部门为成员单位的社保就业扶贫专项工作组，明确了部门责任分工。为

以技能培训、岗位开发、劳务协作为主要抓手，帮助贫困人口就近就地就业，累计实现贫困人口就业34.52万人次

**就业扶贫**

进一步完善厅扶贫工作领导体制和工作机制，成立了由厅长任组长，就业、社保、人才等分管副厅长任副组长，相关处室单位为成员的人社扶贫工作领导小组，成立了就业、社保、人才和技能扶贫4个专项工作小组，明确各组工作职责和任务分工，每个组均设有扶贫工作联络员。盟市人社部门比照自治区成立了专门工作机构，形成了上下联动工作格局。

二是完善政策措施，兜底民生底线。深入贯彻落实党中央、国务院和自治区党委、政府脱贫攻坚决策部署，紧盯目标导向，完善政策措施，提出了"三个100%"的目标，即：对有培训愿望的100%提供培训服务，对有就业愿望的100%提供就业服务，对有创业意愿的100%提供创业服务。在2016年出台就业创业扶贫行动实施方案的基础上，密集制定了就业扶贫三年行动方案、就业扶贫"清零达标"行动实施方案、落实工作职责实施方案和加大政策支持力度做好就业扶贫工作7个专项推进政策文件，在加大扶贫车间等载体扶持力度、创新培训政策、公益性岗位兜底安置等方面完善了政策措施，为贫困劳动力就业创业提供政策支撑。如按照"准确、清楚、动态"的要求，依托人社和扶贫部门的贫困劳动力信息系统，通过数据比对、实地走访、电话调查等方式，全面摸清贫困劳动力就业失业信息；将217个自治区重点产业和民族特色、区域特色培训职业（工种）纳入补贴范围，培训补贴标准上浮20%—30%，给予盟市技能补贴目录30%的

调整权；打破地域限制，创新提出农牧民工技能培训累计课时制。

三是强化工作调度，确保有实效能落地。把就业扶贫纳入年度目标考核体系，清单化考核建档立卡贫困劳动力就业扶贫任务，数据化跟进就业扶贫沟通协调任务完成情况，制度化组织实施就业扶贫总体规划、年度计划、帮扶措施，建立了全区就业扶贫进展半月报、公益性岗位等四个渠道安置贫困劳动力月报、京蒙劳务协作扶贫行动月报、全区"清零达标"专项行动月报、建档立卡贫困户技能扶贫工作情况月报 5 套调度制度，着力加强工作指导和调度力度，扶持贫困地区发展扶贫车间，加大公益性岗位开发力度，强化有组织转移就业，支持贫困劳动力创业，形成了齐心协力、一体推进工作的格局，确保了就业扶贫任务圆满完成。

## （二）精准帮扶到位，"3＋贫困户"促进家门口就业

始终把就业扶贫作为可持续脱贫的治本之策，依托人社和扶贫部门的贫困劳动力信息系统，全面摸清贫困劳动力就业失业信息，形成就业人员清单、失业人员清单和有意愿外出就业人员清单，准确掌握贫困劳动力就业动态。通过"合作社＋扶贫车间＋公益性岗位＋贫困户"的模式，促进贫困劳动力就近就地就业，这一精准帮扶模式被中国就业促进会评为 2019 年度地方创新事件。一是"合作社＋贫困户"模式，吸纳贫困劳动力就业。通过产业与就业深度融合，培育壮大贫困地区农民专业合作社、种养大户等新型经营主体，对贫困劳动力开展定向帮扶。如喀喇沁旗牛营子中药材专业合作社组织农户开展中药材种植、购销和加工，年销售药材 6000 余吨，影响辐射到周边邻近旗县区，平均每天用工 180 人以上，每人每年收入不少于 5000 元。二是"扶贫车间＋贫困户"模式，带动贫困劳动力就业。围绕"车间

赤峰市喀喇沁旗提供就业扶贫公益性岗位

驻村、居家就业、群众脱贫、集体增收"的可持续扶贫路子，结合贫困嘎查村"一村一品"特色扶贫产业体系建设，积极协调当地组织、扶贫等部门，创建就业扶贫车间和就业扶贫基地，做到了"工厂开到家门口，攻坚脱贫有保证"。目前，全区实有扶贫车间 268 家，吸纳劳动力就业 7203 人，其中贫困人口就业 3524 人。三是"公益性岗位＋贫困户"模式，助力稳定就业。人社部门通过腾退和新开发岗位，从劳动脱贫的思路出发，开发农村牧区保洁、养路等适合贫困劳动力就业的公益性专岗，精准对接需托底就业安置的贫困人口，全区通过就业扶贫公益性岗位累计安置无法离乡、无业可扶、无力脱贫的"三无"贫困劳动力 1.9 万人。

## （三）创业扶持到位，"三项举措"引导创业脱贫

深入推进"创业内蒙古行动"，落实创业担保贷款贴息、创业园

孵化基地吸纳就业、创业培训引领三项政策，鼓励贫困劳动者创业实现就业。一是提供创业担保贷款。将农村牧区自主创业农牧民纳入支持范围，对贫困劳动者个人创业担保贷款按 3 年全额贴息，2018—2019 年，发放创业担保贷款 109 笔 605 万元。二是鼓励创业园吸纳创业者创业。把入驻数量多、孵化效果好的贫困旗县创业孵化载体，纳入创业园以奖代补支持范围，引导创业园吸纳更多贫困劳动力创业。如呼伦贝尔市鄂温克旗贫困劳动者哈斯格日乐成立了艾罕民族服饰工作室，入驻了鄂温克旗民族文化产业创业园，享受三年免房租政策，每年收入 10 万元，还带动就业 18 人，2019 年入选了全国创业就业服务展示交流活动就业扶贫典型人物。三是强化创业培训和服务。对贫困劳动力参加创业培训，取得培训合格证书的，按规定给予不低于 1000 元的创业培训补贴，各地创业专家服务团为创业人员和有创业意愿的贫困劳动力免费提供开业指导、项目推介、政策咨询等创业服务。

### （四）京蒙对接到位，"三个机制"促进劳务协作

坚持精准对接、精准脱贫、精准扶贫三个基本原则，积极推进与北京人社部门的劳务协作帮扶对接。一是周密部署，推进劳务协作顺利开展。京蒙两地人社部门签订了以供求信息交流、就业帮扶活动、家政服务对接、职业技能培训、师资队伍建设、人才智力支持等为主要内容的《北京市人力资源和社会保障局、内蒙古自治区人力资源和社会保障厅扶贫协作框架协议》。签约旗县主动与北京帮扶区落实协议内容，扎实推进京蒙劳务协作扶贫行动。先后印发了《内蒙古自治区京蒙劳务协作三年行动计划（2018 年—2020 年)》等政策文件，明确了目标任务，提出了具体措施，制定了考核范围和内容，确保了各

艾吉玛：鄂温克手工艺品传承人的带贫故事

项协作有序推进。二是加强信息对接，建立区域间常态化信息共享机制，打通转移就业桥梁。对口帮扶支援区持续为受援旗县劳动力挖掘就业岗位，提供职业需求信息，搭建转移就业桥梁；受援旗县通过广泛走访调查，持续完善本地区建档立卡贫困劳动力资源信息，健全建档立卡贫困劳动力资源数据库，及时提供给北京对口帮扶支援区，建立了跨区域、常态化信息共享机制，实现劳动力供需信息精准对接。京蒙交流互访累计 290 余次，共召开专场招聘会 240 场。三是组织开展技能培训，有效提升劳动力就业创业技能。京蒙双方针对建档立卡贫困劳动力自身需求和市场需求，立足受援地区域特色，以开展家政服务、养老护理、民族特色手工业、种养殖业等项目为重点，大力举办建档立卡贫困劳动力专项技能培训班和创业培训班，提升建档立卡贫困劳动力就业创业能力，促进其稳定就业创业。截至 2020 年 8 月底，累计举办京蒙劳务协作培训班 666 期，培训 29946 人次，建档立卡贫困劳动力赴京就业 2992 人次，赴其他省区市就业 5571 人次，就近就地转移就业 56391 人次。由人社部门组织实施的 22 个京蒙劳务协作扶贫项目已经全部完成。

## （五）技能扶贫到位，多样化培训提能扶智

持续加强技能扶贫工作，围绕培训对象有针对性地开设培训内容，力争使有培训意愿的贫困劳动力应培尽培。一是建立技能扶贫"两台账一平台"。即：建立培训需求调查台账、培训满意度调查台账、受理培训需求动态变化服务平台。二是更加注重培训的覆盖面、针对性和实效性，创新开展了"乌兰牧骑式巡回培训"，将培训班开

到"村子里"、"家门口"，有针对性地开展"农家乐"、"牧家乐"、机械维修、家政服务、民族服饰制作、手工雕刻、电商下乡等各类特色培训。创新培训补贴政策，允许各地灵活制定培训时间、培训方式、补贴标准以及适合本地区贫困劳动力培训特点的培训项目，并按规定落实培训补贴。三是丰富精准脱贫就业创业在线学习网内容，开设民俗旅游类、农牧业种养殖等8大类、157门课程，参训8429人次，累计学习33567学时。四是为就读技工院校的贫困家庭学生开辟招生绿色通道，在入学、选择专业、安排订单定向培养班（企业冠名班）、落实助学政策、实习、推荐就业等方面实行优先政策。开展"百日结对帮扶"活动，通过全区技工院校等职业培训机构、就业服务机构与贫困家庭结对帮扶的方式，集中百日攻坚，"一对一"开展技能扶贫精准对接服务。

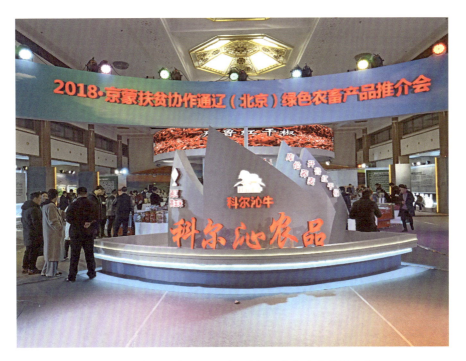

2018·京蒙扶贫协作通辽（北京）绿色农畜产品推介会

## （六）就业服务到位，"五级服务体系"保障就业扶贫

依托覆盖自治区、盟市、旗县（市、区）、苏木乡镇（街道）、嘎查村（社区）的五级公共就业服务体系，充分发挥"自治区劳动就业核心业务子系统"专网覆盖12个盟市、103个旗县（市、区）的全领域、全方位信息化优势，为就业扶贫提供精准、科学、及时的决策依据和数据支撑。一是注重"互联网＋就业服务"，推广"就业创业服务微信客户端＋就业扶贫"模式，把用工岗位信息、培训信息及各项就业创业政策第一时间发送到贫困户手中。特别是2020年新冠肺炎疫情发生以来，广泛宣传网络招聘会和企业招聘需求，及时向贫困劳动力筛选推送一批适宜的岗位信息，帮助他们掌握线上求职招聘操作流程，通过网络寻岗求职。鼓励支持贫困劳动力积极参加线上培训，按规定纳入职业培训补贴范围并给予一定生

通过技能培训，解决就业岗位

鄂尔多斯市鄂托克前旗举办 2018 年"贫困户就业不出村　公益性岗位送上门"
就业扶贫活动

活费补贴，提高贫困劳动力就业能力。二是围绕当地产业发展和园
区建设，逐户收集用工信息，了解各类企业用工需求和贫困劳动力
求职需求，组织开展专场招聘活动，为用工企业和贫困劳动力搭建
供求对接平台。适应贫困劳动力特点，注重与扶志扶智相结合，为
贫困劳动力提供免费的职业介绍和职业指导服务，举办"就业扶贫
行动日"等专项活动，通过送岗位信息上门等方式，促进人岗对
接。三是联合发改、工信、扶贫部门在全区范围内组织开展"易地
扶贫搬迁就业帮扶专项行动"，聚焦有劳动能力和就业意愿的搬迁
群众尤其是建档立卡贫困劳动力，发挥公共就业服务平台、人力资
源服务机构的"就业红娘"作用，通过组织外出务工，促进就地就
近就业，强化公共服务等措施，助力易地扶贫搬迁贫困劳动力就业
脱贫。对全区 1135 个易地扶贫搬迁集中安置点，组织开展了不落

一人、不漏一户拉网式摸底排查，有就业意愿的贫困劳动力 16088
人，已实现就业 16088 人，完成目标任务的 100%。

# 二、典型案例

 **案例一**

## 巴林左旗：创新举措探索就业
## 扶贫车间扶贫新路子

巴林左旗是赤峰市唯一的深度贫困旗县，贫困人口数量多、
脱贫攻坚任务重，只有举全旗之力，调动方方面面的力量，集中
攻坚，才能打赢脱贫攻坚战。经过不断研究探索，结合当地特色
笤帚苗产业，巴林左旗走出了"建设就业扶贫车间、实现就近就
地就业"的就业扶贫新路子，将就业扶贫车间作为贫困人口实现
稳定脱贫的主要载体和抓手，帮助贫困劳动力实现在家门口就业，
实现了"就业一人，稳定脱贫一户"的目标，扶贫成效显著。

**结合地方特色，全面建设就业扶贫车间**

巴林左旗的特色主导产业——笤帚苗产业是一个劳动密集型
富民产业，基础牢、效果好、易推广。建设笤帚加工就业扶贫车
间，使具有左旗特色的笤帚苗产业与脱贫攻坚工作深度融合，不
仅能够让众多的贫困劳动力参与加工链条，从中受益，还能促进
左旗特色产业的健康快速发展，是一个双赢的扶贫模式。

巴林左旗在就业扶贫车间厂房建设上，加大投资力度，扶贫

项目资金、民间资本一同上，通过"三批"解决就业扶贫车间厂房问题，即：扶贫项目资金建设一批、民间资本建设一批、旧房改造一批。在就业扶贫车间的认定上，不搞"一刀切"，没有把厂房的大小作为就业扶贫车间的认定条件，而是更看重企业的发展潜力。现在的扶贫车间中既有扶贫项目资金、个人投资建设的标准化厂房，也有利用闲置的旧民房、旧村部等因陋就简改造的厂房，通过合理调节使用资源，鼓励企业把有限的资金用于生产流通、扩大再生产。

### 强化政策激励，扶持发展就业扶贫车间

为了加强就业扶贫车间的建设步伐，调动企业吸纳建档立卡贫困劳动力就业的积极性，巴林左旗加大了政策支持力度。对于符合条件的企业，给予企业创业补贴、岗位补贴、职业培训补贴、社会保险补贴、贷款扶持和免费创业培训 6 项补贴政策。政策覆盖范围广、力度大，吸引了众多企业纷纷致力于就业扶贫事业。全旗累计为 5 家就业扶贫车间提供了贷款扶持，发放小额贴息贷款 75 万元，为 25 家就业扶贫车间兑现一次性资金奖补、创业补贴等补贴资金 428.5 万元。

### 建立监督机制，规范管理就业扶贫车间

为了加强对就业扶贫车间的监督管理，提升就业扶贫车间的质量，巴林左旗采取了多项监督管理措施：一是与就业扶贫车间签订监管协议；二是每月不定时到就业扶贫车间现场核实贫困劳动力在岗情况；三是规定了贫困劳动力的工资由银行发放，银行票据每月报就业局；四是不定期召开就业扶贫车间推进会议，总结成绩、发现不足，互相交流借鉴经验；五是不定期电话问询就业扶贫车间生产情况和贫困劳动力出勤情况。通过加强监管，大部分就业扶贫车间能够按照就业扶贫车间的条件和要求正常运

转，建档立卡贫困劳动力稳定就业，稳定增收。对于部分不能保证建档立卡贫困劳动力长期稳定就业的扶贫车间，通过有进有出的动态调整机制予以退出。

### 加强技能培训，充实壮大就业扶贫车间

随着笤帚苗产业的不断发展，开展相关技能培训成为供需双方的迫切需要。巴林左旗笤帚苗加工企业已发展到80多家，笤帚苗加工企业有较大用工需求，且笤帚苗加工技术门槛不高，稍加培训即可从事生产，与贫困劳动力文化素质不高、就业技能低的特点相适应，贫困劳动力就近就地就业积极性高。为此，巴林左旗决定进一步加大笤帚苗手编技能培训的力度，创新培训方式，鼓励企业开展以工代训，增强技能培训的针对性。2019年，巴林左旗共举办笤帚苗手编技能培训班51期，培训建档立卡贫困劳动力953人，为就业扶贫车间输送了大批技术工人，充实壮大了就业扶贫车间力量。2020年为充分发挥左旗笤帚苗特色产业的优势，全旗加大了笤帚苗手编技能培训。自6月20日首期培训班开班以来，目前已开班15期，学员406人正在培训中，培训结业后将推荐到就业扶贫车间就业。

 **案例二**

## 扎赉特旗：多措并举推进就业扶贫

2020年是脱贫攻坚决战决胜之年，也是扎赉特旗就业扶贫与乡村振兴有效衔接的一年。近三年来，当地以促进有劳动能力的贫困人口都能实现就业为目标，将有就业意愿的贫困劳动力全部纳入公共就业服务范围，全力做好就业扶贫工作。

### 重宣传，利好政策先知晓

充分利用微信、电视、报纸等媒体及入户开展拉网式培训需求调查、举办招聘会、政策宣讲会、面对面宣传、京蒙劳务协作等各种机会，让建档立卡贫困劳动力、扶贫车间、扶贫基地、专业合作社、中小微企业、劳务经纪人、创业人员等服务对象及时了解最新就业扶贫、技能扶贫政策。印制一次性告知单、就业创业社会保障政策宣传单、建档立卡贫困户技能培训联系卡、培训机构宣传单等各种资料，多渠道开展政策宣传活动，提高全旗各类群体对人社领域扶持政策的知晓率，让利好政策发挥最大作用。

### 抓培训，线上线下齐开展

为精准掌握全旗建档立卡贫困劳动力培训及就业需求，扎赉特旗政府多次组织召开就业扶贫工作调度会，要求各苏木乡镇配合人社部门，完成建档立卡贫困劳动力培训需求调查工作。旗人社部门抽调干部组成多支宣传调查小组，先后深入巴彦扎拉嘎乡、努文木仁乡、图牧吉镇等地区全面走访建档立卡贫困劳动力，做到就业及培训需求宣传调查不落一人，组织开展"建档立卡贫困劳动力技能培训班"，聘请专业高级教师，用老百姓爱听、易懂、实用的授课语言和方法讲授培训课程。

"等油热的时间，我跟大家说啊，现在一年能参加三个专业的免费技能培训，我们可以学完中式面点，再学月嫂和育婴员，咱这儿有个学员叫黄金兰，因为月子餐做得好又会照顾婴儿，现在雇主跟她签了6年的合同，年薪10万……"2020年4月2日，扎赉特旗家乐福家政职业培训学校的专业教师正在通过钉钉智能移动办公平台线上授课。为做好疫情防控和职业能力建设工作，旗人社部门围绕"抗疫接力在线培训助力脱贫"行动主题，通过采取线上授课与疫情过后线下实操相结合的方式，深入开展职业技能培训。"我家里养牛，以前在繁殖过程中损失很大，以为又流行什么传染病之类的，培训学习才知道是母牛缺维生素。"建档立卡贫困户佟财笑着说，"这个技能培训帮助我们掌握如何科学配比饲料达到营养均衡，如何预防各种常见疾病等，真的是太实用了。"

三年来，通过举办拉网式贫困人员实用技术培训班，建档立卡贫困劳动力技能培训班和育婴员、中式面点师、中式烹调师、民族手工艺品制作、建筑工、保育员、服装缝纫、无人机驾驶员等专业技能培训班，扎赉特旗已累计培训建档立卡贫困人员近4500人次。做到"应培尽培、能培尽培"，努力帮助每个有培训需求的贫困劳动力都有机会接受职业技能培训，掌握一技之长，实现增收致富梦。

### 促转移，扶贫协作"点对点"

按照《京蒙劳务协作协议》内容，扎赉特旗制定了京蒙劳务协作工作方案及行动计划。通过互访对接建立健全工作机制；通过组织人员进京参加培训及聘请北京专家来旗授课等方式，提高相关人员专业水平；通过组织现场招聘会、网络招聘会，"点对点"输出，提高转移就业组织化程度。创新对口帮扶模式，深入开展党建扶贫，通过增加稳岗就业项目拓展扶贫协作领域。三年来，已互访对接11次，工作人员进京参加就业扶贫工作培训2次，致富带头人、技工院校（培训机构）人员进京参加技能培训2次，北京专家为初始创业和有创业意愿的大学生讲授创业培训课程1次，组织召开京蒙劳务协作现场招聘会3场，参会人数累计达6600余人次，累计有193家旗内外企业提供工作岗位8658个，工作人员全程讲解相关扶持政策，现场发放各类就业政策宣传资料及招聘简章 6800 余份。全旗累计已有 28 名通过京蒙劳务协作专场招聘会达成就业意向的务工人员到北京入职。2020 年"点对点"劳务输出 40 人，保障农民工安全复工。组织开展"京蒙就业帮扶"专场网络招聘会 6 期，为 55 家北京丰台区企业发布 3252 个岗位需求信息。三年来，就地就近就业建档立卡贫困人口 1378 人，进京转移就业建档立卡贫困人口 62 人，转移到其他省份就业建档立卡贫困人口 217 人，在东部省份稳定就业建档立卡贫困人口 20 人。

### 建车间，以工代训保饭碗

扎赉特旗根据贫困苏木乡镇实际，通过创建合作社形式、交易市场形式、手工作坊形式的扶贫车间，促进建档立卡贫困劳动力就近就地就业。"我们合作社采取'技术培训＋供种供料＋回收＋分红'的经营模式，已发展社员 120 户，其中建档立卡贫困户 56 户，每年户均收入 3500 元。"扎赉特旗鸿德乌鸡养殖孵化专业合作社创建人陈建钧介绍说，"我们为社员提供技术指导，成立田间学校，开展授渔计划，让贫困户掌握养乌鸡的方法，我们统一供种供料、统一防疫、统一回收，养得多分红也多。"

类似这样的合作社还有很多。扎赉特旗阿尔本格勒镇瑞秋木耳种植合作社以种植销售菌棒为主，年生产菌棒 300 万棒，11 月至来年 4 月是最忙的时候，利润可达 90 万元，集体经济收入 20 余万元，该合作社推行"党支部＋合作社＋生产基地＋贫困户"模式，嘎查党员每人与基地 2—5 名贫困户结对，给予技术培训、降低成本、销售门路、提高效益等方面的帮助，目前基地种植户有近 70 户，带动周边 600 户居民种植黑木耳，人均增收6000 元。

扎赉特旗为辖区内吸纳本地建档立卡贫困劳动力的企业、扶贫车间、合作社等生产经营主体，积极落实一次性资金奖补、以工代训职业培训补贴、稳岗就业补贴等扶持政策，鼓励扶贫车间吸纳更多贫困劳动力就业。

 **案例三**

## 和林格尔县：就业扶贫让易地搬迁 贫困群众端上"铁饭碗"

"四爪落地小窗房、一处院落两矮墙；面朝黄土背朝天、一口大瓮一铺炕"，呼和浩特市和林格尔县大红城乡前营子村的方俊平一家世代在这里居住。

平淡的四口之家，虽不富裕，也还幸福。但事总不遂人愿，2014年，方俊平妻子患上了严重的肾病，只能靠长期做透析维持生命，这幸福的一家顿时失去了往日的欢笑。2015年，他家因病因学被识别为贫困户，列为易地搬迁对象分散安置。为了方便治病，方俊平一家定居到和林格尔县城关镇，通过政府补贴他们一家住上了80平方米的楼房。"就业一人，脱贫一户"，自去年开始，和林格尔县就业局帮扶方俊平一家四口实现三人就业。"拨开云雾见青天"，这让他非常欣喜。"党的扶贫政策就是好，把我们从泥潭里拉了出来，住上了新房，妻子的医药费也基本都能报销，就业局还给我们三口人都找了工作，我会永远记在心里！"

怀为民之心，倾为民之情。和林格尔县采取入户摸底、电话询问和线上问卷调查的形式，组织工作组，对全县734名劳动年龄内享受政策的贫困人口开展"一对一"调查，走村入户，风雨无阻，全面掌握他们的劳动能力、就业情况和就业服务需求，建立了贫困劳动力信息台账，做到"底数清、情况明"，通过动态调查精准定位就业服务需求。

在精准定位就业服务需求的基础上，着力搭建就业服务平台，促进贫困劳动力就业。依托"和林就业"、"活力和林格尔"微信公众号、"和林县贫困大学生就业群"、"和林县就业培训群"等平台发布招聘信息，2020年1—5月，累计发布"每周招聘"、"企业复工招聘"20期，提供就业岗位869个，引导贫困劳动力就地就近转移就业；着力解决公共就业服务"最后一公里"问题，对建档立卡贫困户搬迁安置300户536人。目前，在黑老天、泥合子、石咀子、羊群沟、盛乐移民新村5个规模较大的易地搬迁点建立了"就业扶贫工作站"，设服务窗口，确定专人，明确职责，承接就业服务工作，就业服务延伸到村。自2018年以来已举办三届以"转移就业、助力精准扶贫"为主题的招聘会，2020年5月29日，组织19个用人单位，提供120多个就业岗位，乡镇组织12名贫困劳动力参加，共有76人现场达成就业意向，16人报名参加培训，进一步推动全县贫困劳动力、农村富余劳动力转移就业；对劳动年龄内有转移就业意愿和培训意愿的贫困劳动力展开"一对一"就业服务，深入贫困劳动力家中，反复对接企业，根据贫困劳动力的意愿，推荐方建新等4人参加技能培训，推荐岑小叶等7名贫困劳动力在企业就业，同时，针对部分有劳动能力、有就业愿望、年龄偏大、不愿外出或无法外出的贫困人口，积极开展扶贫公益性岗位托底安置，在易地搬迁点新店子前水泉新村、羊群沟石咀子村、羊群沟移民村、盛乐镇移民新村安置公岗4名。易地搬迁贫困劳动力已全部动态实现"应转移尽转移，应培训尽培训"的就业扶贫目标。

脱贫路上"一个都不能少"。和林格尔县从就业需求入手，把促进贫困户就业作为"造血"的重要途径，落实落细各项就业扶贫政策，努力拓宽就业渠道，开发就业岗位，引导、帮扶、带动有就业意愿的农村贫困劳动力多形式、多渠道实现就业，让贫困群众端上"铁饭碗"，开启了脱贫增收的"薪"天地。

##  案例四

### 赤峰市：做好京蒙对接　促进就业扶贫

开展京蒙对口帮扶工作，不仅是贯彻习近平总书记东西部扶贫协作座谈会重要讲话精神的具体实践，更是提升贫困劳动力就业帮扶质量，实现精准扶贫、精准脱贫的重大举措。赤峰市高度重视与北京地区的扶贫协作，严格落实京蒙合作框架协议精神，积极开展各类对接工作，切实推进就业扶贫各项工作的开展。

#### 完善劳务协议，提升协作效果

按照京蒙对口帮扶和全面合作的框架协议精神，赤峰市认真开展贫困劳动力的务工需求调查，并从 2017 年开始陆续与北京对口区签订劳务对接协议。2018 年 6 月 5 日，全市 8 个国贫县参加了自治区在乌兰察布市察右后旗组织的京蒙劳务协作专项扶贫行动签约仪式，再次与北京的对口区签订了劳务对接协议，并进行了座谈，完善协作措施，提高协作有效性，探讨进一步合作事宜。

#### 组织招聘活动，促进有组织输出

为推动与北京帮扶合作向实质性迈进，赤峰市积极建立与北京地区的跨区域、常态化岗位信息共享和发布机制，广泛搜集适合贫困劳动力的岗位信息，组织开展形式多样的招聘活动，为贫困劳动力和用人单位搭建对接平台。在 2017 年林西县秋季就业扶贫暨京蒙劳务对接招聘大会上，与企业达成求职意愿总计 870 人，其中大中专毕业生 331 人，退伍军人 26 人，建档立卡贫困劳动力 43 人，其他人员 470 人，与北京丰台区企业达成意愿 137 人。敖汉旗携手北京市海淀区举行 2018 年"春风行动"就业扶贫大型招聘会，来自北京的 10 家企业进场招聘，共向全旗农村牧区广大群众提供就业岗位 700 个，达成就业意向 116 人。2019 年 2 月，京蒙帮扶通州区与翁牛特旗携手举办"春风行动"招聘会，共吸引 54 家企业参会，提供就业岗位 3026 个。其中北京地区企业 34 家，提供就业岗位 1796 个；参加招聘会的求职人员达 6500 人次以上；初步达成就业意向总计 301 人，其中建档立卡贫困劳动力 2 人，与北京地区企业达成就业意向 3 人。

### 开展培训合作，提高就业技能

根据赤峰市特点，利用北京对口帮扶地区在培训机构及资金方面的优势，组织有培训需求的贫困劳动力到北京或在当地参加技能培训，提高贫困劳动力的就业技能。翁牛特旗和通州区联手开办贫困妇女家政服务员培训班，共培训学员 41 人，其中包括建档立卡贫困妇女 3 人、就业困难妇女 38 人，经考核合格后 41 名学员均拿到了结业证书，其中有 11 人留在北京就业。2018 年，敖汉旗和北京市海淀区签订了农业科技培训协议，由海淀区人社局出资 15 万元，首期培训 1000 名建档立卡贫困劳动力。6 月 14 日至 27 日，敖汉旗就业服务局组织开展海淀区支援敖汉旗农牧业生产科技培训班 4 期，共有建档立卡贫困人员 201 人参加培训。2019 年，京蒙对口帮扶技能培训班在喀喇沁旗的 11 个乡镇、街道举行，培训内容包括中式烹调、中式面点、护工专业、月嫂专业、致富带头人等，参训人员达 600 人，其中建档立卡贫困人员 510 人。

### 加强能力建设，提高就业服务水平

赤峰市积极协调北京对口帮扶地区，通过提供职业指导师、培训师资等多种方式，协助当地加强人力资源市场和职业培训机构建设，提高当地公共就业服务能力和职业培训能力。其间，林西县积极对接北京丰台区，申请到京蒙帮扶资金 500 万元，地方自筹资金 947.3 万元，建成了林西县贫困人口就业创业服务中心。目前，北京市衡惠无忧公司已入驻该中心并负责中心二层公共培训基地的运行管理。翁牛特旗与北京通州区协调，得到了北京市通州区盛世辉腾职业技能培训学校的全力协助，翁牛特旗—通州区"京蒙劳务协作工作站"在北京市通州区盛世辉腾职业技能培训学校已正式挂牌投入运行。

# 第 六 章

# "切断贫困代际传递"

## ——教育扶贫的实践与成果

# 一、综 述

党的十八大以来，内蒙古自治区教育厅按照党中央、国务院统一部署，认真落实"教育脱贫一批"工作要求，坚持扶贫与扶志扶智深度融合，以"让贫困家庭子女都能接受公平而有质量的教育，阻断贫困代际传递"为工作目标，扎实推进教育脱贫各项工作。

## （一）提高政治站位，加强组织领导

一是强化制度保障。自治区教育厅成立了以厅长为组长，分管厅长为副组长的脱贫攻坚领导小组和专项推进工作组。相继印发了《内蒙古自治区打好打赢扶智育人脱贫攻坚战三年行动方案（2018—2020年)》《内蒙古教育精准扶贫工作实施方案》《关于加强高等学校服务脱贫攻坚的指导意见》《关于解决建档立卡贫困家庭适龄子女义务教

全面改善贫困地区基本办学条件，完成了1793所学校达标建设

 农村牧区义务教育阶段在校生营养改善计划覆盖31个国贫旗县，26个区贫旗县通过国家义务教育发展基本均衡县评估认定

 建立控辍保学管理动态数据库，实现了贫困家庭义务教育无失学辍学学生

 建立了完善的资助体系，2016年以来累计资助各级各类学生2102.79万人次，资助金额233.41亿元

育有保障突出问题的工作方案》《关于〈建立控辍保学管理动态数据库〉的通知》等政策文件。二是明确职责任务。按照"两不愁三保障"的要求，强化控辍保学工作；健全完善各级各类教育的资助政策体系，学生资助做到应助尽助；调整优化教育经费支出结构，教育工程项目向贫困地区倾斜，改善贫困地区办学条件；加强贫困地区教师队伍建设，改善乡村教师待遇，均衡配置城乡教师资源；加强贫困地区教育信息化建设，推动"同频互动课堂"建设与应用；加大贫困地区适龄人口职业技能培训力度；实施推普脱贫攻坚计划等。

## （二）严格落实"两不愁三保障"教育保障目标

一是狠抓控辍保学。加强控辍保学日常监督和专项督导，发挥各盟市控辍保学管理动态数据库作用，完善自治区级控辍保学动态管理数据库线上填报系统。开展"地毯式"排查，摸清失学辍学学生详细情况。精准做好监测、核查和劝返工作，按照"一家一案，一生一案"要求，明确劝返责任人，制定相应劝返方案，及时予以劝返。利用现有特教资源，为轻度三类残疾儿童（视障听障智障）安排随班就读，为有接受能力的中度三类残疾儿童提供送教上门服务。目前，全区义务教育阶段学生无因贫失学辍学情况。二是完善

鄂尔多斯市鄂托克旗蒙西镇碱柜村小学新教学楼

投入机制。全面建立城乡统一的义务教育经费保障机制，按照"城乡一体，重在农村"的原则，实施"两免两补"政策（城乡义务教育学生免除学杂费、免费提供教科书，对家庭经济困难寄宿生补助生活费、寄宿生补助住宿费），义务教育保障资金逐年增加。城乡义务教育学校（含民办学校）生均公用经费补助标准为小学600元、初中800元，民族语言授课学校补助标准在此基础上增加10%（小学增加60元、初中增加80元），对寄宿制学校按照寄宿生年生均200元（2013年的标准为120元）的标准增拨公用经费。将教育专项资金优先向贫困地区拨付，重大工程项目和教育优惠政策继续向贫困地区倾斜。2018年至2020年向贫困地区倾斜资金19.4亿元。三是加大特殊教育支持力度。2016年自治区特殊教育学校生均公用经费标准提高到每生每年6000元，2018年自治区特殊教育专项经费由1000万元增加到3000万元，主要用于支持贫困地区建设特殊教育学校、购置教学设备等。

### （三）完善资助体系，强化精准资助，推进资助育人

一是完善资助体系。建立了从学前教育到研究生教育的较为完善的资助体系，实现了所有学段、公办民办学校、家庭经济困难学生"三个全覆盖"，2016年至今累计资助各级各类学生2102.79万人次，资助金额233.41亿元。从2019年秋季学期起，自治区将义务教育阶段建档立卡贫困学生、非建档立卡的家庭经济困难残疾学生、农村低保家庭学生、农村特困救助供养学生等四类家庭经济困难非寄宿生纳入生活补助范围。二是强化精准资助。从2019年3月起，自治区教育厅等7部门联合出台了《内蒙古自治区家庭经济困难学生认定工作实施办法》，综合考虑家庭经济状况、地区经济社会发展水平等因素，按照特别困难、比较困难、一般困难三个级别分类认定，根据认定结果为各学段困难学生落实资助政策。三是推进资助育人。各地各校紧紧围绕"立德树人"这一根本任务，通过开展诚信教育、感恩教育，引导家庭经济困难学生培养自立自强、诚实守信、知恩感恩、勇于担当的良好品质，构建物质帮助、道德浸润、能力拓展、精神激励等方面的长效机制，形成"解困—育人—成才—回馈"的良性循环。

### （四）着力改善贫困地区学校办学条件

一是完成"全面改善贫困地区义务教育薄弱学校基本办学条件"（以下简称"全面改薄"）项目收尾工作。自2014年国家实施"全面改薄"项目以来，自治区纳入项目实施范围的有11个盟市（不包括乌海）、76个旗县（包括国贫旗县、区贫旗县、边境旗、少数民族自

治旗、革命老区旗县）。截至 2019 年，累计投入资金 93.25 亿元，校舍建设开工面积 308 万平方米，竣工面积 308 万平方米，完成设施设备购置 27.22 亿元，校舍建设项目累计开工 1793 所，"全面改薄"项目全面完成。二是实施农村牧区义务教育学生营养改善计划。营养改善计划工作覆盖全区 31 个国贫旗县农村牧区义务教育阶段学校（含教学点）985 所、学生 25.6 万名。三是推动乡村小规模学校和乡镇寄宿制学校（即"两类学校"）改善办学条件。在全区范围内对"两类学校"的布局规划、建设改造、办学条件、运转情况等方面进行详细调研，拟制《内蒙古自治区普通中小学校建设标准》（含"两类学校"），指导督促"两类学校"提升管理水平。启动义务教育薄弱环节改善与能力提升工作，组织各盟市编制项目规划，进一步优化"两类学校"布局，改善办学条件。四是推进教育网络扶贫。实施"互联网攻坚行动计划"，推进全区学校信息化建设与应用工作持续健康发

鸟瞰赤峰市巴林左旗哈达英格寄宿制学校

展。全区中小学校（含教学点）全部接入互联网，其中91.55%的学校接入带宽在100M以上，93%的中小学校（不含教学点）建成校园网，普通教室多媒体教学设备配备率达98%。信息化教学应用（具备宽带接入、有至少一间多媒体教室、教师能利用信息化手段开展教学）覆盖全区所有中小学校及94%的教学点。

## （五）加强乡村教师队伍建设

一是拓宽农村牧区学校教师补充渠道。扩大特岗教师招聘规模，启动实施"农村牧区义务教育阶段学校教师特设岗位计划"，2009年以来招聘特岗教师6418人。2017年启动实施自治区公费定向培养师资计划，目前已招生1307人，加强了乡村学校一专多能教师的培养，为乡村学校储备了优秀师资。二是持续加强教师培训，推进义务教育阶段教师校长交流轮岗。持续加强农村牧区学校教师培训，提高乡村教师队伍整体素质。2016年开始实施县域内义务教育学校校长教师交流制度，至今已交流校长教师约4.2万人次。三是不断提高农村牧区教师待遇。积极落实集中连片特困地区乡村教师生活补贴政策，按照乡中心校教师每人每月300元、村小和教学点教师每人每月400元的补助标准，为集中连片特困地区的乡村教师发放生活补助3546万元。在组织开展评选表彰教育系统先进集体和先进个人时，落实乡村学校和乡村教师所占比例不得低于20%的要求。

## （六）提高职业教育服务能力，做好就业扶贫工作

一是着力加强贫困地区职业教育。举办中等职业学校教师教学能力大赛实操组比赛，以赛促学、以赛促教。开展中等职业教育科研项

目申报和评审工作，以科研带动专业发展，提升教学质量。落实《内蒙古自治区中等职业教育专项扶贫实施意见（2018—2020 年)》，面向贫困地区学生和建档立卡贫困家庭重点开展农牧业实用技术、电工、汽车驾驶与修理、建筑、大型机械操作、护理等技能培训。同时，大力开展民族音乐舞蹈、民族服装服饰、休闲体育服务等民族优秀传统文化项目、非物质文化遗产项目培训，根据学生个人情况和就业创业意愿"量身定制"培养方案，着力提高他们的就业创业技能。二是支持高校涉农涉牧学科专业建设，持续推进"求学圆梦"行动计划。在自治区高等教育专项资金中安排扶贫资金，依托高等职业院校对自治区集中连片特困地区农牧民进行专业技术技能培训。按照《内蒙古自治区农牧民工学历与能力提升行动计划——"求学圆梦行动"实施方案》总体安排，建立学历与非学历教育并重、产教融合、工学结合的农村牧区务工人员继续教育模式，提升他们的学历层次和技术技能水平。"求学圆梦行动"自 2018 年秋季启动，目前总学员已达 4600 多人，其中来自贫困旗县的学员达 1158 人。三是强化就业精准帮扶，促进高质量的就业。重视依据建档立卡贫困家庭毕业生信息台账及学生特点强化分类指导，核准建档立卡贫困家庭毕业生数据，细化"一生一策"帮扶措施，做好蒙古语授课毕业生就业指导工作，全面提升蒙古语授课毕业生就业技能和就业质量。

## （七）关注"重点人群"，发挥语言文字在教育脱贫攻坚中的基础性作用

一是按照"推普攻坚计划"工作要求，完成了全区摸底排查工作。精准统计全区三类"重点人群"数量，其中县域建档立卡贫困人口中有普通话培训需求的青壮年 13902 人、县域普通话水平不达标

的中小幼教师 3833 人、贫困地区有普通话学习需求的基层干部 7838 人。二是开展"重点人群"推普工作。印发了《关于进一步加强"重点人群"推普脱贫攻坚工作的通知》，加强对上述三类"重点人群"的普通话培训。按教育部部署，与中国移动内蒙古分公司对接，为建档立卡贫困人口中有普通话培训需求的青壮年发放"普通话学习手机APP"。开展"学前学会普通话"行动，确保符合条件的儿童全部纳入行动实施范围。加强幼儿教师普通话提高培训，测试幼儿教师普通话水平，为实现"学前学会普通话"提供了有力的师资保障。通过喜闻乐见的形式，有目标、有计划地引导幼儿学习普通话，让幼儿感受到学会普通话的快乐。

## （八）积极沟通联络，全力推动京蒙教育扶贫协作

坚持"走出去"、"请进来"并举，加强京蒙扶贫协作交流互动。

赤峰市喀喇沁旗已建成遍布全旗乡村的校车运行网络

按照东西部扶贫协作要求，进一步落实《京蒙教育扶贫协作三年计划备忘录（2018—2020年)》，组织开展了全区贫困旗县学校管理干部（教师）赴京跟岗培训。充分利用北京优势教育教学资源，在"走出去"的基础上开展"请进来"支教送教活动。同时，在部分地区探索推行"同频互动课堂"，成为提升贫困地区教育教学水平的重要手段。

# 二、典型案例

 案例一

## 包头市：做好"保学题"，答好"助学卷"

从暮春到盛夏，复课后的包头市固阳县固阳三中校园里始终书声琅琅、朝气蓬勃。这所学校，承载了无数贫困家庭改变命运的希望。

"我们这些贫困家庭的孩子现在可以安心读书了，我要坚持我的特长，努力完成学业，考上理想的大学。"固阳三中学生李华坐在干净整洁的6人间学生宿舍的学习桌前，一边整理着课堂笔记，一边高兴地说。一旁，来看望李华的爷爷看到孙子有这么好的学习环境和条件，而且吃住不花一分钱，笑得合不拢嘴，连夸党和国家的教育扶贫政策好。

李华是西斗铺镇贫困户李连喜的儿子，父亲常年在外打工，母亲早年因病去世，李华就由年迈的爷爷奶奶抚养，家里靠几亩地维持生计，日子过得紧巴巴的。那时的李华害怕自己被迫辍学，整天沉默寡言、心事重重。

　　了解到李华的情况后，西斗铺镇政府多次和民政部门、教育部门沟通，不仅为李华家办理了低保，而且通过结对帮扶平台让他来到了固阳三中，继续完成一度中断了的学业。"现在，我享受着生活补贴、免费午餐补贴和贫困学生伙食补贴，吃住和学习开销已不再是问题。"现在的李华，性格乐观且开朗，笑容总是挂在脸上。

　　"无论遇到什么困难，老师都会尽力帮你和你的家庭解决。你们只需要好好学习，考上理想的大学，去改变自己的人生。"在固阳县，各年级新生入学第一天的班会上，老师都会和学生们进行一次这样的恳谈。让每一个孩子都能踏踏实实坐在教室里读书、不再因为拿不出学费而辍学的愿望在这里变成了现实。

　　包头市从"保学"、"助学"、"优学"入手，聚焦控辍保学、关注特殊群体、改善农村牧区学校办学条件、加强师资培训、落实学生资助政策、加强"结对共建"对口帮扶、加强农牧民转移劳动力技能培训，多方面多维度拓宽教育扶贫路径，补齐教育短板，贫困学生教育保障水平和农村牧区教育质量得到明显提高。目前，全市义务教育阶段建档立卡贫困学生448人无一人失学辍学。

　　为了不让一个学生掉队，近年来，自治区大力提高控辍保学水平，全面完成"义务教育有保障"这一核心任务。全区12个盟市建立了控辍保学管理动态数据库，开发了自治区级控辍保学动态管理数据库线上填报系统，进行实时监测，确保数据准确。各盟市教育行政部门与公安部门、扶贫办、残联配合，开展"地毯式"排查，按照"一家一案，一生一案"要求，明确劝返责任人，制定相应劝返方案，及时予以劝返。目前，全区义务教育阶段学生无因贫失学辍学情况。

一技在手，终身受益。自治区充分发挥职业教育服务能力，面向建档立卡贫困家庭、城乡低保家庭成员和残疾人招生 2963 人次。并推进高等职业教育"求学圆梦"行动计划，提升农牧民工学历层次和技术技能水平，2018 年秋季招生以来总学员达 4600 多人，其中来自贫困旗县的学员 1158 人。

固阳职教中心学生李晓阳就是受益者之一。他说："初中毕业后，我有了打工的想法，老师劝我来到了固阳职教中心。虽然学习有点吃力，但在这里能学到一门技术，以后生活就有保障了。"通过职业教育真正让学生掌握一技之长，实现就业脱贫，是固阳县教育扶贫"战场"上的另一场"战役"。

做好"保学题"，答好"助学卷"。目前，自治区已建立起覆盖学前教育至研究生教育的学生资助政策体系。教育厅等 7 部门联合出台了《内蒙古自治区家庭经济困难学生认定工作实施办法》，加强精准识别认定。2019 年，累计资助各级各类学生 537.89 万人次，资助金额 59.95 亿元。2020 年新冠肺炎疫情发生以来，自治区密切关注疫情对义务教育阶段建档立卡贫困学生以及非建档立卡的家庭经济困难残疾学生、农村低保家庭学生、农村特困救助供养学生等四类学生群体的影响，全区高校为 13732 名学生发放临时困难补助 454.5 万元。

 **案例二**

## 乌兰察布市：京蒙对口教育帮扶结硕果

近年来，通过政策支持、行政推动、资金保障等一系列配套措施，乌兰察布市与北京相关区县的教育对口合作帮扶工作硕果累累。

## 名校办到家门口

走进北京八中乌兰察布分校，正对着大门，"传承中华名校底蕴，培育乌兰察布英才"几个字映入眼帘。校园内，教学楼、食堂、实验室、操场、体育馆等现代设施一应俱全。近几年，很多当地贫困家庭的孩子走进了这所学校，高考生本科上线率连年保持在99%左右。

这座建于2013年的完全中学，是乌兰察布市"依托名校打造名校"工程的重要成果。分校的建设得到了"京蒙帮扶专项资金"的大力支持，体育场、学生宿舍楼、综合实验楼分别使用帮扶资金500万元、1000万元、1500万元。真金白银的投入，显著提升了分校的硬件设施。

分校成立以来，北京八中定期选派教育名家来分校开展教学交流、开办讲座，还选派优秀教师来分校任教。来自北京八中的先进教育理念、教学经验与方法，让分校的育人思路和办学特色日臻完善。

办到家门口的北京名校，让乌兰察布人民特别是贫困家庭子女也能享受到北京优质的教育资源。除了北京八中乌兰察布分校，乌兰察布市还创办了北京师范大学集宁附属中学、北京二中集宁分校等学校。目前，这三所学校已经成为乌兰察布当之无愧的名校，并跻身自治区优质学校行列，成为家长和学生向往的好学校。

在新一轮京蒙对口帮扶中，乌兰察布市在北京对口帮扶项目资金和自治区配套资金的支持下，实施了一系列教育援建工程，项目总投资达到17233万元，共新建幼儿园18所、中小学5所。

### 八方支援捐钱物

在援建学校的同时，北京市及各区县积极帮助乌兰察布市贫困地区中小学改善办学条件，资助困难学生，通过政府投入、校际支援、动员企业和社会力量捐助等多种途径，为乌兰察布市中小学购置了大量仪器设备、体音美器材、图书和教育信息化设备。

近年来，门头沟区投入700多万元为察右后旗援建了现代远程教育平台，并向该旗捐赠5.85万元为中小学学生购置运动服装；朝阳区为丰镇市中小学捐赠图书4万余册；怀柔第一幼儿园为四子王旗捐赠49545元，为移民村幼儿园捐美术培训材料和建构玩具。利用专项资金，全市9个旗县和市直共12所幼儿园实施了饮水改造工程；卓资县职业中学购置了价值400万元的食品检测与环境保护专业设备，四子王旗蒙古族小学购置了价值100万元的教学设备。在资助困难学生方面，怀柔二中资助四子王旗第一中学44名学生共计34000元；怀柔区教委资助四子王旗建档立卡贫困户学生806人共计150万元；2019年怀柔区慈善协会用7.3万元资助四子王旗贫困学生80人。据不完全统计，北京市各区县用于支持乌兰察布改善办学条件的总投入约1.5亿元。

### 师资培训常态化

在北京市教委的统筹下，乌兰察布市各旗县教育局分别与北京相关区县教委建立了教育对口帮扶合作关系，全市已有49所学校与北京相关学校建立了实质性的对口帮扶合作关系。双方定期开展师资培训、师生访学、干部挂职，教学交流步入常态化。

2018年，北京市教委分别安排乌兰察布市19名普高校长、11名职高校长、15名中等职业学校德育副校长、30名初中校长赴京进行为期15天的挂职锻炼。2019年，全市8个国贫旗县派出 70 名专业骨干教师、15 名教研室主任分别赴北京跟岗培训 1 个月。2015 年至 2019 年，全市教育系统 1 万多名干部、教师接受了北京方面的培训。

借助京蒙对口帮扶的东风，乌兰察布市各校办学条件大幅改善，教学质量明显提升，教育管理队伍、教师队伍、教育理念、管理水平、校园文化等方面都有了可喜变化，形成了学前教育快速、规范发展，中小学标准化建设水平显著提升的良好局面，为推动教育公平、阻断贫困代际传递作出了应有贡献。

 **案例三**

## 兴安盟：控辍保学，不让一个孩子掉队

义务教育保障是"三保障"之首，控辍保学是教育扶贫的核心工作。兴安盟落实落细控辍保学工作，建立了局长、校长、家长、师长控辍保学责任制，逐村逐户摸清学生就读情况，确保不落一户、不丢一人。

**"一生一策"全心全意为贫困学生着想**

为摸清贫困学生整体情况，向老百姓宣传国家教育扶贫政策，兴安盟开展百名教师下基层活动，利用假期走进村屯坐炕头。科右前旗保门学校老师在大摸排的同时，对全体在校生进行了家访，并形成"家访手记"，详细记录了每个在校生的家庭情况，重点关注有流失意向和存在辍学风险的学生，加大关心力度，锁定重点人群。各校为每一位辍学学生确定劝返责任人，制定劝返、关爱和帮扶计划，做到"一家一案，一生一策"。

在众多"一生一策"的方案中，扎赉特旗宝力根花中心学校

车勒木格老师的做法扎实有效。"家庭经济困难的学生是一个特殊群体，很容易产生自卑心理，甚至诱发心理障碍。经济上的帮困只是解决学习和生活费用的问题，精神解困才能达到最终目的。"他主张，在解决学生家庭经济困难的同时，还要密切关注他们的心理健康，做好特殊群体的思想教育工作。作为政教主任、分管扶贫工作领导，车勒木格通过组织开展心理健康活动，鼓励学生树立自尊、自强、自信、自立思想，使贫困学生的精神面貌焕然一新，学习的主动性和自觉性明显增强。

### "一个人的课堂"圆了重度残疾儿童的上学梦

接受教育，对于普通的适龄孩子来说是再自然不过的事，对于那些重度残疾的孩子而言，却成了一种奢望。送教上门，则是为重度残疾儿童家庭提供的最佳教育安置方案。兴安盟创新形式，利用信息化手段，通过送平板电脑、空中课堂、同频互动等方式实现送教上门。

科右前旗哈布尔学校王振娟老师是巴日嘎斯台乡哈拉黑村赵禹博同学的送教老师。赵禹博患有小脑偏瘫，生活不能自理，语言发育迟缓，表达能力薄弱，对拼音、汉字更是一概不知。特教老师长年累月坚持送教到家，耐心辅导，现在小禹博可以跟老师和家人做简单的交流了，还认识了很多汉字。送教上门，为他打开了认识这个世界的一扇窗。

韩美晶是科右前旗大石寨蒙古族学校八年级学生，因为身患重度癫痫病，这个原本活泼开朗、爱学习、充满理想的孩子的学业戛然而止。学校和教育局根据她的病情和日常作息安排，为她私人定制了"韩美晶空中课堂"，确定了送教时间与送教内容，让贫困山村里的韩家小院传出了久违的笑声。

### "2.5＋0.5"，以职业生涯规划助力控辍保学

随着经济的发展以及各类扶贫资助政策惠及面越来越广，因贫失学已不再是造成学生辍学的主要原因。通过对兴安盟近几年学生辍学情况的分析可以发现，初中阶段是学生辍学率的高发期，主要原因是缺乏学习兴趣、成绩差。针对这样的情况，乌兰浩特市教育局将初中生涯规划教育和职业教育有效融合，制定了《乌兰浩特市初中"2.5＋0.5"职业生涯规划指导意见》，对于初三存在学习困难、有辍学倾向及有其他职业选择的学生，引导其在职教中心补齐"0.5"课程的前提下，增设一些实训实习、实践体验课，对学生进行适当的职业规划、职业教育，提前进入职业课程体验，学习一技之长。

乌兰浩特市第九中学学生张旭来自单亲家庭，性格敏感、不爱与人沟通、厌学情绪明显。升入初中后，他经常以各种理由请假，到了初三年级，张旭缺课现象严重，石斌校长与学校领导多次到家中做工作，收效甚微。后来，校方了解到孩子对学习汽车修理感兴趣，为了不让孩子过早辍学，在全市初中"2.5＋0.5"职业生涯规划政策的支持下，学校积极与职教中心协调，让张旭提前参与汽修专业课的学习，由职教中心负责孩子义务教育阶段基础知识教学，并免除了张旭在校期间的各项费用。

2018—2019 年，乌兰浩特市每年均有 60—70 名初三学生像张旭一样，选择到职业学校完成"0.5"课程。乌兰浩特市以职业生涯规划助力控辍保学工作，有效防止了学生因学习成绩差、缺乏学习兴趣等原因造成的辍学。

# 第 七 章

# "没有全民健康，就没有全面小康"

## ——健康扶贫的实践与成果

# 一、综 述

2016 年以来，内蒙古自治区严格贯彻落实党中央、国务院打赢脱贫攻坚战的决策部署，聚焦贫困人口"基本医疗有保障"，坚持"一手抓精准救治减存量、一手抓关口前移控增量"，深入实施健康扶贫"三个一批"行动计划，实现了贫困人口看病有地方、有医生、有制度保障，健康扶贫工作取得了明显成效。截至 2020 年 6 月，全区 36.8 万户脱贫人口中有 19 万户因病致贫贫困户

**健** 持续推进贫困群众基本医疗保障工作

**康** 完善健康扶贫"三重保障"制度，发放慢病管理卡 31.83万张，为18.42万贫困慢病患者报销了合规医疗费

**扶** 实现全区贫困旗县苏木乡镇、嘎查村两级卫生院（室）建设达标，全区共有1271所标准化卫生院、13321所标准化卫生室

**贫** 贫困患者救治比例达99.9%，大病患者救治率99.9%

脱贫，占已脱贫户比例的 52%；30 种大病患者救治比例达 99.9%，34.4 万贫困慢病患者享受家庭医生签约管理服务；住院医疗费用个人自付比例控制在 15%左右，县域内就诊率达到 90%以上。

## （一）强化思想引领，全维度构建推进体系

内蒙古自治区认真学习贯彻习近平总书记关于脱贫攻坚的重要论述和参加十三届全国人大一次、二次会议内蒙古代表团审议时的重要讲话精神，进一步提升政治站位，把做好健康扶贫作为卫生健康系统最重大的政治任务和第一民生工程来抓。

建立组织保障体系。自治区党委、政府成立了由政府常务副主席任组长，分管副主席任副组长，卫生健康、扶贫、财政、发改、人社、教育、民政、残联等 8 个部门为成员单位的自治区健康扶贫专项工作小组。自治区卫健委成立了健康扶贫专项推进组，下设健康扶贫推进办公室，抽调专人组成工作专班协调推动。为进一步压实责任，设立了综合协调组、"清零达标"组、对口帮扶组、防病行动组、宣传与健康促进组、作风督导组 6 个专项工作组承担健康扶贫具体工作，完善工作议事制度和运行机制，形成了分工明确、相互协作的工作合力。各盟市、旗县参照自治区组织管理模式，成立健康扶贫专项工作组和推进组，并组建了各级卫生健康行政部门、二级以上医院、基层医疗卫生机构三支健康扶贫队伍，充分夯实了健康扶贫第一线的核心力量。

确立精准健康扶贫工作方向。因病致贫是自治区贫困人口的主要致贫原因，并呈现逐年上升趋势。实施健康扶贫工程就是要帮助贫困患者摆脱因病致贫、因贫病重的恶性循环困境。通过深入调查研究，结合贫困人口基本医疗有保障工作目标，自治区确定了"大病集中救

通辽市奈曼旗白音昌卫生院工作人员在集市宣传健康扶贫政策

治一批、慢病签约服务管理一批、重病兜底保障一批"行动计划，精准识别、精准施策，保障农村牧区贫困人口享有基本医疗卫生服务，实现贫困人口看病有地方、有医生、有制度保障的精准健康扶贫工作思路。在具体操作层面，按照精准扶贫精准脱贫要求，围绕医疗保障、医疗服务、能力提升、疾病防控、健康教育等工作逐步细化政策要求，具体部署推进，确保了工作有抓手、可操作、能落实，构建了"1＋N"的健康扶贫政策体系。

完善督促指导机制。健康扶贫工作被纳入自治区扶贫开发领导小组对各盟市党委、政府脱贫攻坚总体考核框架，强化"党委领导、政府主导、部门协调"的工作机制，推动了健康扶贫责任落实。自治区健康扶贫专项工作小组及时组织专题会议研究解决存在的困难和问题，并针对具体政策落实情况深入实地调研，有效推进健康扶贫工作落实。自治区相关部门连续三年针对重点工作和突出问题联合开展健康扶贫专项督导检查，有力有效地推动了任务落实。常态化联络自治区派驻贫困旗县脱贫攻坚工作总队，及时沟通协调，充分发挥总队现场督促指导优势。依托全国健康扶贫动态信息管理系统，按时收集基础数据，实时更新数据，及时分析数据，形成了实时动态、及时响应的数据管理机制。

## （二）紧盯区情实际，多措并举推进基层医疗服务体系建设

自治区紧紧围绕贫困人口基本医疗有保障工作标准，以旗县医院能力建设、"县乡一体、乡村一体"机制建设和乡村医疗卫生机构标准化建设为主攻方向，实施"清零达标"专项行动，全面提升县乡村三级医疗服务能力。

加强医疗卫生机构基础建设。积极争取中央预算内投资项目，2016 年以来支持贫困旗县卫生健康领域建设资金 13.47 亿元、建设项目 146 个，其中县级医院项目 40 个，县级妇幼项目 14 个，县级疾控项目 19 个，苏木乡镇卫生院项目 73 个。2017 年以来，自治区政府投入 58 亿元，支持 8 个自治区级医疗卫生机构重点项目建设；投入 21.7 亿元，支持 55 个贫困旗县蒙医中医医院建设；投入 1.2 亿元，支持边境旗县苏木乡镇建设卫生院 60 个。96.5% 的苏木乡镇卫生院设蒙医科或中医科，70.5% 的嘎查村卫生室能够提供蒙医药或中医药服务。2016—2018 年，全区共投入 4.7 亿元，对未达标的 6285 所嘎查村卫生室进行了标准化建设，使嘎查村卫生室实现了"设置规范化、设施标准化、管理规范化、服务便民化"。

高质量推进基本医疗有保障。在国家基本医疗有保障的指导标准基础上，结合自治区实际，本着能够解决实际问题、贫困人口普遍认可及可量化、可实现、可考核的原则，明确了自治区贫困人口基本医疗有保障具体工作标准。

一是全面提升贫困旗县医院服务能力。全面开展摸底调查，聚焦

哪里有牧民的需求，流动医疗卫生工作站就驶向哪里。**2018 年 12 月，**
**呼伦贝尔市鄂温克族自治旗医疗扶贫小分队冒雪服务**

临床需求，找准切入点，精准施策、扎实推进，使贫困旗县医院全部
达到二级标准。以临床需求大、外转率高的专科为切入点，为 15 家
深度贫困旗县医院投入 6000 万元，加强学科建设，提升专科能力。
做细三级医院对口帮扶，采取"一院一策"的帮扶策略，指导三级医
院与贫困旗县医院签订针对性强、目标明确的年度帮扶协议。扎实推
进医联体建设，覆盖全部三级医院，促进优质医疗资源下沉。在贫困
地区优先推进紧密型县域医共体建设试点，推动县域内医疗资源共
享、"基层检查、上级诊断"等服务。

二是实施贫困旗县卫生院（室）"清零达标"行动。全面推进贫

困旗县苏木乡镇和嘎查村两级卫生院（室）"清零达标"专项行动，各级政府累计投入约 4 亿元，用于基层医疗机构新建和改扩建房屋、设备调剂和招标采购等。57 个贫困旗县的 176 所苏木乡镇卫生院和 752 家嘎查村卫生室全部完成"清零达标"任务。实施国家医疗卫生机构能力建设项目，为 15 个深度贫困旗县的 90 所苏木乡镇卫生院和嘎查村卫生室配备医疗设备，维修改造业务用房，提升了基层医疗机构诊疗能力。大力加强基层医务人员能力培训。利用"内蒙古基层 APP 线上培训系统"，对苏木乡镇卫生院、社区卫生服务中心的业务技术人员开展常态化线上培训。

三是打造固定与流动相结合的乡村医疗卫生服务体系。针对内蒙古地广人稀、居住分散、气候复杂、服务半径大等地区特点，利用 3 年时间集中推进全区非苏木乡镇卫生院所在地、未达标的嘎查村卫生室建设。对于交通不便、人员稀少的农牧区，不适合设立固定嘎查村卫生室的地方，建立流动医疗卫生工作站，覆盖 33 个纯牧业旗县、25 个偏远贫困农牧业旗县，463 个苏木乡镇，4809 个嘎查村，实现了流动服务车＋"小药箱"相结合的基本医疗卫生信息化服务。

四是加强远程医疗＋信息化建设。自治区投入 3 亿元，为贫困旗县医院及 305 所中心卫生院配备全自动生化分析仪、彩超等信息化设备。目前已搭建起"预约挂号、云诊室、基层检查、上级诊断"的互联网远程医疗服务系统，在全区 305 家二级以上医院实现互联互通，远程医疗服务正在逐步向卫生院延伸。31 个国贫旗县医院充分利用京蒙对口帮扶契机，与北京帮扶三级医院建立"点对点"的远程医疗系统，开展远程教育、诊断、会诊等医疗服务活动。

五是强化人才综合培养。加快基层人才培养培训力度，实施全科医生特岗计划试点，覆盖所有贫困、边境、三少民族地区的苏木乡镇。持续实施贫困地区在岗乡村医生中专学历教育培训项目，提升了现职乡村医生学历水平和专业技术能力。连续四年实施面向嘎查村卫生室中等专业学历医学生培养项目，为嘎查村卫生室培养 2000 余名后备人才。优化基层人才晋升空间，对长期扎根在贫困、边境、三少民族地区农村牧区全科医生，可突破学历等限制，破格晋升。加快补齐基层医疗卫生机构人才短板，优化完善苏木乡镇医疗卫生机构公开招聘工作措施。采取专岗专用，实施"县招乡用"政策。

### （三）坚持精准施策，全力推进大病慢病分类救治

连续五年组织基层医疗卫生人员开展逐户逐人逐病的核实核准工作，摸清患病人员、患病情况、医疗需求等工作底数，针对患者病情实施大病慢病分类救治策略，使贫困人口整体救治率达 99.9%。

《决战决胜脱贫攻坚 60 热问》第八集

坚持"靶向"治疗，实施大病专项救治。经深入调研论证，在 2017 年大病专项救治的基础上，逐年增加救治病种，到 2020 年已达到 30 种。按照定临床路径、定救治医院、定单病种费用、定报销和救助比例，加强医疗质量管理、加强责任落实的"四定两加强"救治原则实施集中救治，已救治大病患者 6 万余人，救治比例达 99.9%，实现了动态化应治尽治。

坚持面向"重点人群"，规范化落实慢病签约服务管理。组建家庭医生签约团队 9580 个，34.4 万贫困慢病患者享受了签约服务，已覆盖全部常住贫困人口，实现了常态化应签尽签。重点为高血压、糖尿病、结核病、严重精神障碍等 4 种慢病患者提供规范管理和健康服务，季度随访率达 90%以上；为脑血管疾病、冠心病、慢性阻塞性肺气肿、类风湿性关节炎、关节病（髋、膝）、重型老年慢性支气管炎

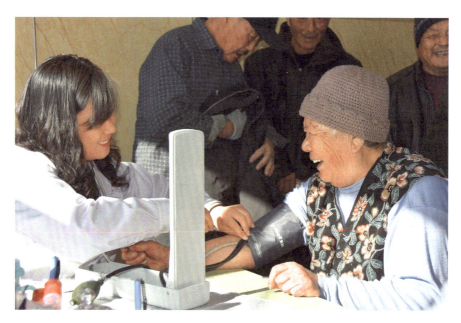

通辽市科尔沁区开展健康扶贫冬季暖心活动

等 6 类疾病贫困患者提供有针对性的健康教育处方。

坚持"保基本",发挥倾斜政策合力。贫困人口参加基本医保个人缴费部分由财政予以定额补助,实现了基本医保、大病保险、医疗救助等制度全覆盖。各旗县探索建立了基本医保、大病保险、商业健康补充保险、医疗救助、大病保障基金等多重保障机制,贫困人口住院医疗费用自付比例从 2016 年的 43% 下降到目前的 15% 左右,医疗费用负担大幅减轻。落实了贫困人口县域内定点医疗机构住院"先诊疗后付费"和"一站式"结算制度,有效缓减了农村牧区贫困患者就医的垫资压力和费用负担。

## （四）实施健康扶贫防病行动，推动关口前移

预防是最经济、最有效的健康策略。2018 年,内蒙古自治区启

动实施健康扶贫防病行动，深入推进传染病防控攻坚、免疫规划管理、慢性病地方病综合防治、严重精神障碍服务管理巩固提高、疾控能力提升和标准化建设、全民健康素养促进等 6 大专项攻坚行动，建立贫困地区健康危险因素防控长效机制，疾病预防控制能力明显提升，全区疾病预防控制工作综合评价在全国位居前列。

没有全民健康，就没有全面小康。辽阔草原沐浴着健康扶贫政策的春风，全区各族人民策马扬鞭，在奔向全面小康的光明大道上一往无前。

# 二、典型案例

 **案例一**

## 新巴尔虎左旗：小药箱插上"信息化"翅膀

提到呼伦贝尔，人们可能首先想到的就是让人心旷神怡的辽阔草原。但也正是因为这里地广人稀的地理条件，使有些牧区交通不便，牧民出行困难。

新巴尔虎左旗位于呼伦贝尔市西部，是一个典型的牧业旗、边境旗，多数牧区还没有建成柏油路，还是以土路、自然路为主，有的牧户和牧户间最近几十公里，最远上百公里。牧民看病的交通工具主要是摩托车或骑马，只是看个常见病就得奔波几十甚至上百公里。由于位于大兴安岭北部，漫长寒冷的冬季长达 6 个月之久。农牧民得病，冬季大雪封路出不去，夏秋季转场不出去，基本上处于"小病拖大病扛"的境地，贫困人口看病就医

为群众发放"家庭健康小药箱"

"出行难、成本高"的问题异常突出。

面对这样的现状，针对因病致贫、因病返贫的突出问题，新巴尔虎左旗扎实推进健康扶贫工作，深化拓展全国首创的"健康保障小药箱进牧户"工程，以"小药箱＋家庭医生＋互联网"服务模式开启了解决偏远牧区贫困人口看病就医难题的探索之路。

2011年6月，新巴尔虎左旗开展"小药箱"工程试点，首批1000个小药箱在全旗7个苏木乡镇推开，箱内不仅放置了医疗用品、与该家庭成员健康状况相适应的常用基本药物，还有家庭签约承诺书和蒙汉双语的健康教育宣传手册，弥补了边远贫困地区医疗卫生三级服务网发展的不平衡，解决了牧区地广人稀，健康扶贫惠民政策无法到户的难题。作为牧区健康扶贫的服务载体，"小药箱"在服务内容上也不断推陈出新，到2016年已经发展到了第三代，加入了牧区常见传染病布病的随访、结核病患者随访管理、健康扶贫政策宣传、家庭医生签约、慢病送医配药、计划生育特殊家庭关怀等服务。

2017 年，新巴尔虎左旗开始实施"小药箱"工程提升工程，探索"小药箱＋互联网"新服务模式，形成了第四代"小药箱"。首批为试点嘎查内 236 例高血压、糖尿病患者免费发放带有数据传输功能的电子血压计和血糖仪。陆续将全旗 3107 个小药箱全部更新换代，使其适应信息化要求。通过采用基于互联网技术的传输型智能仪器将慢性病患者自我监测数据同时传输到百里之外的家庭责任医生管理信息平台和微信上，医生可以更加及时、系统地掌握患者在一段时期里的病情变化，从而调整用药，建立起了"基于实时数据传输的慢性病管理模式"。

占其布道尔吉正是第四代配有电子血压计和血糖仪的"智能小药箱"首批受益人。这位来自新宝力格苏木芒来嘎查的牧民，是一名 76 岁的高血压患者。其居住地距离卫生院 15 公里，在"小药箱"未升级到第四代之前，家庭医生为掌握其健康状态进行慢性病规范化管理，必须驱车到他家为其测血压，或者他在家人陪同下到卫生院测血压，医生才能够掌握他的病情变化。随着"小药箱"中血压计、血糖仪与互联网实现结合，了解老人血压情况已经成为轻而易举的事，老人及其家属远程操作电子血压计，随时可以将数据传送到家庭医生的手机和管理平台上，家庭医生第一时间就能够了解他的病情变化，并及时有针对性地做出健康督导和用药指导。家属也能通过这些数据实时掌握老人家的身体状况。

由于家庭医生干预及时，占其布道尔吉老人的血压从之前的每次复诊波动很大，变成了现在的血压控制越来越平稳。一次电话随访，家庭医生询问完老人身体情况后，老人开心地说道："自从有了这个电子血压计，我每天都测量血压，按时吃药，再也不会因血压突然升高而手忙脚乱，也不会麻烦你们和孩子了。"

新巴尔虎左旗按照"不漏嘎查、不漏户、不漏人"的工作要求，将建档立卡贫困人口全部纳入了"小药箱"随访服务，利用 10 辆医疗卫生流动服务车，至少每季度对贫困人口上门巡诊服务一次，第一时间掌握并分析危害贫困人群健康的主要因素，做到及早预防、及早治疗、及早康复。全旗 10 所基层卫生机构组建了 17 个家庭责任医生团队，通过划分责任嘎查、社区区域，与贫困人口签订服务协议书，建立健康扶贫专项档案，为因病致贫、重度失能人员开设家庭病床，提供近距离、高频次的健康服务。家庭医生除了对辖区内所服务贫困人口提供门诊服务外，还为需要住院的大病、重病患者提供就医服务和帮助。此外，新巴尔虎左旗家庭医生签约团队还以嘎查为单位建立了慢病患者微信群，利用微信群开展健康教育、发放活动通知、交流常见病传染病防治知识等，家庭医生责任团队成员的手机已经成为牧民和贫困人口的"健康热线"。2018 年 2 月，新左旗新宝力格苏木中心卫生院家庭医生团队作为自治区唯一参选团队，荣获"全国优秀家庭医生团队"荣誉称号。

"小药箱"作为向农牧民提供的实物化公共卫生产品，成了开展基层医疗卫生服务的有效载体，特别是"小药箱＋家庭医生＋互联网"服务模式推广以来，像占其布道尔吉这样的慢病患者更加关注自己的健康状况，能够及时获得签约家庭医生的用药和健康指导，使贫困人口健康服务体验不断优化，健康扶贫满意度持续提升，插上"信息化"翅膀的小药箱已经成为蒙古包里的"健康管家"。

案例二

# 蒙医药中医药服务为脱贫攻坚助力

在锡林郭勒盟蒙医医院传统疗术科，前来就诊的患者络绎不绝。"民族医药发展历经岁月磨砺，大浪淘沙，目前仍得到这么多患者的信赖，自有它的道理。我们将民间老蒙医请过来出诊、带徒弟，这对于蒙医药的传承是功在千秋的举措。"锡林郭勒盟蒙医医院院长斯琴巴特尔自豪地说道。

蒙医药中医药是内蒙古自治区卫生健康事业的特点和重点，具有"简、便、验、廉"的优势，在基层具有深厚的群众基础，深受老百姓的信赖和欢迎。为了保障农村牧区贫困人口的健康需求，助力打赢脱贫攻坚战，内蒙古自治区不断完善相关政策、机制，保障蒙医药中医药事业健康发展，让贫困地区群众更好地享受蒙医药中医药服务，满足了群众多样化、多层次的健康需求。

完善服务体系，保障群众享有蒙医药中医药服务。自治区进一步加快蒙医中医医院建设步伐，争取将3所自治区级、8所盟市级、85所旗县级蒙医中医医院列入中央投资计划。自治区政府增加投资建设内蒙古国际蒙医医院二期、自治区中医医院病房楼（已投入使用）、内蒙古民族大学附属医院内儿科（已完成建设）；3所自治区级蒙医中医医院被列入国家中医药传承创新工程，已争取资金1.8亿元；55所旗县级蒙医中医医院被列入自治区成立70年重点项目进行建设，总投资21.7亿元……截至2019年底，全区共有蒙医中医医院230所（其中公立蒙医中医医院122所），开放床位31572张，拥有蒙医中医执业（助理）医师

呼和浩特市武川县发展中药材种植产业助力脱贫攻坚

16565 人。蒙医中医总诊疗量达到 2149.5 万人，蒙医中医医院出院人数达到 74.2 万人。

在稳步推进蒙医中医医院建设的同时，自治区不断提升基层蒙医药中医药服务能力。2016 年，自治区卫生健康委、人力资源和社会保障厅、食品药品监督管理局联合制定《基层蒙医药中医药服务能力提升工程"十三五"行动方案》，重点支持基层医疗卫生机构开展蒙医药中医药服务，建设蒙医馆中医馆，建立蒙医中医综合服务区域，增加特色服务项目，拓展蒙医药中医药健康管理人群。截至 2019 年底，有 97.6% 的社区卫生服务中心和 96.5% 的苏木乡镇卫生院设蒙医科或中医科，87.6% 的社区卫生服务站和 70.5% 的嘎查村卫生室能够提供蒙医药或中医药服务。2016—2020 年，自治区共投入 5289 万元支持建设蒙医馆中医馆，现已建成 1061 个，占社区卫生服务中心和苏木乡镇卫生院的 66%。2 个盟市和 35 个旗县获"全国基层中医药先进单位"

称号。

做实对口帮扶，提高贫困旗县蒙医中医医院服务水平。2016年9月，为落实中央扶贫开发工作会议精神和健康扶贫要求，提升自治区贫困旗县蒙医中医医院综合服务能力，自治区和北京市召开京蒙三级中医蒙医医院对口帮扶贫困旗县蒙医中医医院工作启动会，签署了《京蒙蒙医药中医药对口支援协议书》。北京10所、自治区11所三级中医蒙医医院对口帮扶自治区贫困旗县蒙医中医医院，并针对自治区各受援旗县蒙医中医医院的特点和需求，提出了"六争先精准扶贫"工程。每年为受援贫困旗县蒙医中医医院"培育一个特色专科、带出一支技术团队、推广一项适宜技术、解决一项技术难题"，加强以人才、技术、重点专科为核心的能力建设，提升各受援医院的管理、技术、服务能力和水平。目前支援医院已派驻人员576人次，增加诊疗量17万人次，接收进修人员316人，帮扶贫困旗县蒙医中医医院184个科室，新增医疗技术201项，帮扶贫困旗县蒙医中医医院达标27所。

优化服务模式，推进蒙医药中医药便民惠民举措。为了让群众更好享受蒙医药中医药服务，自治区在主流媒体开辟《蒙中医说病》等专栏，举办"中医中药中国行·蒙医蒙药内蒙古行"大型健康文化推进行动。举办"国医节文化宣传周"活动，开展便民惠民科普活动。持续推进改善蒙医中医医疗服务的便民惠民举措，提供无假日床头结账，疏通就医"绿色通道"和转诊通道，为住院患者提供融药物与非药物于一体的综合治疗手段。推广居家保健技术、培训"八段锦"健身操，提高群众居家保健意识。为建档立卡贫困户免费提供中医蒙医健康处方等，提升蒙医药中医药防病治病能力，有效缓解群众看病贵问题。

启动蒙药中药资源普查，推进蒙药材中药材产业扶贫。通过资源普查掌握相应区域内蒙药中药资源种类、分布及重点品种资源总量，为县域制定蒙药中药资源种植产业扶贫规划、为蒙药中药产业扶贫提供理论指导。2019—2020年先后建立奈曼旗、武川县、扎赉特旗、化德县定制药园示范基地，开展蒙药材中药材种植技术基层骨干培训，组织贫困旗县进行蒙药材中药材展销推介，带动商都县、武川县、达茂旗等贫困地区荒地种植，促进农业转型升级。在建立起相对完善的蒙药材中药材产业生态科技扶贫新模式的同时，使蒙药材中药材产业得以实现高品质健康发展。

通过综合施策、多措并举，内蒙古自治区的蒙医药中医药事业不断发展，让广大群众更好地享受到了安全有效、方便价廉的蒙医药中医药服务，为贫困地区脱贫攻坚和乡村振兴筑牢了健康基础。

 **案例三**

## 播撒光明希望　助力全面小康

2015年6月30日，由内蒙古光彩事业促进会、自治区红十字会、自治区扶贫基金会、老牛基金会等单位共同发起，以贫困白内障患者为救助对象的内蒙古自治区"光明行"社会公益活动正式启动。"光明行"公益活动涉及面广、工作量和组织难度大、标准要求高、工作程序细，是一项系统工程。为了把这项造福特殊困难群众的好事办好办实，社会各方力量密切配合、协同作战，认真履行职责分工，保证了"光明行"社会公益活动始终按步骤、按计划有序推进，高质量实施。

截至 2020 年底，"光明行"社会公益活动累计投入近 1.6 亿元，医疗队行程 110.28 万公里，筛查眼疾患者 82.86 万人次、免费为贫困家庭白内障患者实施复明手术 30577 例，实现了自治区建档立卡贫困户全覆盖并向相对困难家庭延伸，手术成功率达到了 100%，坚定了贫困群众脱贫致富的信心和决心，取得了"复明一人、幸福一家、感动一方"的社会效果，有效解决了"因贫致盲、因盲返贫"的问题，成功探索出一条"党委、政府引导，公益组织宣传动员搭建平台并筹资实施，部门合力支持，社会力量广泛参与"的人道公益救助新模式，成为助力精准脱贫的重要载体。

贫困白内障患者大多身处偏远农村牧区，交通不便、缺医少药，宣传动员组织的任务十分繁重。考虑到这样的实际情况，组委会办公室发动基层社区组织、红十字组织和志愿者全程参与服务保障工作。五年来，2000 多名红十字志愿者奋战在第一线。从发放传单、解释流程，再到组织筛查、术前信息登记、术中陪护安抚、术后入户回访，每一个细节和环节，都有他们辛勤的付出。

2015 年，巴彦淖尔市红十字会志愿者毛燕第一次坐着流动筛查车到乌拉特后旗筛查点上给贫困家庭的老人筛查白内障，山路崎岖，一路颠簸，下车就吐。乡下、后山生活的老人，根本不知道自己已经患上白内障，一说做手术，都是摆手、摇头，怕花钱。为了做通老人们的思想工作，把"光明行"的好政策传递给有需求的人，她拿着上级的文件在村委会的大喇叭上念了三天，最终有 6 名老人愿意接受手术。

作为医疗救助项目，确保手术 100% 成功是重要目标。承担"光明行"社会公益活动患者筛查、手术任务的朝聚眼科医院集团、旭永眼科医院是内蒙古这片热土培育起来的眼科专科医院。两所医院制定了周密科学的方案，优化了筛查、确诊、手术流程，抽调专家、教授和优秀医护人员组成精干的医疗队，投入到筛查、手术中，努力把每例手术做成精品，履行了白衣天使的职责。

张小利是著名的白内障专家。在阿尔山市手术，白内障核化人数多，手术过程十分艰难。从早晨一直站到下午的张小利哮喘发作，呼吸困难，护士一边为她擦汗，一边把缓解哮喘的气雾剂喷进她的鼻腔。张小利调整呼吸，沉着冷静、精细完美地完成了每一台手术。那一天，她站到凌晨一点，40台手术整整做了18个小时。安顿好最后一位患者，她的双脚像钉在了地上，一步也迈不开，是两位护士把她架下了手术车。看着她花白的头发、瘦弱的身体，在场的人眼圈都红了。连续几个月，张小利与医疗队队员们深入到偏远的农村牧区，走村入户，筛查患者，常常是从早工作到晚上，一天下来，非常疲惫，但是每当看到贫困白内障患者重见光明时的感人情景，张小利总说："只要病人重见光明，我再累也高兴！"五年里4000多例精品手术，见证了张小利的医者仁心。

儿童青少年眼健康问题关系到国家和民族的未来。2018年5月，组委会着眼儿童青少年近视呈现出发病率高、程度深、低龄化的趋势，在试点先行的基础上，将关爱儿童青少年眼健康纳入"光明行"活动内容，启动了百万儿童青少年护眼行动。截至2020年底，已累计投入560余万元，免费为74.66万名儿童青少年进行了视力筛查，为4204名困难家庭近视儿童青少年配戴了近视镜、525名斜视儿童青少年实施了矫正手术，大大减轻了困难群众生活负担，在社会上营造了关爱青少年眼健康的浓厚氛围，以实际行动践行了习近平总书记关于"全社会都要行动起来，共同呵护好孩子的眼睛，让他们拥有一个光明的未来"的重要指示精神。

"光明行"社会公益活动是一次爱心的凝聚，更是一次公益资金的汇集。为了确保贫困患者不花一分钱，真正实现免费治疗，活动实施以党委引导、政府支持、社会组织搭建公益平台，相关部门通力配合的方式，募集补贴资金，对贫困白内障患者享受城镇医保和新农合报销政策后个人出资部分进行全额补贴。在组委会的组织动员下，内蒙古光彩事业基金会捐资 2507 万元，自治区红十字会筹集投入"博爱一日捐"善款和"博爱光明基金"1500 万元，内蒙古老牛慈善基金会捐资 1100 万元，平安保险公司捐资 450 万元，朝聚、旭永两家眼科医院共捐资 500 万元，自治区财政厅注入残疾人保障金 1000 万元、中植企业集团捐款中的 1000 万元，累计达到 8057 万元。使"光明行"社会公益活动的持续推进有了充足的资金基础，保证了贫困患者补贴全覆盖，不花一分钱，真正实现免费治疗。

内蒙古"光明行"社会公益活动因其成熟的公益模式和良好的社会反响，多次受到党和国家领导人的高度评价，先后荣获亚洲防盲基金会"唯一特殊贡献奖"、第六届感动内蒙古人物评选集体特别奖和第十届"中华慈善奖"。"光明行"公益群体被自治区党委宣传部授予"北疆楷模"荣誉称号；内蒙古自治区红十字会荣获"光明行"社会公益活动先进集体。

# 第 八 章

## "一方水土养一方人"

### ——易地扶贫搬迁的实践与成果

## 一、综 述

内蒙古自治区是边疆少数民族地区，贫困地区经济发展相对滞后，基础设施比较薄弱。"十三五"规划实施易地扶贫搬迁工程的贫困地区，尤其是燕山—太行山、大兴安岭南麓两个集中连片特困地区，大量贫困群众居住在交通不便、土地贫瘠的发展受限地区，在国家和自治区多轮扶贫开发中仍没有彻底拔掉穷根，是脱贫攻坚最难啃的硬骨头。中央发出全面打赢脱贫攻坚战号令

易地搬迁

"十三五"期间

全区规划搬迁贫困人口12.49万人

5.33万套安置住房的建设任务全部完成，全部搬迁到位

解决了"一方水土养不好一方人"的突出问题

以来，内蒙古针对这部分贫困程度更深、其他扶贫政策收效不明显的贫困群众，实施了易地扶贫搬迁工程。

《决战决胜脱贫攻坚60热问》第十集

新时期易地扶贫搬迁是脱贫攻坚的标志性工程，是以习近平同志为核心的党中央为打赢精准脱贫攻坚战、全面建成小康社会采取的超常举措，是解决"一方水土养不活一方人"问题的治本之策，也是脱贫攻坚"五个一批"中环节链条最长、涉及面最广、实施难度最大的一项工程，涵盖了住房、教育、医疗、产业、就业等扶贫工作的方方面面，可谓是全面脱贫攻坚的"浓缩版"。

"十三五"以来，内蒙古认真贯彻落实党中央、国务院的决策部署，扎实推进易地扶贫搬迁工程，陆续制定出台《内蒙古自治区"十三五"时期易地扶贫搬迁规划》《自治区易地扶贫搬迁工作三年（2018年—2020年）行动方案》《2019年易地扶贫搬迁"清零行动"工作方案》和后续扶持实施意见等政策措施，以"不达目的，绝不收兵"的态度和决心，狠抓责任落实、政策落实、工作落实，积极探索并坚决走好具有内蒙古特色的易地扶贫搬迁减贫之路，帮扶全区"十三五"期间近1/6的建档立卡贫困人口实现脱贫，取得了明显的经济、生态和社会效益。

## （一）统筹推进易地扶贫搬迁与生态移民搬迁

2014年，习近平总书记考察内蒙古时指出，要把内蒙古建成"我国北方的重要生态安全屏障"。内蒙古自治区"十三五"易地扶贫搬迁工程启动实施以来，全区上下认真贯彻落实习近平总书记重要讲话指示批示精神，将易地扶贫搬迁与生态保护统筹考虑、有机结合、同步实施。五年来，中央和自治区总共投入各类资金超过

赤峰市喀喇沁旗美林镇小美林村易地扶贫搬迁安置点

106亿元，其中自治区财政每年专门安排生态移民专项资金6.1亿元，持续不断加大资金支持力度，保障全区11个盟市、71个旗县，12.49万建档立卡贫困人口和5.78万随迁农牧民的搬迁任务顺利完成。各地通过一手抓迁入区基本建设、一手抓迁出区生态恢复，不仅将"一方水土养不活一方人"的贫困群众从交通不便、生存发展条件差的深山大沟、戈壁荒漠中搬迁出来，从根本上解决了搬迁群众生产生活条件和长远发展问题，并通过产业、就业扶持，使广大搬迁贫困群众逐步摆脱贫困，增收致富，而且还将居住在生态环境脆弱、禁止或限制开发地区的农牧民搬迁到更加宜居的村镇、社区，搬迁群众开启新生活的同时使迁出区生态得到休养生息，完成"搬得出"任务的同时，实现了打造"绿水青山"的生态保护目的。

## （二）同步规划实施安置住房建设与新区配套建设

内蒙古易地扶贫搬迁注重科学规划、科学选址、科学安置、科学配套，统筹考虑产业、就业、土地、环境等因素，将易地扶贫搬迁安置纳入县域镇村规划体系，重点在县城、小城镇、中心村、产业园区和旅游景区周边区域选址。全区77%的搬迁人口采取了集中安置的方式，集中安置区周边良好的环境，为贫困群众脱贫并逐步致富创造了条件。各地在解决搬迁群众住房保障需求的同时，同步配套完善集中安置区水电路气暖等硬件基础设施和卫生院、学校、文化活动场所等公共服务设施。"十三五"以来，全区共建成1135个集中安置区，通过新建、去商品房库存等方式落实7.78万套安置住房，配套建设农村道路1602公里、各类管网1465公里，新建学校、幼儿园、卫生室、群众活动场所等1130多个。新建设的集中安置区基础设施完备、公共服务完善、村容村貌良好、建筑风格迥异，为下一步实施乡村振兴战略打下了良好基础。尤其是2020年是脱贫攻坚的收官之年，内蒙古进一步加大力度巩固搬迁成果，加快补齐易地扶贫搬迁集中安置

包头市石拐区缸房地易地扶贫搬迁安置点

区短板，多渠道筹措并安排补短板专项资金 9.3 亿元，以义务教育、基本医疗等保障为重点，支持 5 个大中型集中安置区 6 所易地扶贫搬迁配套或共享义务教育学校改扩建工程、27 个集中安置区配套卫生室和一大批安置区道路硬化、文化活动场所、污水垃圾处理设施等项目，让搬迁群众在家门口上学、就医，享受优质便捷的服务，解除他们的后顾之忧，为"稳得住"打下坚实基础。

## （三）精准施策发展产业提供就业服务及保障

内蒙古易地扶贫搬迁坚持"搬迁是手段，脱贫是目的"的原则，按照"安居"与"乐业"同步、并重的工作思路，根据搬迁安置地区和贫困群众实际，提前谋划群众搬迁后的生计和发展，牢牢把握"有就业，逐步能致富"的目标要求，不断强化产业发展质量、稳岗就业服务和脱贫政策保障。一是不断加大后续产业扶持力度。依托搬迁安置地区地域条件和产业特点，促进产业集群提质升级，培育壮大农牧业产业化，同步规划建设扶贫产业项目。"十三五"以来，全区各地集中安置区共配套建设设施农业、养殖棚圈、光伏等后续产业项目 835 个，投入资金 19.5 亿元，惠及 9.91 万名搬迁贫困群众。其中，以种植业为主扶持人数占 26.5%，以养殖业为主扶持人数占 35.1%，以加工制造业为主扶持人数占 9%，以旅游、光伏等其他产业为主扶持人数占 29.4%。产业扶持质量的大幅提升，夯实了搬迁贫困群众脱贫发展基础。二是持续做好就业服务保障。组织开展易地扶贫搬迁就业帮扶专项行动，推介就业信息，组织劳务输出，举办专场招聘会，持续加大对搬迁群众的就业扶持力度。根据搬迁群众意愿提供免费的技能培训、职业指导等服务，有培训需求的 8261 名搬迁贫困群众得到了针对性强的专业技能培训。积极创造就业岗位，各地为易地扶

乌兰察布市丰镇市精准扶贫让贫困户不愁住

贫搬迁集中安置区配套组建扶贫车间 101 个、设立公益岗位 5200 多个，千方百计提高搬迁安置区就业容纳能力。在集中安置点新建立就业服务平台或窗口 253 个，常态化为搬迁群众提供就业创业政策咨询等"一站式"服务。对全区易地扶贫搬迁贫困群众进行"拉网式"排查，在劳动年龄内、有劳动能力且有就业意愿的 16088 人全部实现就业，其中帮扶本地就近就业 11251 人，占 69.9%，让更多的搬迁群众可以在家门口就业。三是强化兜底保障措施。建立易地扶贫搬迁后续扶持常态化工作措施，各地落实到村到户后续帮扶名单、帮扶措施、帮扶责任人，搬迁贫困户均建立了"一对一"的后续扶持台账，尤其是针对"老弱病残"等特殊困难群体，充分了解搬迁群众存在的困难，因人因户精准施策，通过资产收益、社保兜底等其他后续扶持措施，使产业和就业覆盖之外的无劳动能力搬迁贫困人口全部得到了脱贫保障。

## （四）因地制宜强化社区管理服务及融入

内蒙古在搬迁安置的同时，注重同步搞好社区服务，完善社区管理。各地针对易地扶贫搬迁农村牧区安置、城镇安置以及合并安置、新选址安置等不同安置方式分类施策，逐步培育搬迁群众乡村文明、健康生活、社区融入的习惯和意识。城镇安置区通过"社区居民文明公约"等形式促进社区和谐；农村牧区安置区通过开展精神文明建设等活动提高自治水平；合并安置区将搬迁人口纳入迁入地嘎查村民委员会或社区居民委员会管理，提供与迁入地居民同等的便民、利民服务；新选址建设的集中区及时组建新的嘎查村民委员会或社区居民委员会，指导基层完善群众自治组织和社区综合服务体系。各地以群众自治组织、社会组织、社工服务机构、志愿服务组织为纽带，动员广大居民主动参与社区治理和服务，积极营造"社区是我家，建设靠大家"的氛围，不断增强广大搬迁群众归属感，帮扶贫困搬迁群众尽快融入新村新社区，开启全新的幸福生活。"十三五"以来，全区易地扶贫搬迁共新建移民新村（社区）283 个，旗县一级共建立移民新村（社区）管理服务机构 98 个，安置区新成立基层党组织 158 个。移民服务机构、基层党支组织充分发挥服务群众、凝聚人心的作用，搬迁群众办事有地方、议事有组织、纠纷有人管、困难有人帮，逐步实现从"人搬迁"到"心融入"的转变。

## （五）大力推进拆旧复垦复绿及节余土地指标交易

内蒙古易地扶贫搬迁按照迁入区建设和迁出区治理"两手抓"的原则，持续推进易地扶贫搬迁拆旧复垦复绿工作。2018 年，自治区政府办公厅印发《关于加快易地扶贫搬迁拆旧复垦工作的通知》，指导各地按照"宜耕则耕、宜林则林、宜草则草"的原则，加快实施易地扶贫搬迁迁出区拆旧复垦复绿。2019 年 10 月 17 日扶贫日，自治区启动了全区拆旧复垦试点，积极探索符合内蒙古特点的拆旧复垦复绿模式。截至 2020 年 8 月底，全区 6.12 万户纳入拆除范围的易地扶贫搬迁旧房，总体拆除率达到 98%。迁出区预计可腾退宅土地总面积 5.43 万亩，已复垦复绿总面积近 4.3 万亩，其中复垦 1.71 万亩，复绿 2.59 万亩，总体复垦复绿 79%。复垦复绿共产生节余指标面积 1.67 万亩，已完成跨区域交易 10330 亩，交易资金 25 亿多元。其中，跨省交易 7200 亩，交易金额 22.48 亿元；区内交易 3130 亩，交易金额 2.52 亿元。通过实施拆旧复垦及土地增减挂钩节余指标跨区域交易，为贫困地区带来了显著的生态效益和经济效益。

五年来，经过全区上下的共同努力，内蒙古圆满完成了"十三五"易地扶贫搬迁任务，"一方水土养不活一方人"的贫困群众"应搬尽搬"，全部实现了"两不愁三保障"。搬迁安置区不断完备的软硬件条件为下一步乡村振兴、新型城镇化等国家战略的实现奠定了坚实基础，搬迁群众走上了全面小康的道路。

# 二、典型案例

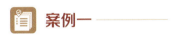 案例一

## 翁牛特旗：搬出穷窝窝　过上新生活

翁牛特旗位于内蒙古赤峰市中部、科尔沁沙地西缘，是国

刘志双—我是城里人了（易地搬迁户）

家扶贫开发工作重点旗。为了解决"一方水土养不活一方人"深度贫困地区的脱贫问题，翁旗党委、政府重点围绕"搬到哪、怎么搬、咋脱贫"等环节，加强顶层设计，创新举措，扎实推进。截至目前，已累计完成搬迁安置建档立卡贫困人口7117人。

搬迁只是手段，脱贫才是目的。搬迁群众搬迁后，旗委、政府及时把工作重心逐步转到后续扶持上来，确保贫困户搬得出、稳得住、能脱贫，为写好易地扶贫搬迁"后半篇文章"打下坚实基础。

### 增强搬迁群众"造血"能力

为解决搬迁群众，尤其是60岁以上弱劳动能力搬迁户"就业难、无事做、增收难"的问题，2019年以来，翁牛特旗充分利用靠近"赤峰玉龙工业园区"的优势，以"三个优先"（优先供给扶贫车间用地、优先保障扶贫车间配套、优先给予扶贫车间申报项目奖补）的优惠政策，"三个确保"（确保优先接收搬迁户务工、确保搬迁户务工及时获得薪酬、确保不随意解雇搬迁户）的总要求，精准对接和引进一批劳动密集型企业。先后引进荣兴堂药业、明阳农业、晟起农业及北方大地等公司加盟建设了富兴家园针织车间、明阳荞麦米加工车间、晟起京蒙消费扶贫车间等五个就业扶贫车间。车间主要从事药材挑拣、缝纫针织、产品封装等对劳动技能、劳动强度要求较低的工作，就业群众可不受年龄、工作时间限制，按工作量计件取酬，工资按月结算，且常年用工，深受搬迁群众欢迎。

从毛山东乡来三站村搬来的安置户赵景泉，在2019年全旗春季电焊班上学到了电焊的手艺。如今他放下锄头、拿起焊枪，成了利源萤石选矿厂的工人。赵景泉从农民变工人，得益于旗里的技能培训工程。几年来，旗里通过摸底调查了用工企业岗位需求和搬迁群众的培训愿望，利用京蒙帮扶劳务协作实训基地进行有针对性的培训，让一大批搬迁群众成为技术工人。旗里已举办电焊、面点、护工三个专业共8个培训班，培训372人，有275人在培训结业仪式现场就与用工企业签订了劳动合同。

通过把零工市场开到家门口，搬迁群众随时随地能就业。每天清晨，零工市场门庭若市、人来车往。市场在介绍供求双方见面时，登记好工作时长、工作内容，明确工资标准且一日一结。搬迁户许国峰说："出门就登记，马上就出发，挣得多、拿钱快，一个月下来就挣了在老家一年的收入！"截至2020年9月，零工市场已介绍登记零工22300多人次，人均日收入150元左右；成功安置就业492人，人均月收入3000元以上。

### 培养搬迁群众"市民"意识

大规模的贫困群众在短期内进入城镇，对社会治理的法治化、科学化、精细化提出新的更高要求。翁旗根据安置点规模和区域实际，合理设置街道办事处、社区居委会，实行网格化管理，强化社会事务、治安管理等职能，把大数据融入社区管理之中，加强社会风险防范和矛盾纠纷排查化解，畅通群众诉求表达渠道，真正让搬迁群众以"主人翁"的心态幸福生活，实现从"农民"向"市民"的转变。

翁牛特旗在大型集中安置区推行楼栋长制，组织开展"好邻居互相帮"等活动，促进群众相互了解，拉近邻里距离。完善图书阅览室等公共文化体育设施，成立广场舞协会、红白喜事理事会，实施关爱"孤寡老人、留守老人、留守儿童"行动，加强"青年之家、妇女之家"建设，为搬迁群众融入社区创造良好条件。他们在河南社区绿韵家园开设的"四点半课堂"就很受搬迁群众欢迎。每天下午四点半，社区的绿韵希望小课堂准时开课，红色故事会、课业辅导、感恩教育、舞蹈绘画等系列主题活动，解除了家长的后顾之忧，让留守不"真空"。"四点半课堂"有效解决了搬迁群众的困难，提升了孩子们适应城市生活的能力，丰富了孩子们的课余生活，让孩子们能够健康、快乐地成长。

"安得广厦千万间，大庇天下寒士俱欢颜。"翁牛特旗持续发力，大力发展后续产业，通过劳务输出、扶贫车间、公益性岗位、零工市场等方式促进就业，在借助外力和引导激发内生动力的双重措施下，持续拓宽增收渠道，从根本上解除了搬迁群众的后顾之忧，让他们在脱贫致富奔小康的幸福之路上越走越稳健。

 **案例二**

## 卓资县：易地搬迁感党恩　牵手"五福"奔小康

卓资县易地移民搬迁"五福"小区分别是福源、福祥、福安、福康和福佳小区，位于县政府所在地、京呼高铁卓资东站两侧、黑河两岸，依山傍水，乘高铁之便利，占卓资之灵秀，得"黄金地"之称誉。卓资县在建设易地移民搬迁小区时，优先考虑全县最好的地理位置。在四年多的建设过程中，安置楼拔地而起，五个小区渐成规模，成为县城最亮丽的风景和最重要的民生工程，搬迁区共建成安置楼 54 栋 3357 套，安置搬迁人口 3357 户 7871 人（其中，建档立卡贫困人口 2192 户 5179 人，整村搬迁的同迁户 1165 户 2692 人）。

围绕贫困群众搬得出、稳得住、能脱贫、可持续、能发展的搬迁目标，搬迁小区坚持以党建为引领，以产业推动搬迁、以就业配套搬迁、以服务助力搬迁，服务、就业和产业齐发力，真正实现了让群众告别苦日子、住上新房子、过上好日子、活得有面子的美好愿望。

### 党支部就是搬迁群众脱贫"主心骨"

新冠肺炎疫情发生以来，搬迁群众生产生活受到影响，为了让群众尽快就业、增加收入，福康小区党支部在有关部门的支持下，积极争取厂家订单，启动扶贫车间。经过党支部的多方努力，福康小区100多名搬迁群众在扶贫车间从事包装棉签和缝制加工汽车坐垫里料工作，确保了搬迁群众防疫、增收两不误。"五福"小区在支部的带领下，在防控疫情的同时，按照县疫情防控指挥部的统一安排，及时复工复产并增加吨袋加工项目，解决了搬迁群众的收入问题，稳定了人心，得到了大家的普遍认可。

为了实现"五福"小区党组织全覆盖、党的服务全覆盖，卓资县报请上级批准成立了三个易地搬迁综合服务社区，每个服务社区组建了社区党支部，负责统筹管理和服务，形成了"支部建在易地搬迁安置区上，党小组建在楼栋上"的组织框架。每个党支部都积极发挥共产党员的先锋模范和带头作用，包楼栋，包贫困户，整合各类资源，负责对搬迁群众生活过渡期的困难事宜全程跟踪、全程代办、全面服务，切实解决他们入住小区后存在的困难和问题。"只要有难事，就去找支部"成了搬迁群众的口头禅、心里话。

### 服务配套的小区成了搬迁群众"安乐窝"

"原来住在村里吃水不方便，生火炉掏灰荡得屋里全是灰尘，尤其是到了冬天，上个厕所冻死个人。现在你看看家里亮堂堂的又干净、又卫生，物业取暖享受优惠，这几年腿疼的老毛病也好了。另外也不用儿女操心了，易地搬迁的政策真是太好了！"家住福康小区的马翠林是从大榆树乡狮子沟村搬到安置小区的，提到住上新楼房，他掩饰不住内心的激动和对党的好政策的夸赞。

为了搬迁群众过得安心、活得舒心，安置小区一公里范围内学校、医院、超市、银行等配套设施一应俱全。公交线路通到了小区门口，统一规划安排供水、供电、供暖及交通道路，确保迁入地与主城区协调、均衡发展。小区专门成立了计生卫生服务中心、便民服务中心、图书阅览室、文体活动中心、电影放映室等场所，配备了工作人员，群众在家门口便可享受所需要的服务。同时，将社区划分为若干网格，从搬迁户中选聘465人担任网格长、信息员、物业服务员、保洁员、孤寡残障护理员、治安协调员、矛盾纠纷调解员，让搬迁群众加入社区建设管理当中，调动了搬迁群众参与小区建设的积极性和主动性。

**积极灵活的就业渠道呈现出增收的"新亮点"**

"上楼住新房，下楼有活儿干，没想到这么大岁数还能在家门口找到工作，现在的日子可真是越过越有味儿。"年逾古稀的李德奎和老伴儿刘润梅在小区内的扶贫车间专心致志编制汽车座椅垫，脸上洋溢着幸福的笑容。

"我是2018年入住移民安置小区的，在冷凉蔬菜基地干活，一年可挣个两万四。今年我升'官'了，成了带班的了，现在吃不愁、穿不愁，生活越来越好了。"从大榆树芦草沟搬迁到福祥小区的王石柱在易地移民搬迁冷凉蔬菜产业基地忙得不亦乐乎。

卓资县深刻地认识到易地扶贫搬迁，既要实现"挪穷窝"、又必须"拔穷根"，而不能简单地一搬了之。就业才是最大的民生，为搬迁群众提供稳定的就业岗位，群众才能有稳定可靠的收入，脱贫才有保障。在具体实施过程中，社区将搬迁群众分为强劳动力、弱劳动力和无劳动力三个群体，根据不同群体的实际，量身打造就业岗位。

在建成的金鸡扶贫产业园、冷凉蔬菜加工基地和光伏扶贫三大扶贫产业基地，以及县外区内建筑、家政、餐饮、汽修等行业，实现就业的主要是强劳动力，目前已有 4138 名群众实现稳定就业，年收入上万元。

在"五福"小区均建成了"巧手手扶贫车间"。汽车坐垫加工、服装加工、吨袋加工、皮囊酒壶缝制、酱菜腌制、收纳筐编制、中国结编制、鱼钩制作等属劳动密集型行业，且劳动强度不大，860 多名弱劳动能力搬迁群众足不出区即可在家门口就业，增加收入。2019 年 8 月，"巧手手扶贫车间"被全国妇联授予"全国巾帼脱贫示范基地"称号。

作为补充，县里还制定了县扶贫励志岗位指导意见，设置了九大励志岗位，使 793 名搬迁群众通过辛勤劳动每年增收 3000 元到 6000 元。对于有自主创业意愿者，协调就业局免费给予其创业指导。对有土地的搬迁群众，在土地确权后，将其适合种植的土地流转到县里引进的"民丰种业"、冷凉蔬菜种植基地等龙头企业和种植大户；对于立地条件差的土地实施退耕还林还草，进一步增加了搬迁群众的租金和补贴收入。

搬新区，五福临门；住新房，福泰安康。在全面建成小康卓资的美好蓝图上必将书写出更为壮丽的画卷！

📋 **案例三** ————

## 科右中旗哈根庙嘎查：一个贫困村的诗和远方

"黄沙漫天飞，乘凉无避处。晴天一身灰，雨天一身泥。"曾是内蒙古科左中旗哈根庙嘎查的真实写照。位置偏僻，资源贫瘠，2014年被评为贫困嘎查村，贫困发生率45.5%。

脱贫攻坚战役打响后，在党员干部带领下，嘎查绘就了全面小康新画卷。如今，这偏远的"旮旯"村，发生了翻天覆地的可喜变化……

### 变化溢满谈笑间

绿树成荫，花红柳绿，街巷整洁，村庄如画。"以前，土房土墙土路，哪敢奢望换房子，搬迁以后，排排大瓦房整整齐齐，水泥路直通家门口，日子过得红火了。"谈及嘎查的变化，村民代乌力吉感慨地说道。

2014年，嘎查党支部积极申请生态移民项目，争取资金3600万元进行了移民新村建设，原来的土房不见了，整齐的村落就地而起。

2017年，村屯房屋、院落、街道亮化、道路硬化均高标准建设完成并投入使用，随处可见金叶榆、锦绣海棠等树木，全村绿化面积达108亩，"脏乱差"变成了"美佳净"，嘎查先后获评市级文明村、自治区级卫生嘎查、自治区级美丽宜居乡村。

村子美了，嘎查党支部又配套建成了980平方米文化活动综合服务中心、3000平方米文化活动广场，为村民文娱活动提供场所。每天晚上，热闹非凡的广场上，身着民族服饰的民间艺术团成员带着农牧民群众载歌载舞，此起彼伏的乐声与村民淳朴爽朗的谈笑声，久久飘扬在小村落上方的浩瀚星空里。

### 长效发展有保障

"易地扶贫搬迁，是'挪穷窝'与'拔穷根'的治本之举，我们时刻牢记习近平总书记的嘱托，带领村民发展养殖、种植等产业，确保'既要搬得出，还要稳得住、能脱贫'。"哈根庙嘎查党支部书记包吉仁台说。

为使产业发展"增足后劲儿"，哈根庙嘎查党支部投入扶贫资金 105.8 万元，帮助 100 户贫困户购买 103 头基础母牛，大力发展养殖业。党支部统一购置黄瓜、豆角等种子，又购置锦绣海棠、李子等果树苗，分发至户，并根据农牧户庭院实际，帮助合理规划地块，种植茄子、黄瓜等时令蔬菜，全力抓好"半亩田、半亩园、半亩果"建设，以小庭院实现农牧户自供自给。目前，嘎查 150 户庭院全部按照"三个半"要求，整村推进庭院经济建设。

党支部同时瞄准"强村富民"路子，利用闲置土地，以"党支部＋企业＋生态产业园＋贫困户"模式，与内蒙古众森园林绿化有限责任公司建立利益联结关系，建设 400 亩生态产业园，包括 100 亩采摘园和 300 亩苗圃基地，分别栽植锦绣海棠、李子、黄太平、龙丰等果树，同时培育樟子松、沙棘、景观林苗等，每年带动集体增收 6 万元，并为 7 名贫困户提供就业岗位，促进集体与村民"双增收"。

嘎查党支部通过"31111"农村经济结构调整工程，实施退耕还林项目，打造特色经济林 5000 亩，分别栽植 3000 亩沙棘和 2000 亩锦绣海棠，着力以"党建红"共创"生态绿"，切实带领农牧民群众走好种植特色经济林的致富之路。

### 村口就业可实现

左手缠细线、右手握织针，手指交错翻飞之间，蒙古袍成品逐渐显现。"以前做些民族手工品都是自己穿戴，没想过还能靠这个在家门口解决就业。现在有了车间，我闲暇时间就过来，有时候家里忙，还可以带回家里做，产品做完后就送到车间统一销售，既省心还能顾家又能补贴家用。"村民高娃乐呵呵地说。

近年来，党支部以领办合作社的方式，全力趟出了一条在村门口的致富路。2019 年，党支部结合民族特色资源，以"党支部＋合作社＋企业＋扶贫车间"运行模式，由党支部牵头领办专业合作社，投入 100 万元扶贫资金，建立了占地 380 平方米的"哈根淖尔"民族手工艺扶贫车间，将贫困人口融入民间手工艺品产业链。

合作社吸纳本村 20 名村民长期务工，其中 15 名为建档立卡贫困人口，同时实行"一个扶贫车间＋N 个卫星工厂"模式，辐射带动周边嘎查 52 名贫困人口，利用农闲时间到车间务工或居家组件生产，以"家厂结合"的方式将生产工序化整为零，从"小手工"中挖掘"大收益"，带动人均年增收达 5000 元以上。

"在我们村子里，既能享受生活，又能发展产业，还能在家门口实现就业。我觉着，'诗和远方'就在我们的脚下，小康对于我们而言，已经融入了生活的欢声笑语中。"见证了贫困村一步一步"华丽变身"到脱贫摘帽的"90 后"党员刘永财说。昔日贫困村，如今大变样。这个曾经的贫困村正在脱贫致富幸福路上阔步前进。

# 第 九 章

## "让全体人民住有所居"

——农村危房改造的实践与成果

# 一、综 述

经过前些日子那场大雨的冲刷，内蒙古自治区呼伦贝尔市扎兰屯市浩饶山镇东平台村建档立卡贫困户秦勇家新建的砖瓦房，在阳光的照耀下，显得更加明亮耀眼，就连新房旁的绿树红花也变得比以前鲜艳了。

在这之前，秦勇最怕阴雨天气。因为他家建于 20 世纪 70 年代的土坯房墙体破损严重，屋内墙壁是用报纸糊的，冬天透风夏天漏雨。每逢雨天，他家总是"屋外下大雨，屋里下小雨"。

经过评定，秦勇家的房屋属 D 级危房。2019 年，秦勇获得国家危房改造补助资金 25232 元，盖起了 60 多平方米的砖瓦房。

"我是贫困户，没钱盖新房！做梦也不敢想，这辈子还能住进这么宽敞明亮、暖和舒适的大瓦房。感谢党的好政策！"秦勇逢人就说。

积极落实国家危房改造政策，严格执行危房改造质量标准、面积要求。脱贫攻坚以来，全区累计实施危房改造13.7万户，实现危房改造任务清零达标

举一纲而万目张，解一卷而众篇明。住房安全有保障是脱贫攻坚"两不愁三保障"总体目标任务中具有标志性的指标和任务之一，直接关系脱贫攻坚的成色和质量。党的十八大以来，内蒙古自治区党委和政府高度重视危房改造工作，将农村牧区危房改造工程作为自治区重大民生工程和打赢脱贫攻坚战的重要抓手，不断创新改造模式，千方百计解决资金问题，推动危房改造工作出实效、见真绩。2013年至2020年，全区共下达中央补助资金79.6亿元，自治区本级补助资金63.6亿元，支持99.3万户贫困农牧户实施危房改造，其中13.7万户建档立卡贫困户住上了安全房、放心房。

## （一）强化政策措施，优先保障深度贫困地区和特困户

自治区住房和城乡建设厅出台了危房改造地方标准——《脱贫攻坚农村牧区危房改造管理规范》（DBJ03–94–2018），地方各级住房和城乡建设部门严格按照标准实施农村牧区危房改造，切实做到危房鉴定精准、对象认定精准、资金补助精准、竣工验收精准、档案管理精准。特别是在危房鉴定方面，旗县住房和城乡建设部门依据《农村住房安全性鉴定技术导则》，组织开展房屋危险性评定工作，优先对4类重点对象进行危房评定工作，在此基础上逐步扩大范围，对农村牧区剩余房屋安全隐患进行排查。在对象认定方面，自治区、盟市、旗

赤峰市林西县河沿村改造前的景象

赤峰市林西县河沿村完成危房改造和人居环境改造工程后的景象

县三级住房和城乡建设部门会同扶贫、民政、残联等部门联合开展建档立卡贫困户等 4 类重点对象危房改造对象认定工作，据此作为任务分配的重要依据。

为全面落实脱贫攻坚"四不摘"要求，持续加大对深度贫困地区政策倾斜和技术帮扶力度，自治区住房和城乡建设厅先后制定印发了《关于进一步加大贫困旗县建档立卡贫困户农村牧区危房改造力度的通知》《关于优先支持建档立卡贫困户农村牧区危房改造的通知》《关于进一步加强农村牧区建档立卡贫困户等重点对象危房改造工作的通知》等一系列文件，明确要求把建档立卡贫困户放在优先位置，将可调节任务指标全部用于建档立卡贫困户和当年脱贫的旗县，保证了脱贫旗县的危房改造任务需求。2013 年至 2020 年，全区累计下达兴安盟、赤峰市、乌兰察布市等深度贫困地区危房改造任务 42.9 万户，占全区总任务的 43.2%。同时根据兴安盟财政困难的实际情况，2013 年至 2017 年期间对兴安盟执行由自治区财政承担其盟市、旗县级配套资金的特殊补助政策。2019 年，根据国家政策，将深度贫困地区其他农户存量危房按照户均补助 1 万元的标准纳入支持范围，全年共完成改造 1.4 万户。

## （二）创新保障方式，探索危房改造新路子

70 多间平房组成的互助幸福院，在乌兰察布市察右前旗平地泉镇花尔村显得格外显眼。下午的阳光斜照在树上，绿荫里 76 岁的傅蓉花正拿着剪刀给 80 多岁的田学珍剪头发，手法娴熟、一气呵成，很有专业理发师的架势。

傅蓉花和老伴儿都是低保户，全年享受的低保补贴等各类补贴加起来有 1 万多元。在互助幸福院里入住的老人，每人每年可领取

1800 元至 3000 元的相关年龄补贴，以及每月 300 元的农村困难生活补贴，且原住地所享受的退耕还林补贴等政策不变。

《决战决胜脱贫攻坚 60 热问》第九集

"方便，真方便！"被问起住在互助幸福院里的感受，傅蓉花竖起了大拇指。这里老人们居住的房间有 42 平方米和 28 平方米两种户型，每户都配有火炕、厨房、水冲卫生间，还配置了 300 平方米以上的公共办公服务区和小型活动广场，设置了文化活动室、医务室、理发室等生活设施。

"到了这里，才有了家的感觉，日子过得也有劲儿了。我和老伴儿腿脚还算利索，门前这块就是我们的菜地，今年我们种了马铃薯、黄瓜等蔬菜，吃不完。"傅蓉花指着窗外的菜园说。

幸福院建设，是乌兰察布市为解决农牧民安居问题的一大创举。从 2012 年开始，该市将农村危房改造与养老问题、调整农村产业布局、脱贫攻坚相结合，利用撤并后闲置的学校、乡镇办公场所等现有设施，集中建设生活、医疗、文化设施齐全的互助幸福院。采取"集中居住、分户生活、社区服务、互助养老"模式，让农村 60 周岁以上有生活能力、无生产能力的五保户、低保户和贫困户就近搬迁到中心村的"幸福院"居住。老人们既不脱离当地生活环境，又方便政府集中提供服务。

如今，乌兰察布市已建成农村牧区互助幸福院 476 处，入住44148 户。乌兰察布市获得自治区"人居环境范例奖"，住建部和民政部分别在该市召开现场会，对危房改造创新模式"互助养老幸福院"给予充分肯定，并在全国进行推广，内蒙古的危房改造成了全国"样板间"。

乌兰察布市为其他类似地区探索出一条危房改造攻坚克难新路径，全区各地采取政府补贴与统筹资金相结合的方法，通过统建农村集体公租房及幸福大院、利用闲置农房和集体公房置换等方式，兜底解决自筹资金和投工投料能力极弱深度贫困户的住房安全问题。2020年，全区确定农村牧区危房改造 4 类重点对象任务 5836 户，其中 826 户建档立卡贫困户的住房已于 6 月底前全部竣工并完成验收。目前，全区累计使用危房改造资金建设幸福院 5.5 万户，惠及 10 万多贫困老人和残疾人。

## （三）降低建房成本，切实减轻贫困户负担

结合农村牧区危房改造，各地积极推进节能低碳环保住房建设。如推广使用 EPS 模块等新型建材，与传统的砖混结构房屋相比，每平方米降低成本 420 元左右。据测算，一个取暖期，每户可节省燃煤 2 吨左右，节约资金近 1000 元。同时，房屋具有良好的保温效果，在北方冬季没有取暖条件下能够使室内温度保持在零度以上。这不仅减少了贫困户冬季采暖支出，提高了室温和居住舒适度，还有效缓解了农村牧区能源消耗和环境污染。

通辽市结合北方地区农牧民的建房习惯，不断总结经验，积极探索创新主房留接茬口、主附房联建模式，即在新建主房后面接建"后倒厦子"，将厨房、餐厅、储藏间、卫生间都设计在内，这样，既不违背国家农村危房改造政策，又解决了农牧民建设新房面积不够用的问题，极大地调动了农牧民建房积极性。据不完全统计，全市采取主附房联建模式的约占总改造户数的 60%。其主附房联建模式得到了住房和城乡建设部的肯定。同时，通辽市在部分乡镇实施了整村推进项目，使危房改造工程与产业项目、村屯道路硬化、绿化、房屋围墙美化、亮化等基础设施建设同步规划、同步建设、同步验收，涌现出了科左中旗花胡硕苏木哈根庙嘎查、敖包苏木扎如德仓嘎查等一批危

房改造整村推进示范村。

为鼓励和推广加固改造方式，自治区住房和城乡建设厅组织专家在乌兰察布市凉城县进行了农房加固改造试点工作，并在凉城县农房加固改造做法和经验的基础上，编制印发了《农村房屋加固改造技术导则》，引导 C 级危房和具备条件的 D 级危房农牧户优先选择加固方式改造危房。推广加固改造以来，全区危房改造中采取修缮加固比例逐步提高至 28%，有效改善了无自筹能力特困户住房安全和居住条件，取得了良好的社会效益，为全区类似地区减轻农牧民自筹压力，低成本改善住房安全方面作出了积极探索。

## （四）整合多方资源，大力改善农村牧区人居环境

各地在积极采取各种有效举措、优先解决贫困人口"安居"问题的同时，还开展了老旧房屋改造、公共服务设施建设、村容村貌整治等工作，自治区农村牧区人居环境得到大幅改善，涌现出一批居住环境良好、基础设施相对齐全、特色鲜明的示范村。

巴彦淖尔市五原县在危房改造中采取"项目支撑一点、部门帮扶一点、企业垫付一点、财政奖补一点、外出人士捐助一点、群众筹资投劳一点"6 种筹资举措，有效解决了资金不足问题。在整合资金过程中，五原县坚持走群众路线，尊重农民意愿，引导农民自愿参与、自主投入。通过"规定设计农民议、施工企业农民找、筹资标准农民定"，实现了由"要我干"到"我要干"、由被动实施到主动争取、由袖手旁观到积极参与的三个转变，到处可见家家户户出人出车、拉沙换土、栽植树木的感人场面。同时，五原县以农村危房改造项目为支撑，积极整合交通、林业、国土、财政、扶贫、文化、卫生等项目资金，调动农民主动筹资投劳，掀起危房改造、整治村庄、建设美丽

包头市固阳县沙陀国村危房改造后鸟瞰图

乡村的热潮。当地近 20 万农民住上了安全靓丽的新房，生活在生态宜居的村庄。

巴彦淖尔市根据村容村貌、产业布局等特点，编制完成了各中心村规划，统筹推进集中新建型、旧村整治型、中心村集聚型、集镇汇集型和产业带动型"五种建设模式"。全市 7 个旗县区 59 个乡镇苏木，镇镇有亮点、村村有特色。

"过去，乡亲们住的都是土坯房，塌墙破院。现在，房新了，树绿了，居住环境改善了，乡风文明了。村里还新建了温室大棚，让农民的腰包更鼓了！"巴彦淖尔市五原县新公中镇永联二社妇联主任白宝华喜滋滋地说。

安居才能乐业。实现了"安居"梦，困难群众奔小康的劲头更足了。内蒙古农村牧区危房改造的实施，切实解决了农村牧区最难、群众最盼望的"安居富民"问题，住上安全房、走上脱贫路的内蒙古各族人民，更加坚定了"建设亮丽内蒙古 共圆伟大中国梦"的信心。"我是政策受益户。因为有了国家补贴，我们外出务工人员返乡成为建设美丽乡村的主要力量。现在，我们一心一意创业奔小康！"乌兰察布市察右前旗玫瑰营镇的曹玉宝道出了广大农牧民的心声。

# 二、典型案例

 **案例一**

## 兴和县：安居房里话脱贫

晚秋时节，乌兰察布市兴和县已有几许寒意，家住城关镇11号村的77岁村民胡福老人尽管腿疼不方便，但他每天挪着身子都要去看看刚建起的新房。他激动地告诉记者："就等着晾干了，过几天就能搬家了！想不到，在老房子里窝了大半辈子，70多岁了一分钱不花，还能有住上新房的一天，感谢党和国家的好政策呀！"

像胡福老人这样住上新家的，兴和县自2009年以来实施农村危房改造户数就达2.8万多户。更让人欣喜的是，这项惠民工程因涉及人数多，改造规模大，群众满意度高，还受到国务院督查的通报表扬和激励奖励。

"近年来，兴和县深入贯彻落实习近平总书记关于脱贫攻坚的重要论述和重要指示批示精神，始终将危房改造作为'两不愁三保障'的重点工作，立足县情实际、聚焦目标任务，举全力推进危房改造工程，极大改善了全县农村困难群众的居住条件。"获得表扬，兴和县委常委、副县长刘宝成更加笃定坚毅地说，"我们十分珍惜这来之不易的荣誉，将继续发扬成绩，再接

乌兰察布市兴和县甲坝村改造前

乌兰察布市兴和县甲坝新村改造后

再厉，让困难群众早日实现'安居梦'"。

### "工作之初，最大的困难是底数不清"

自治区派驻兴和县脱贫攻坚工作总队总队长韩有明介绍，原来认定的危房，是"村里说了算"的，标准不明确、鉴定不专业，所以底数总在变。"工作之初，我们最大的困难就是底数不清。"

韩有明总队长认识到，只有摸清底数才能精准施策，于是他带领工作队队员走村入户找贫困症结，短短两个月，访贫入户走遍了全县9个乡镇、161个行政村。并与有关部门和乡镇对161个行政村危房进行了大排查和大摸底，对40395户常住户房屋进行了全部鉴定，经鉴定，需要改造的有11674户。通过摸清底数，发现问题，为危改工作的全面快速推进掌握了第一手材料。

经过科学规范的摸底排查，最终确定了全县的危改数据。这一刻韩有明发现，兴和县的危房存量在自治区也算数一数二的大，工作任务十分艰巨。让每户应改户都能享受到政策红利，完成好危改任务使扶贫政策切实惠及民生，兴和县各级扶贫干部必须要付出比别人更多的努力。

### "再没有后顾之忧，生活越过越舒心"

城关镇北官村贫困户刘林花家里打扫得一尘不染，糕面、豆馅儿摆在厨房，热腾腾的锅里飘来阵阵肉香，这天是她喜迁新居的日子，她正在厨房忙活，张罗着庆祝搬家的一桌好菜。

知道她今天搬家，北官村党支部书记常海龙又来探望。一进院儿便打趣她："搬来新房后悔不？"因为刘林花当初坚决不同意危改，常海龙没少来做她的思想工作。

"想也不敢想这辈子还能住上这么好的房子，咋能后悔呢。"

据刘林花讲，就在农历二月份，她还住在裂缝漏雨的土坯房里。也想过修缮，但老伴久病在床，盖房既要出钱又要出力，他们不忍再给儿女添负担，就一直凑合住着。讲到动情处，刘林花热泪盈眶："要不是村干部们一次次来给我们讲政策、算细账，我根本想不到自己只出七千多，就能住上这亮堂结实的新房。常书记，您可一定得留下吃搬家糕啊！"

"以前的工作有两大难，'自筹难''拆旧难'。大家手头都不宽裕，就担心房子没法建成，不敢拆掉危房重建。但随着我们一次次宣传政策，在村民身边，新房一间间建起来，他们看到了更好生活的模样。眼下，符合条件的村民都自己主动要求拆旧盖新，补助也会按规定程序及时发放到村民的'一卡通'里，大家对我们信任，对政策信任，再没有后顾之忧，生活越过越舒心。"常海龙颇有感慨地说。

### "严把质量关，帮群众建造'安心居'"

"危房改造的农户都是困难户，有的甚至这辈子也就盖这么一次房子，所以我们必须严把质量关，帮他们建造'安心居'。"在县住建局局长刘海玉的手机里，活跃着不少由工程施工方、监管方、危改户建立的微信群，每天通报工程实施情况，他能实时掌握工程进度。

"当时给我家盖房，我盯得可仔细了，工程款在我的'一卡通'里，盖不好不给工程队交钱。"鄂尔栋镇店子村耿全明住在危改后的新房里，一会儿敲敲墙壁、一会儿跺跺地面，说话时喜悦又骄傲。

鄂尔栋镇副镇长马永峰介绍，危改期间，由村"两委"班子成员、驻村工作队和危改户共同组成施工现场监管员，在房屋打地基、砌墙体等五个关键环节进行监督，确保工程质量。镇上每年年初都会组织村里的质量监督员进行培训，使他们了解房屋质量相关知识，更好地监督危改建设。

"在公开中接受监督，在透明中保证公平，在严格中确保及时。农村危房改造，不留漏洞可钻。"刘海玉介绍，县里成立了农村危房改造派驻工作组，以乡镇为单位对危改评定、档案建立、施工过程中的质量安全管理及竣工验收工作进行一包到底，确保危房改造工作保质保量完成。

兴和县是国家扶贫开发重点县、国家"燕山—太行山"集中连片特困扶贫县，也是国家备案的革命老区和自治区深度贫困县。2020 年，兴和县正式退出国家贫困县序列。自 2016 年以来，兴和县对 38168 户农村常住户房屋全面进行了评定和鉴定，搬迁安置群众 1774 户 3828 人，建设集中安置点 53 处，安置就业1260 人，进一步改善了群众生产生活条件。"危房"变"安居"，脱贫后的兴和百姓在小康路上大步前行。

## 案例二

## 通辽市："改"出个新活法

一大早，通辽市扎鲁特旗巨日合镇三合村村民朱德福就在自家宽敞明亮的新房前忙碌起来，收拾院子、为圈养的 30 多只羊添草加料……一阵阵咩咩的叫声，像是清唱着今天的好日子。若是在 3 年前，这样的生活任谁都是想不到的。

2017 年，朱德福家被识别为建档立卡贫困户。当时，一家 6口蜗居在 3 间房龄为 30 年的低矮土房中，由于风雨侵蚀、年久失修，墙身已经开裂，是名副其实的危房。2018 年 7 月，雨季来临，朱德福家的土房随时有倒塌的危险。旗税务局扶贫干部刘力宾积极帮助他们争取到危房改造项目，为其铺了地砖，安了暖气，大大改善了生活条件。

"以前看到邻居家都盖了新房，日子越过越好，心里干着急。如今多亏了国家的好政策，让我有了盼头，翻了身！"朱德福高兴地说。

自 2009 年国家实施农村牧区危房改造工程以来，通辽市委、市政府将农村牧区贫困人口危土房改造工程列为重大的"民心工程""德政工程""雪中送炭工程"，全力改善贫困农牧民的居住条件。截止到 2020 年 8 月末，全市完成危房改造 165824 户，其中国家和自治区下达危房改造任务完成 136066 户。总建筑面积 995 万平方米，总投资 99.5 亿元。全市 54.7 万贫困农牧民喜迁新居，住上了安全房、放心房。

### 新房子　新生活

2015 年 9 月 21 日，在扎鲁特旗巴彦塔拉苏木电报局村，随着最后一户村民的危房——尹金龙家的房子被拆除，标志着这个有着 1000 多人的村庄危房改造工程进入尾声。

走进电报局村村民丁已臣老人的小院里，首先看见一处无人居住的老土房。打开低矮的小木门，房内东北、西北角上 3 道裂缝赫然入目，随时有下雨进水的危险。紧挨着老土房北侧，是盖起来的新房，尽管新房门上的玻璃还没有装上，但新旧房子的差异非常显眼。

说起新房子，老人的眼里泛出泪花："我有风湿病，现在走路都困难，几亩地还得孩子们帮忙去种，以我的情况，靠自己盖房子，想都不敢想。"

半个月前，丁已臣的新房还没有装上玻璃，老两口就迫不及待地住了进去，他说，住上新房，这辈子就满足了。据村民孙晓国介绍，投入 3 万多元建起来的红色彩钢顶砖瓦房，老丁连一分钱都没有掏，就连每户仅需交的 3000 元钱，都是村支部书记帮老丁解决的。

巴彦塔拉苏木副苏木长王永利向记者介绍："一块砖运到这里的成本是 3 毛 8 分，村民自己只需要掏 1 毛 5 分，剩下的由政府补贴。"

"以前，村里的土房超过一半，大部分都是夯土结构，夏漏雨冬透风，很多墙壁有裂缝无法居住，却无力新建。"回忆起危房改造之前的村貌，孙义说，"残垣断壁的村子连看都没法看"。

如今，村子换了新面貌。宽敞的通村街路两旁，果树、云杉、太阳能路灯、温室大棚、一排排漂亮的砖瓦房……

"村里建了休闲广场，咱也能像城里人一样唱歌跳舞了！"

"咱村变化可大了，道平了，灯亮了，垃圾没了，孩子上学也方便了，出门看哪儿心里都舒坦！"

"以前的旧房不见了，新盖了砖瓦房，路边还铺了彩砖、种了树，越看越有城里的样子，没想到咱也过上了和城里人一样的生活！"

村民们纷纷竖起大拇指，脸上洋溢着幸福。

### 新农村　新风尚

通辽市将危房改造与土地利用总体规划、镇村规划相衔接，从改善人居环境、改变农村面貌的实际出发，把农村危房改造与新农村建设和乡村振兴相结合，特别是突出了一村一规划、一村一特色、一村一品位。

2020 年，科左中旗后四井子嘎查实现了危土房清零。151 户人家的红顶砖瓦房，从南到北分 10 排沿 9 横 2 纵的街巷整齐排列，东西展开。党群服务中心前建成 2800 平方米的文化广场，广场上健身器械一应俱全；广场旁建有文化室、卫生室、水冲式公共厕所。

可喜的是，村民倍加珍惜家乡的变化，养成了家家爱护环境的风气。嘎查干部带头，随手捡起垃圾、拔掉荒草。82 岁的李双喜、64 岁的李乌有根两位五保户每天把自家门前院后打扫得干干净净，绿化带的杂草一棵也不留。全嘎查 4000 多头牛羊，路上看不到粪便。

从 2018 年开始，嘎查"两委"班子和驻村工作队按照旗里的部署，全面推行"小果园、小田园、小菜园"发展模式，打造春有花、夏有荫、秋有果、冬有景的美丽多彩庭院。经过两年耐心细致地入户推广，2019 年以来，共有 4.3 万株菜秧、1860 棵果树种进了后四井子的庭院，如今常住嘎查的 103 户庭院中都种起了"三个园"。发展庭院经济改变了贫困群众粗放的生产生活习惯，激发了群众脱贫致富的内生动力。

在告别贫困的过程中，一同告别的还有过去的陋习；伴随环境美起来的还有心灵的美善、家庭的和美与嘎查的和谐。几百人的小嘎查，好人好事渐渐多起来。老支书李少全介绍说："过去好喝好赌的村民，现在一年看不见一个醉酒闹事的人，赌博更是见不着了。村民对老人更孝顺了，对子女教育更上心了。特别是近几年随着嘎查里大学生的增加，越来越多的家庭开始重视教育。乡亲们认为，孩子培养得好，日子才能过得好。39 名义务教育阶段的中小学生，没有一个辍学，考入市旗重点中学的也不少！"

安居方能乐业。脱贫群众的一张张笑脸，成为小康路上最美的风景。

**案例三**

# "咱五原农村就是这么美！"

"水泥路修到家门口，汽车进村不起灰，下雨下雪不积水。"巴彦淖尔市五原县隆兴昌镇联乐一社支部书记李羊换掰着手指头，说着如今村里的变化。"过去是家畜散养、满院鸡粪、柴草成堆，谁愿意在那样的村里住？"

联乐一社的变化，村民们更是看在眼里，喜在心头：绿树环绕的村庄、靓丽美观的房屋、畅通整洁的道路、能唱能舞的广场……

2012年以来，五原县以打造美丽乡村为目标，在抓好零散危房改造的同时，整治自然村，建设中心村，提升特色村，高标准实施村庄整治164个，成为全区新农村建设示范县、村庄整治试点县。

### 新农村建设的"五原模式"

随着原材料及人工费用的不断上涨，危房改造的建筑成本逐年增加。据巴彦淖尔市住建局测算，农村建房，成本价约为每平方米1091元左右，危改补贴款约为1.87万元/户，仅能建17平方米左右住房。

旧村整治，钱从哪里来？

从2012年开始，五原县就在全市率先推进了"危房改造旧村整治"工程，并用"六个一点"探索出了河套新农村建设的"五原模式"。

"五原模式"的"六个一点"就是：财政以奖代投补一点、

部门帮扶一点、乡镇筹措一点、项目争取一点、家乡成功人士捐助一点和群众投资投劳拿一点。当年，县里就对 18 个村庄进行了整治。

2013 年，五原县 90 个村庄的 10052 户完成了危房改造。与之同步进行的，还有村里街巷硬化、标准化卫生室和文化活动室的建设。

在危房改造的同时，五原县同步推进美丽乡村建设，整治村容村貌，大力改善农村人居环境，实现乡村大变样。

绿树环绕四周、房屋整齐划一、马路平坦整洁、村庄面貌全新，今天的巴彦淖尔五原县通过农村牧区危房改造实现了宜居宜业美丽乡村大变迁。

村庄变美了，住上新房的农牧民朋友也扬眉吐气起来。2020 年 56 岁的五原县村民王景平切切实实感受到了发生在自家的变化："过去我住的土坯房，矮、潮、冷。去年，我家享受危旧房改造政策，盖起了 60 多平方米的砖瓦房，家里铺了地板砖，有了卫生间。院子里砌了花篮墙、盖了羊圈。现在，院里掉个柴火棍也得赶紧捡起来，生怕给这整洁的村庄添乱了。现在，孩子们从城里回乡探亲，感觉自己脸上大有光彩啦！"

"我们县要评选出'美丽集镇'和'美丽村庄'，并予以 10 万元和 5 万元的奖励。搞这个活动，就是要让大伙看看，我们五原县的农村，就是这么美！"县委书记郭占江说。

## 农家院"一键美颜"成"网红"

塔尔湖镇联丰村这几天瓜果飘香、绿意浓浓，热情好客的村民张慧芹家迎来了来自四面八方的客人，人们拍照、采摘、吃农家菜，其乐融融，这样红火热闹的日子是她原来想都不敢想的。

张慧芹是土生土长的联丰村人。村里土地少，村民大多靠几亩果树维持生活。2006 年，张慧芹一家把仅有的十来亩地流转出去，到外地打工，这一走就是 10 来年。

2016 年，五原县建设美丽乡村，联丰村整村改造，张慧芹回家看望父母，一进村，村子都变得不认识了，又干净又漂亮，就连村民的精气神都不一样了。

当年，张慧芹在村里开起了第一个农家乐。根据设计师的意见，她把砖瓦房做旧改造成土房，土墙换成了木栅栏，在院里栽花种草，养鸡养鸭，一派田园风光。饭菜也地道。

几年下来，口口相传，"慧芹农家乐"成了当地的旅游新坐标和"网红"打卡点。游客们为农家院里院外淳朴的乡间生活所感染。每到旅游旺季，一桌难求。张慧芹说，好政策让她过上了跟城里人一样的生活，乡村旅游圆了她的小康梦，她要把乡村文化、民俗文化糅合在农家乐里，把全村的人带动起来，一起致富。

### 文明之风劲吹

近日，天吉泰镇毛家桥村巾帼志愿服务队来到宏福老年公寓开展献爱心慰问活动，为老人们送去了水果、米、面、油等慰问品，并献上了精彩的演出。该村妇联主席张秀花说："我们组织了 30 多名志愿者慰问敬老院的老人，让他们感受到社会大家庭的温暖，也希望通过我们的小小举动呼吁大家都来关爱老年人，为他们提供力所能及的帮助。"

近几年，五原县在推进乡风文明活动中，通过整合全县各类公共服务资源，由理论骨干、教学能手、各类艺术家、乡土文化能人、科技带头人、医疗人员等组建了 9 支专业志愿服务队，22000 多名志愿者深入田间地头、党员活动室、道德大讲堂、乡镇文化站、村组织活动场所、农村健身广场等生产生活一线为群众服务，解决乡风文明建设中的热点难点问题。同时推进乡风文明"微治理"，通过制定村规民约，制作"善行义举四德榜"、社会主义核心价值观宣传栏，星级文明户评选，树立先进典型等形式，引导广大村民见贤思齐、崇德向善。

五原县联丰村支部书记张文军说，通过微治理把卫生抓起来，彻彻底底改善我们农村人居环境，村民不出义工，不积极打扫环境卫生，一次提示、二次教育、三次拉"黑榜"，农民现在意识也提高了。

危房改造的好政策，不仅让困难群众实现了安居梦，还让乡村变得更加"宜居""乐居"。今日五原，不仅净起来、绿起来，更是富起来、美起来！

# 第 十 章

## "让农村人口喝上放心水"

### ——农村饮水安全的实践与成果

## 一、综　述

　　水是生命之源，是生产、生活和生态的命根子。解决农村贫困人口饮水安全问题，事关民生福祉，是脱贫攻坚的重要内容。党的十八大以来，以习近平同志为核心的党中央高度重视水利工作。习近平总书记多次就治水发表重要讲话、作出重要指示，明确提出"节水优先、空间均衡、系统治理、两手发力"的治水思路，为推进新时代治水提供了科学指南和根本遵循。2013年2月3日，习近平总书记考察引洮供水一期工程，提出"民生为上、治水为要，要尊重科学、审慎决策、精心施工，把这项惠及甘肃几百万人民群众的圆梦工程、民生工程切实搞好，让老百姓早日喝上干净甘甜的洮河水"。2019年4月16日，在解决"两不愁三保障"突出问题座谈会上，习近平总书记强调："饮水安全有保障主要是让农村人

《决战决胜脱贫攻坚60热问》第十一集

**水利扶贫** 因地制宜开展水利扶贫工程，42个旗县通过水源置换、集中处理、单户处理等方式解决氟超标等问题，建立健全农村牧区供水保障体系。2016年以来，全区累计解决贫困人口安全饮水问题18.3万人，饮水安全得到保障

口喝上放心水，统筹研究解决饮水安全问题。"还特别指出各地情况并不相同，"对饮水安全有保障，西北地区重点解决有水喝的问题，西南地区重点解决储水供水和水质达标问题"。他指出，各地区各部门务必咬定目标、一鼓作气，坚决攻克深度贫困堡垒，着力补齐贫困人口义务教育、基本医疗、住房和饮水安全短板，确保农村贫困人口全部脱贫，同全国人民一道迈入全面小康社会。

在自治区党委、政府坚强领导下，经过多年的艰苦努力，按照现行标准，自治区贫困人口饮水安全问题得到全面解决，全区农村牧区集中供水率达82%，自来水普及率达77%，水质明显得到改善，告别了为吃水发愁、缺水找水的历史。但由于自治区地广人稀、地理条件差异较大、水资源禀赋不均等，农村牧区供水整体水平还处于初级阶段。下一步，还要紧盯突出问题和薄弱环节，以至纤至细、踏踏实实的作风，及时发现问题、解决问题，从根本做起，下足"绣花"功夫，持续巩固脱贫攻坚成果，确保农牧民长期稳定喝上安全水、放心水，使脱贫攻坚成果经得起历史和实践的检验。

## （一）基本做法

自治区党委、政府高度重视农村牧区饮水安全工作，把解决贫困人口的饮水安全问题作为一项重要政治任务来抓，通过高位推动、精

准施策、狠抓落实、强化监管等措施，农村牧区饮水安全工作取得了明显成效，按照现行标准，全区贫困人口饮水安全问题得到全面解决。

1.强化组织领导，落实各级责任

按照中央统筹、自治区负总责、盟市旗县抓落实的工作机制，层层签订脱贫攻坚责任书，明确了各地区、各部门在脱贫攻坚饮水安全工作中的责任和目标。一是组建自治区水利脱贫攻坚专项推进组，紧紧围绕国家脱贫攻坚工作要求，立足区情研究解决脱贫攻坚饮水安全中遇到的重大问题，积极履行脱贫攻坚饮水安全的目标确定、项目下达、资金投放、组织动员、监督考核等职责。二是各盟市、旗县作为解决脱贫攻坚饮水安全问题的落实主体，严格落实进度安排、项目落地、资金使用、人力调配、推进实施等主体责任。三是各级水利部门严格落实脱贫攻坚饮水安全"一把手"负责制，压实业务部门监管和基层建管责任，明确各项工作的目标、时限，将项目审批、建设管理、水质保障等责任落实到岗、明确到人。四是推进发挥苏木乡镇、嘎查村"两委"在饮水安全工程后期管护上的作用，强化基层政府管理责任。

2.统筹安排部署，创新工作方式

各地创新工作方式，探索推动脱贫攻坚饮水安全工作的有效途径。一是建立了部门联席会议机制，在存在饮水安全问题的建档立卡贫困人口、水质等多方面进行了信息交换、资源共享，为精准解决建档立卡贫困户饮水安全问题提供了基础保障。二是实行自治区水利脱贫攻坚专项推进组月会议制度，及时听取全区脱贫攻坚饮水安全工作进展情况、存在的问题，研究遇到的重大问题和具体解决措施。三是为加快饮水安全工程实施和水费收缴工作，每月对各盟市工作推进情况调度，通报各地完成情况、存在的问题及改进方向，对饮水安全问题动态管理、滚动销号。四是强化宣传引导，向贫困户发放饮水安全宣传画，促进贫困户由"能喝上水"向"要喝上放心水"转变，并积极参与配合饮水安全工作。

3.强化业务指导，确保脱贫攻坚工作质量

一是制定《内蒙古自治区加强对贫困地区水利工程建设技术支持工作方案》《内蒙古自治区打赢水利脱贫攻坚战三年行动实施方案》，强化对贫困地区的水利规划、前期工作、工程建设和技术管理等方面指导帮助，增强贫困地区饮水安全保障和水利基础建设及建管能力。二是印发《关于加强农村牧区应急供水工作的指导意见》《关于加强农村牧区饮水工程运行管理工作的指导意见》《关于加强农村牧区单户水处理设备建设和管理工作的通知》等指导性文件，为脱贫攻坚饮水安全按时高质量完成提供制度保障和政策引导。三是开展脱贫攻坚饮水安全标准培训，召开脱贫攻坚饮水安全工作现场会，现场参观饮水安全工程，举办饮水安全信息系统填报、水质检测、农村牧区供水建设管理、饮水型氟超标改水等培训。

4.多渠道筹措资金，保证工程建设投入

为全面解决贫困人口饮水安全问题，自治区着重加大对贫困地区资金倾斜力度。一是取消贫困旗县配套资金要求，对集中连片特殊困难地区的建设资金全部由中央和自治区承担，不要求盟市配套，其他旗县的建设资金由中央和自治区资金补助70%。二是进一步加大中央和自治区本级财政的支持力度，"十三五"期间，中央财政补助自治区饮水安全资金9.9亿元，自治区本级财政安排投资12.9亿元用于饮水安全工程建设。三是明确贫困旗县整合涉农涉牧资金可优先用于脱贫攻坚饮水安全保障方面投入，帮助各地解决资金不足的问题。四是各盟市、旗县积极拓展资金筹措渠道，通过财政投入、使用地债资金、贷款等方式投入资金30.9亿元，为解决各地的饮水安全问题提

阿拉善盟阿拉善右旗贫困农牧民住上了干净明亮的新房、用上了放心水

供了资金保障。

5.建立健全饮水安全管理责任体系

经过多年努力，在全区各旗县区落实地方人民政府主体责任、水行政等主管部门行业监管责任、供水单位运行管理责任的"三个责任"和建立健全管理机构、管理办法、维护经费的"三项制度"已经初步建立完成，在饮水安全管护方面发挥了积极的作用，工程有人管、有钱管的良性运行机制初步形成。

6.建立村级管水员制度

针对自治区农村牧区供水规模小、单村供水工程多的实际情况，推动管护责任向基层延伸，指导各地建立村级管水员制度，要求各地明确管水职责、落实管水员工资待遇、加强业务指导和技术培训，进一步建立健全村级管水制度，扶持基层管水事业健康发展。全区31个国贫旗县4756个有饮水安全任务的行政村先行设立了管水员，打通了农村牧区供水工程运行管理"最后一公里"。

7.完善监督机制，提升服务水平

为提高农村牧区饮水监督水平，各地将各级水行政主管部门和供水单位监督电话在各级媒体进行公布，并制成监督电话"明白卡"发放至贫困户，在村委会、学校等显著位置公示，受理全区范围内各地农村牧区饮水工程建设、管理和供水服务方面的投诉和举报，进一步畅通群众监督渠道，确保及时发现和解决农村牧区饮水问题。

## （二）成效

提前实现贫困人口饮水安全"清零达标"。各地结合边境牧区饮水安全建设、饮水型氟超标地方病防治、苦咸水专项等农村牧区饮水安全工程，巩固提升工程，精准安排项目，优先解决建档立卡贫困人口的饮水安全问题，做到因村因户施策，截至 2018 年底，已经解决了 18.2 万人。2019 年初，饮水安全未达标的建档立卡贫困户 393 户 862 人涉及 3 个盟市、6 个旗县、27 个苏木镇、135 个嘎查村，通过建设集中式和分散式供水工程相结合的方式，解决 380 户 822 人的饮水安全问题，通过实施移民搬迁解决 13 户 40 人的饮水安全问题，2019 年提前实现建档立卡贫困人口饮水安全问题"清零达标"。

稳固农村牧区供水工程基础。"十三五"期间，累计投入资金 53.7 亿元，共新建和改扩建供水工程 15317 处，新打机电井 4015 眼，供水基本井（筒井）2 万余眼，建成储水窖 1 万余处，安装净水设备 16.8 万余套，新建、改造管网 16890 千米，建成自来水工程 2780 处，农村牧区饮水安全巩固提升工程受益农牧民 430 万人，解决了 18.3 万建档立卡贫困人口饮水安全问题。这些工程的建设实施，进一步稳定了水源，提高了便捷程度，更新改造了管网设施，使农村牧区供水

水源井施工

乌兰察布市凉城县供电分局党员服务小分队完成机井通电工程

总体保障能力显著增强。

消除饮水安全隐患。自治区 2019 年、2020 年连续两年开展横向到边、纵向到底、贫困人口全覆盖式的饮水安全保障大排查。对照《农村饮水安全评价准则》水量、水质、用水方便程度、供水保证率 4 项评价指标，2019 年 6 月，组织各地共排查供水工程 30872 处，排查出饮水安全隐患、饮水保障不扎实等问题工程 2833 处，2019 年底已完成整改。2020 年 3 月，对所有涉及建档立卡贫困人口（含已退出）的供水工程安全隐患再次进行全面排查，共排查出饮水保障不扎实、需要巩固提升工程 781 处。对于排查出的问题，逐处落实解决措施，建立整改台账，完成一项，销号一个，均按期完成了整改任务。此外，要求各盟市、旗县加强巡检和动态排查，发现问题及时解决。

水质不断改善提升。自治区水质本底不好，多地存在氟超标，改水后又容易反复，脱贫攻坚期内，我们开展了两次专项水质提升行动，进一步改善了农村牧区饮水水质。开展地方病防治专项三年攻坚行动，共安排饮水安全巩固提升工程改水专项资金 7.51 亿元，解决了 63 个旗县 74 万人的氟砷碘超标问题。通过水源置换、城镇管网延伸、集中净化处理或分质供水等方式巩固提升苦咸水工程，受益人口 10.36 万人。水质安全专项行动，夯实了贫困地区、贫困人口的饮水安全基础，极大降低了因水质反复波动导致返贫的风险。

饮水安全不再出现颠覆性问题。印发《关于做好农村牧区应急供水保障的紧急通知》和《关于加强农村牧区应急供水工作的指导意见》，指导各地建立突发供水事件监测预警机制，完善应急供水预案，成立应急抢修队伍，做好物资储备。各地在夏季用水高峰期加强运行管理，严厉打击偷盗水浪费水行为，维护了正常供水秩序。对于无劳动能力贫困户和因旱缺水时期开展送水服务等。

# 二、典型案例

 **案例一**

## 达茂旗: 脱贫攻坚饮水安全建设掠影

斑驳的牙齿、粗大的腕关节、罗圈的双腿,达茂旗乌克忽洞镇腮忽洞村 67 岁的贫困户王文亮,打眼看去,就是饮水型氟超标地方病的典型当地老人模样。

一进门,王大爷先把记者领到厨房里,打开连着水处理设备的水龙头,接了满满一瓢伸到记者面前:"看看这水,多清呀。现在连暖瓶里都没水锈了。"看着王大爷高兴的样子,达茂旗水务局业务股股长叶春兰也跟着开心起来:"我也是达茂本地人,从小也是喝氟超标的饮用水长大的。现在我们的工作让达茂旗的农牧民都喝上了安全干净的水,一切辛苦都值得了!"叶春兰告诉记者,达茂旗地处中蒙边境,高氟水分布范围很广,水资源分布条件复杂。"饮用水的氟含量,安全标准是在 1.2 毫克 / 升以下。而在达茂旗,饮用水氟含量最高的能达到 4 毫克 / 升。"据了解,长期饮用高氟水,轻者形成氟斑牙;重者造成氟骨症,骨质疏松,甚至瘫痪,丧失劳动力。在达茂旗,这也是导致家庭贫困的一个重要因素。

王文亮虽然没有那么严重,但也在一定程度上影响了他锄地耕种。"有一次去医院拍片,大夫非让我把两条腿并拢。"王大爷哭笑不得地说,"我要能并拢就好了。"王大爷所住的腮忽洞村，饮用水氟含量在 1.91 毫克 / 升。2019 年 8 月，在国家饮水安全巩固提升工程中，达茂旗水务局给他家免费安装了水处理设备。王大爷老两口年过花甲，终于喝到了清澈安全的饮用水。

叶春兰介绍，经过检测，高氟水经过水处理设备净化后含氟量可以下降到 0.2—0.3 毫克 / 升。现在，家里来客，王大爷终于能给客人沏一杯清澈的茶水了。他说："以前沏茶，茶水都是发雾的，现在处理过的水沏茶可清了。"

和王大爷一样，从 2017 年开始，达茂旗给饮用水氟含量超标的农牧区陆续都免费安装了水处理设备。2017 年，达茂旗水务局实施的牧区水窖工程中，安装单户水处理设备 1353 台。2019 年，在饮用水安全巩固提升及氟超标地方病防治工程中，争取到项目资金 2173 万元，安装单户水处理设备 6837 台，分布在 140 个自然村；安装集中水处理设备 20 台，分布在 8 个自然村。2020 年，再次争取到项目资金 332 万元，安装单户水处理设备 1065 台。共解决 24888 人的饮用水水质不合格问题。

"王大爷，要是设备出了问题，知道咋反映不？"达茂旗农村牧区水质检测中心主任张瑞祯问。"知道了哇，上面都有电话，打个电话就行了。"王大爷掀开专门苫着设备的塑料布指了指上面的电话号码。

为了让农牧民都能够正确、充分地利用好水处理设备，2019 年和 2020 年，达茂旗水务局先后进行了 4 次拉网式大排查，挨家挨户宣传水处理设备使用的意义、方法、注意事项、常用故障及处理、售后服务、更换滤芯等等。"除了大排查，我们的工作人员平时也会隔三岔五地上门做宣传，跑得次数多了，农牧民家里的狗都认出我们了。"张瑞祯说。免费安装设备之余，达茂旗水务局对单户水处理设备负责三年售后，集中水处理设备负责五年售后，包括免费维修、更换滤芯等耗材及零件。售后期过后，这些费用需要用户自付。"大概每年需要换一次滤芯，花费在 200 多元。"张瑞祯说。"王大爷，到时候这个钱您舍得花吗？"记者问。"那咋舍不得！我现在已经脱贫了，一年的收入有 2 万多元，花 200 块钱就能喝上干净的水，太划算了哇。"王大爷说。说到这里，王大爷不由得想起了几十年的吃水经历。年轻的时候从井里打水喝，大冬天井口周围全是冰坡，每天家里的用水就需要占个好劳力。1998 年，王大爷 45 岁时，家里安装了自来水，工作人员跟他开玩笑："你省的劳力等于家里多了个儿。"2019 年，水处理设备进家，王大爷也享受上了城镇人一样的"好"水。品着杯里清甜的水，王大爷似乎喝出了幸福感。

从缺水喝，到有水喝，再到有"好"水喝；从基本供水保障工作，到饮水安全工程，再到饮水安全巩固提升，达茂旗正在用"一杯清水"倒映出"不漏一村、不落一人"的贫困户"两不愁三保障"攻坚成果，展现了全面建成小康社会、统筹城乡发展的美丽乡村新面貌。

## 案例二

# 鄂尔多斯市：破解"饮水之困" 饮用"安全水"

农村牧区饮水安全关系人民群众的身体健康和生命安全，是脱贫攻坚、乡村振兴的关键内容，是满足广大农牧民对美好生活向往的重要措施。

近年来，鄂尔多斯市把农村牧区饮水安全工程作为一项重要民生工程来抓，破解群众"吃水难"，有效解决农村牧区饮水安全问题。"十三五"以来投资 5.35 亿元，建成饮水工程 652 处，提升了 31.9 万人的饮水安全保障水平，巩固了来之不易的饮水安全成果，确保群众喝上"安全水、放心水"。

### 破解饮水难问题，解放劳动力

"以前吃水是家里建一口旱井，用来储存下雨时的房檐水。干旱无雨就只能去河沟里担，担一趟水需要走两里半，来回就得五里路，即使寒冬腊月也是汗流浃背。现在好了，吃上了哗哗的自来水。"准格尔旗龙口镇韩家塔村村民脸上笑开了花。

准格尔旗龙口镇韩家塔村属于典型的梁峁山区，村民共有 1314 名，干旱缺水，祖祖辈辈饮水难。这个地方饮水究竟有多难？每家每户都要建一口旱井，每当下雨时要将房檐水引进旱井中，村民叫这种水为"无根水"，集蓄起来，解决日常用水问题。遇到枯水期，村民们饮水就只能靠人担驴驮去河沟里取水。20 世纪 90 年代起，随着大量年轻人外出务工，村里只剩下年老

鄂尔多斯市准格尔旗龙口镇韩家塔村新建蓄水池及集中供水点

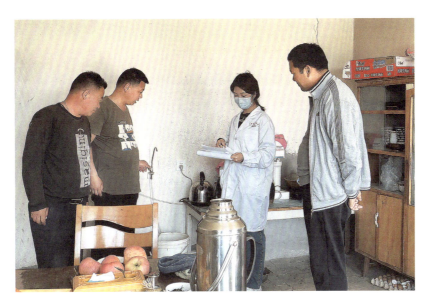

鄂尔多斯市乌审旗水利局工作人员深入建档立卡贫困户实地检测饮水安全

体弱的村民，饮水就更加困难了。

为了彻底破解该村饮水难问题，准格尔旗水利局多次实地踏勘，设计多套解决方案，最终确定城市管网延伸的解决方案。目前，龙口镇韩家塔村已建起了一座500立方米蓄水池和一座100立方米蓄水池，铺设输配水管道近9000米，让韩家塔村1314名村民吃上了自来水，彻底告别了饮水难的历史。水利建设同时也给产业发展带来了良好机遇，特别是在养殖业方面，老百姓增加了养殖数量，收入的提升进一步提高了村民的幸福指数！

### 破解饮水水质差难题，提升幸福指数

"谢谢党和政府让我喝上了安全水、放心水"。昭君镇巴音嘎查万成功社建档立卡贫困户高勇，打开自家的水龙头，看着清澈明亮的自来水哗哗流入水缸，一边笑着一边说着感激的话。

昭君镇巴音嘎查位于达拉特旗昭君镇西南部，由于地下水位下降，以前吃水采用十至二十米浅层井水。由于是盐碱地，水质

差、水难吃，当地群众从十公里左右拉水，年老体弱的只能吃自己井里的水，高勇和当地群众盼望解决饮水难问题的心情迫切。

为了确保脱贫攻坚不使一人掉队，让村民早日喝上安全水、放心水，达拉特旗水利局工作人员多次来到这里现场办公，积极协调解决施工过程中水源选址、管网铺设等难题。该项目共投资55万元，新建140米水源井，铺设管道14公里，贫困户高勇由于位置偏远，单独铺设管道2公里接通了自来水。

2020年6月，巴音嘎查万成功社饮水安全工程正式通水，水管员按下通水启动键，清澈的自来水源源不断地送入群众家中，160户村民的饮水安全问题得到了彻底解决，万成功社全体村民喝上了水质优良的放心水。高勇和村民表示，喝上了自来水，就能把更多的精力投入到生产生活当中，日子就会越过越红火。

### 保障群众幸福源泉

杭锦旗巴拉贡镇、呼和木独镇和吉日嘎朗图镇位于黄河南岸，属黄河冲积平原区。由于靠近黄河，地下水水质受黄河水位影响较大，水为黄河侧渗水，氟砷含量严重超标。当地群众长期饮用超标水，身心健康受到严重影响，风湿性关节病、肠胃病高发。如何尽快找到水质好水量足的优质替代水源，是沿河三镇3.45万名群众（其中贫困户471户）的热切期盼，也是水利人一直在努力做的事情。

功夫不负有心人，终于，于2018年在杭锦旗库布齐沙漠腹地提格庙一带找到了符合人饮标准的优质水源。为尽快解决资金问题，早日满足群众对"喝好水"的美好向往，工程采取PPP模式进行建设，共计投资1.21亿元。新建9眼水源井、1000吨蓄水池1座，铺设115公里穿沙管道，更新改造三个乡镇195公

家里通了优质自来水，幸福的笑容藏不住

里老化、埋深不够的自来水供水管道。

目前，工程已全部完工并投入使用，水质检测106项指标全部合格，管道冬季冻胀问题得到了根本性解决，管道漏损率减少30％以上，供水保证率提高到95％以上。受益户配套安装了智能水表，极大节约了水资源，提高了水费收缴率。

在广袤的大地上，清泉正细雨无声般滋润着万千农民群众的心田……

鄂尔多斯市涉及贫困户饮水安全工程已全部完工，其他工程正在有序推进。对此，鄂尔多斯市水利人依然丝毫不敢松劲懈怠。下一步，将紧盯突出问题和薄弱环节，不断巩固脱贫攻坚成果，持续推进农村牧区供水工程规模化建设和升级改造项目，加强水源保护和水质保障，不断提升农村牧区供水保障水平。

## 📋 案例三 ———————

# 杭锦后旗：汩汩清流入万家

走进巴彦淖尔市杭锦后旗陕坝镇交通村，只见村庄规划整齐合理，小油路通到了每家每户。袅袅炊烟中，白墙黛瓦，绿树红花，一派新气象。

村民钱洪娥正在自家厨房里忙活着洗菜做饭，哗哗的自来水从水管流淌出来，清澈而纯净，有一些还溅到了钱洪娥的脸上。擦拭过程中，她情不自禁吸吮了一下手中的水珠，"甜，真甜！"钱洪娥陶醉地说。

"多亏了饮水安全工程，才让我们喝上了'甘泉'。"现在一杯再平常不过的干净水，过去却是钱洪娥家的"第一奢侈品"。"以前，全村就一口井，吃水只能到水井里担，担一趟来回要花费不少时间，很不方便，有时候地里农活儿重，实在累得不愿意去担水，只好省着用。缺水不说，水质还很差，碱性大，一点也不好喝。那时，我时常为家人的健康担心。"相比于腰包瘪，钱洪娥更怕水缸干。

民以食为天，食以水为先。为了让群众喝上稳定水、干净水、放心水，2019年，杭锦后旗投资347万元完成了全旗境内贫困村贫困户安全饮水巩固提升工程，解决了588户村民的吃水难问题，其中包括建档立卡贫困户240户。截至2019年，杭锦后旗已累计投入农村饮水安全工程资金超1.2亿元，14.3万农村人口受益。

通上自来水，告别苦咸水，钱洪娥一家的日子也走上了正轨。这两年，她又重新装修了屋子，家里买了洗衣机、安装了热水器，坐便、下水一应俱全，上厕所再也不用出门了，用钱洪娥自己的话说，现在的生活更像城里人了。"我现在哄着五个月大的外孙，衣服、尿布等经常需要洗洗涮涮，如今只要拧开水龙头，冷热水都有，随时可以洗，方便又干净。"她笑呵呵地分享着自己的喜悦。

近年来，自治区做足"水"文章，补民生短板，使汩汩清流流入农村牧区万千家庭。"十三五"期间，全区累计投入农村牧区饮水安全巩固提升工程资金53.7亿元，共新建和改扩建供水工程15317处，新打机电井4015眼，供水基本井（筒井） 2万余眼，建成储水窖1万余处，安装净水设备16.8万套，新建、改造管网16890千米，建成自来水工程2780处。全区农村牧区集中供水率达82%，自来水普及率达77%，农村牧区供水条件得到极大改善。

饮水有保障，脱贫有希望。"十三五"期间，全区共解决了18.3万建档立卡贫困人口的饮水安全问题。为了做到不差一户、不漏一人，自治区对全区贫困户饮水安全问题进行了全面清查摸底，精准落实解决措施。2019年，全区各地结合实际，通过建设集中式和分散式供水工程相结合的方式，于9月底完成了全部贫困人口饮水安全"清零达标"任务，比原计划提前两个多月。

"自来水清润民心，留有功德传后人……"赤峰市敖汉旗下洼镇河西村，田德川老人为当地的自来水工程作了一首打油诗。他依稀记得2019年自来水工程即将竣工时的场景，工地上工人们忙着开挖、打孔、穿管、对接，现场热火朝天。"群众盼着这口干净好喝的自来水，盼了太久太久。"田德川动情地说。

"以前的水质差，又臭又黏，喝水简直就是遭罪。水缸下面全是黄泥，三年还要换一次水泵。"回忆起过去，河西村后北组村民刘亚明一阵唏嘘。敖汉旗属于干旱半干旱地区，地下水资源匮乏，是典型的贫水区，群众饮水困难。2019年，敖汉旗投资341万元建设河西村水源井工程，受益村民共有1206户、3794人。

一滴放心水，浓浓民生情。自治区大力实施地方病防治改水行动，2018年，在地方病防治专项三年攻坚行动方案中专门将饮水型地方病防治列为攻坚任务；2019年，专项拨款7100万元用于脱贫攻坚水质全覆盖式检测，共检测工程1.4万余处，化验水样1.7万份，彻底摸清了水质情况，之后投入大量资金开展了针对性改水工作。安排饮水安全巩固提升工程氟改水专项资金5.1亿元，为农牧民安装单户净水设备9万台、集中水处理设备339套、水源置换622处，解决了42个旗县54万人的氟超标问题。经过两年的地方病改水攻坚行动，74万人告别了饮水型地方病困扰。

在敖汉旗牛古吐镇沈家窝铺村，村民季学利最近养成了一个新的生活习惯——喝茶。每天闲暇时他就会烧开一壶水，泡上一壶茶，慢慢地品味。养成新生活习惯的秘诀，就是季学利家新安装的一排排滤水装置。"以前我们这儿的水氟超标问题严重，有很大味道，很咸不说，还有泥沙。而新安装的滤水装置，可过滤掉水中的氟、氯等有害成分，现在的水卫生又纯净，我也变得爱喝水了。"饮到甘甜的水，季学利喜笑颜开。

# 第十一章
# "把社会保障兜底扶贫作为基本防线"
## ——综合保障性扶贫的实践与成果

# 一、综　述

　　民政工作关系民生、连着民心，是社会建设的兜底性、基础性工作。脱贫攻坚战打响以来，全区各级民政部门认真学习习近平总书记关于脱贫攻坚系列重要讲话精神和对民政工作重要指示批示精神，坚决贯彻落实党中央、国务院和自治区党委、政府决策部署，把脱贫攻坚作为重大政治任务，认真履行脱贫攻坚责任，持续夯实社会救助保障基础、落实特殊困难群体关爱保障政策、鼓励和引导社会力量参与，扎紧织牢社会救助兜底保障安全网，为决战脱贫攻坚战决胜全面建成小康社会贡献民政力量。

## （一）强化兜底保障　夯实脱贫基础

　　科学确定救助标准，筑起基本保障线。救助标准是衡量救助水平的重要标尺，直接关系到广大救助对象的切身利益。近年来，自治区加大统筹力度，充分考虑地区生产总值预期增长、农村牧区常住居民可支配收入预期增幅、贫困人口脱贫等因素，坚持"尽力而为、量力而行、城乡和区域统筹、稳步提高"的原则，建立社会救助标准动态调整机制，确保经济增长的同时，困难群众基本生活水平同步增长。全区城市低保平均标准由2016年的542元/月提高到2020年的732元/月，年均增长7.8%；农村牧区低保平均标准由2016年的4197元/年提高到2020年的6307元/年，年均增长10.7%。特困人员供养标准按照不低于低保标准的1.3倍制定，全区城市特困人员供养平均标准达到1246元/月；农村牧区特困人员供养平均标准达到10043元/人。自2016年开始，全区农村牧区低保平均标准和所有旗县（市、区）农村牧区低保标准均高于同期扶贫标准。

加强政策衔接，确保"应保尽保"。为做好低保制度与扶贫开发政策的有效衔接，自治区先后出台了《关于做好农村最低生活保障制度与扶贫开发政策有效衔接的指导意见》《关于进一步加强农村最低生活保障制度与扶贫开发政策有效衔接指导意见的通知》等"一揽子"政策，从制度、管理、对象、信息等方面加强低保兜底保障，确保"不漏一户、不落一人"。完善低保对象认定办法，适当扩大低保保障范围，核查评估家庭经济状况时，以申请家庭收入为基础，同时考虑家庭成员特征和重大疾病医疗支出等刚性支

**兜底保障**

① 扎实做好兜底保障，精准实施农村低保、特困人员救助供养、临时救助等政策

② 累计将符合条件的39.18万贫困人口纳入低保、1.5万人纳入特困人员供养，享受低保渐退政策3.1万人

③ 为符合条件的贫困人口代缴保费，实现了代缴全覆盖

出因素进行综合评估。对贫困家庭成员因残、因病、子女就学等增加的刚性支出予以适当扣减，将符合条件的贫困家庭整户纳入低保范围；对重病、重残等完全和部分丧失劳动能力贫困家庭，降低其个人和家庭照护人员的收入计算标准，将符合条件的整户纳入低保范围，对不符合整户纳入条件的可按单人户申请纳入低保范围。为巩固脱贫攻坚成果，帮助贫困群众"扶上马、送一程"，自治区全面建立了贫困人口低保渐退政策。明确脱贫攻坚期内，对家庭人均收入超过当地低保标准的建档立卡贫困人口，给予一定时间的渐退期，确保其实现稳定脱贫后再退出保障范围。2018年以来，全区贫困人口累计享受低保渐退政策3.28万人。

落实特困供养制度，提升服务能力。制定印发《内蒙古自治区人民政府关于进一步健全特困人员救助供养制度的实施意见》，加快建

社保局工作人员发放财政代缴情况告知书

立城乡统筹、政策衔接、运行规范的特困救助供养制度。定期组织开展特困人员救助供养摸排，将9.46万特困供养人员纳入救助保障范围，其中建档立卡贫困人口1.53万人。按照"分类定标、差异服务"的原则，推进特困人员照料服务落实，全区失能、半失能特困人员护理平均标准分别达到1078元/月和430元/月，为0.91万失能特困人员和1.27万半失能特困人员定期发放照料护理金。加大资金保障力度，重点支持具备供养生活不能自理特困人员能力的区域性和旗县中心农村牧区特困供养服务机构建设，加强贫困地区敬老院建设和基础服务设施改造，实现生活不能自理特困人员集中供养能力达到100%。

凸显"应急解难"功能，防止致贫返贫。完善临时救助制度，细化明确临时救助对象范围和类别，及时将遭遇突发事件、重大疾病或其他特殊原因导致基本生活陷入临时困境的家庭或个人纳入临时救助范围。强化临时救助"前置"过渡和"后置"衔接功能，对申请低保、特困供养的困难群众，先给予临时救助，及时缓解其生活困难；对遭遇突发性、紧迫性、临时性困难的低保对象、特困供养人员、建档立卡贫困人口等，给予临时救助提升救助整体效益。优化简化临时救助审核审批程序，对因疫、因灾、因病等导致基本生活出现临时性困难的贫困人口，开通"绿色通道"，采取"先行救助，后补齐手续"方式实施救助，确保困难群众求助有门、受助及时。全面推行"临时救助备用金"制度，将小额临时救助发放权限下放至苏木乡镇（街道办事处），提高救助时效性。对收入不稳定、持续增收能力较弱、致贫返贫风险较高的已脱贫人口，加强日常走访、动态监测、及时救助，积极防止返贫。2016年以来，全区累计临时救助困难群众124.04万人次，支出临时救助资金16.05亿元。

实施精准认定，助力精准救助。依托自治区社会救助部门联席会议机制，积极推进社会救助家庭经济状况数据共享平台建设。先后联合自治区银保监局、中国人民银行呼和浩特支行、公安厅等部门分别出台 14 份规范性文件，形成与自治区编办、财政厅、人社厅等 21 个部门 46 类 352 项数据实时共享的"大数据"核对格局，在全国率先实现了"部省市县"四级网络贯通，为精准认定救助对象奠定了数据基础。聚焦"精准扶贫、精准脱贫"，出台《内蒙古自治区建档立卡贫困人口信息核对办法》，运用大数据手段对低保和建档立卡贫困家庭的收入和财产等状况进行大数据分析研判，确保对象认定精准。近年来，受自治区扶贫办委托，累计核对建档立卡贫困人口 605.54 万人次，累计反馈核查数据 243.55 万条，相关部门数据贡献量达 9144.45 万条，有效助力建档立卡贫困对象精准认定。

## （二）加强特殊群体关爱，提升帮扶实效

落实"两项补贴"，强化残疾人保障。逐步提高残疾人"两项补贴"（即困难残疾人生活补贴和重废残疾人护理补贴）标准，完善政策措施，按照人均 100 元 / 月标准为 30.68 万困难残疾人发放基本生活补贴，其中建档立卡贫困人口 8.16 万人；为 28.4 万重度残疾人发放护理补贴，其中建档立卡贫困人口 4.63 万人，持续解决残疾人特殊生活困难和长期照护困难。加强残疾人"两项补贴"资金使用管理，规范残疾人"两项补贴"发放机制流程，明确补贴资金发放方式和发放时限，在全区范围内建立残疾人补贴资金发放监测机制，完善残疾人"两项补贴"资金监督管理程序，确保资金及时发放到户。面向困难残疾人持续开展"福康工程""助康工程"惠民行动，截至 2018 年，"福康工程"项目累计为全区 324 名困难残疾人装配假肢 332 具、装配矫形器 15 件；截至 2019 年，"助康工程"项目累计投入资金 3500 万元，为 1344 名困难残疾人装配假肢 1464 具，为 6200 余

服务队员与孤寡老人结成帮扶对子

名困难残疾人装配康复辅助器具 6275 件。

　　健全儿童福利体系，提高保障水平。先后制定印发《关于加强农村牧区留守儿童关爱保护工作的实施意见》《关于加强困境儿童分类保障制度的实施意见》《关于进一步加强事实无人抚养儿童保障工作的实施意见》等政策，健全儿童福利体系，切实提高儿童保障水平。加强孤儿和事实无人抚养儿童基本生活保障、医疗保障、教育保障。提高孤儿生活保障标准，全区集中供养和分散供养孤儿生活保障指导标准分别达到 1530 元 / 月和 1288 元 / 月。为全区 2244 名孤儿发放基本生活费和 2337 名事实无人抚养儿童补差发放生活补贴。拓展孤儿医疗保障渠道，组织实施"残疾孤儿手术康复明天计划"项目，累计投入资金 1211 万元为 337 名具有手术适应症的残疾孤儿实施了手术治疗。加强孤儿助学保障，2016 年以来累计助学资助 996 人。加强未成年人保护，为全区 2.05 万名农村留守儿童签订了委托监护责任确定书并纳入有效监护范围，为 4688 名留守儿童落实了监护责任，为 480 名辍学农村牧区留守儿童返校复学，帮助 509 名无户籍留守儿童登记落户。对 45669 名困境儿童实施分类保障。

发展养老服务，加强老年群体关爱。实行高龄津贴普惠制，按照 100 元 / 月、600 元 / 月标准为年满 80 周岁、100 周岁的老人发放高龄津贴，惠及高龄老人 53.39 万人。加强农村牧区留守老年人关爱服务，制定出台《关于加强农村牧区留守老年人关爱服务工作的实施意见》，为全区 26.66 万名农村牧区留守老年人建立了信息台账并开展探访，其中建档立卡贫困人口 7.13 万人。加强贫困地区养老服务设施建设，投入资金 1.64 亿元支持贫困旗县、边境旗县的 80 个养老服务建设项目，实现养老服务的平衡发展。深入推广"集中居住，分户生活，统一管理，互帮互助"养老服务模式，统筹部门资源，实施农村牧区互助养老幸福院建设工程。截至 2020 年 12 月，全区现有各类养老机构 3242 所，总床位数 25.1 万张。其中，公办社会福利机构和老年养护院 96 所，床位数 1.65 万张；敬老院 212 所，床位数 1.82 万张；民办养老院 429 家，床位数 5.14 万张；社区老年人日间照料中心 906 所，床位数 1.18 万张；农村牧区互助养老幸福院 1590 所，床位数 14.86 万张；牧区老年公寓 9 所，床位数 4152 张。每千名老人拥有床位数 52 张。

## （三）动员社会力量参与，助力脱贫攻坚

广泛动员部署，积极主动对接。通过发布社会组织参与脱贫攻坚倡议书、发放社会组织参与脱贫攻坚调查问卷等方式，引导和鼓励社会组织广泛参与脱贫攻坚。建立自治区社会组织参与脱贫攻坚微信群，搭建了社会组织参与脱贫攻坚工作平台。指导各级登记管理机关

积极组织所属社会组织参与脱贫攻坚，制定工作方案，组织项目对接。呼和浩特、包头、兴安、赤峰、通辽等盟市专门召开了社会组织参与脱贫攻坚部署会，形成了上下联动、整体推进、普遍参与的良好局面。印发了《关于持续引导社会组织参与脱贫攻坚的通知》，由厅领导带队，深入内蒙古银行业协会、内蒙古信用商会、内蒙古福建商会等社会组织调研，了解社会组织帮扶意愿，组织项目对接。针对受疫情影响，贫困户上岗难和农畜产品销售难等问题，先后两次召开了自治区本级异地商会和电商类社会组织负责人调研座谈会，鼓励他们发挥自身优势，引导会员企业高于市场价采购贫困地区大米、莜面、金南瓜、土豆、牛羊肉等农副产品助力脱贫攻坚。部分社会组织主动将年度业务活动和经费支出调整到国贫旗县，内蒙古建筑业协会、内蒙古教育基金会等社会组织主动请领扶贫任务，展示了良好形象。为提升社会组织参与脱贫攻坚的能力，专门在赤峰市举办了"国贫旗县

通辽市扎鲁特旗扶贫干部入户走访低保贫困户

社会组织负责人培训班",150余家国贫旗县的社会组织负责人参加，通过理论讲解、现场答疑、座谈交流等方式，有效地开阔了参训人员的视野，提升了参与脱贫攻坚的认识和能力。

创新帮扶模式，拓展帮扶内容。结合社会组织覆盖广泛、结构多元、知识密集、技术先进的特点，在动员社会组织开展慈善帮扶的基础上，把扶智（志）帮扶、消费帮扶和电商帮扶作为工作重点，有针对性地拓展帮扶模式，在精准上求实效。在引导社会团体参与方面，主要是针对社会团体每年召开年会、会员企业需要购买原材料的实际，动员社会团体积极开展消费扶贫，把会议、会展安排到贫困旗县举办，消费贫困旗县的产品和服务。2019年内蒙古银行业协会把消费扶贫作为协会参与脱贫攻坚主要方式，不仅与察右中旗、察右后旗签署了消费100万元农副产品的协议，而且还在2020年7月，将"全国银行业协会（公会）业务交流暨定点扶贫培训"会议引入到察右后旗举办，争取到爱心捐赠400余万元，为国贫旗县群众创造了收入。在动员民办非企业单位参与方面，主要是引导民办非企业单位发挥知识密集的特点，积极为贫困旗县困难群众提供技能培训、观念更新等服务。内蒙古北宸智库研究中心主动为乌兰察布市化德县开展关于精准脱贫的心理疏导教育，消除部分群众"等靠要"等思想突出问题，提高群众参与扶贫的积极性，得到一致好评。内蒙古心理咨询师协会深入呼伦贝尔市鄂伦春自治旗阿里河镇为90多名留守儿童开展心理辅导，收到明显效果。针对贫困旗县信息封闭、农副特色产品销售难问题，动员电商类社会组织主动认领，内蒙古电子商务促进会、内蒙古绿色发展促进会先后认领12个项目，解决了当地农副业产品销售难问题，为带动贫困旗县的经济发展起到了引导性作用。2017年以来，全区各级社会组织积极响应，共1665家社会组织通过多对一、一对一等各种形式参与脱贫攻坚，累计投入资金20625.73万元，开展帮扶项目 960 个，受益人数达到了 13.19 万人。

### （四）坚持加大投入，强化资金支持

社会救助兜底保障，资金投入是关键，自治区救助兜底保障资金使用始终坚持资金投入规模有增量、资金投入结构有倾斜。2016 年以来，全区累计下拨中央和自治区困难群众社会救助补助资金 303.95 亿元，由 2016 年的 53.16 亿元增加到 2020 年的 65.17 亿元，其中在考虑所有贫困旗县因素基础上单独划拨 1.93 亿元用于深度贫困地区脱贫攻坚救助兜底保障；累计下拨自治区残疾人"两项补贴"资金 14.31 亿元，由 2016 年的 1.07 亿元增加到 2020 年的 4.18 亿元。

# 二、典型案例

 案例一 ————

## "福康工程""助康工程"助力脱贫攻坚

"福康工程"是 2010 年开始实施的民政部本级彩票公益金项目，由社会福利和慈善事业促进司发起、管理，由国家康复辅具研究中心具体组织，免费为民政救助及养护对象肢体残障人员提供假肢、矫形器等辅具技术和产品，逐步扩展为对部分肢体残疾及畸形人员实施免费手术矫治。

"福康工程"在内蒙古自治区，由内蒙古荣誉军人肢残康复中心承办实施；为自治区建档立卡贫困家庭残疾人配置假肢、矫

形器。截至 2018 年，国家"福康工程"八年来通过各种项目累计为自治区 324 名贫困残疾人装配假肢 332 具、装配矫形器 15 件。

为配套民政部"福康工程"，自 2013 年起，自治区民政厅运用福利彩票公益金开展"助康工程"项目。向自治区低保家庭、特困人员、建档立卡贫困家庭、低收入家庭中的残障者配置假肢、矫形器、助听器、助行器、护理床、坐便器及轮椅、拐杖等各类康复辅助器具。

"助康工程"的假肢、矫形器的配置工作由内蒙古荣誉军人肢残康复中心负责承办。截至 2019 年，民政厅已连续投入 3500 万元，完成假肢装配 1464 具（含假眼 25 只），帮助 1344 人。康复辅助器具完成配置 6275 件，惠及困难群众 6200 余人。

"助康工程"覆盖面更加广泛，有效弥补了"福康工程"受助群体范围过窄、资金不足的缺陷，为自治区残疾人的精准脱贫、照护服务等工作，起到了兜底保障作用。

### 让残疾人重新站起来

呼和浩特市回民区孔家营村残疾人樊某，72 岁，19 年前冻伤双脚，因当时没钱及时做手术截肢而耽误了治疗，最后双脚化脓感染，自然萎缩直到完全脱落。失去了双脚的樊某不能下地劳动，只能依靠妻子的照顾。妻子刘某一度非常悲观也曾想过要离婚，"我那时打算离婚呢，但我不要他了他连活也活不了。"樊某也压力极大，非常自卑，对妻子非常愧疚。

但是樊某不甘沉沦，学会了跪着、趴着走路，甚至学会了骑三轮车，2003 年开始樊某进城打工，开三轮车运载客人。但客运三轮车收入十分有限，不少陌生的乘客看见他的残肢都不敢乘坐，每月都挣不了 200 元，连房租都要靠子女接济。樊某家庭生活本就非常困难，然而屋漏偏逢连夜雨，妻子刘某 2011 年 9 月患脑出血导致偏瘫，除自身行动不便以外，饮食起居都需要别人的照顾，一切活动都离不开樊某。自身残疾的丈夫照顾偏瘫的老伴，跪着的老人抬着手用轮椅推着另一位老人在街头努力爬行，让看见的路人都不胜唏嘘。自妻子瘫痪，樊某只能减少出车照顾妻子。有一次遇到天气极寒，三轮车打不着火，该吃午饭了，樊某只能跪着去买菜，常人行走 3 分钟能到的市场，跪着走需要 20 分钟，生活艰辛可见一斑。2013 年呼和浩特市取缔客运三轮车，樊某只能靠低保生活，更加艰难。他最大的愿望是"能够站起来，多挣一些钱，也减轻子女负担"，但昂贵的假肢价格让他的梦想一次次的破灭。

2013 年"助康工程"实施以来，樊某接受了"助康工程"的援助，当年还从福彩公益金中获得了 4000 元的救济，2013 年康复中心第一次装配的假肢，相对其他患者，樊某的残肢由于并未截肢而是末端萎缩掉落，导致残肢异常的细长，血液流通不畅，新生的肌肉、皮肤包住了残端，和接受腔摩擦非常严重，致使装配假肢后，残肢端一直疼痛。康复中心本着全心全意为残疾人服务的宗旨，一直牵挂着樊某，一有材料更新或技术迭代，始终记挂着能否解决樊某的问题。到 2017 年，通过使用新型材料和改进工艺，终于缓解了残肢摩擦，满足了樊某舒适行走的需求。

安装假肢后，樊某终于实现了站起来的梦想，能够生活自理。不仅找到了新工作，还能更好地照顾妻子的饮食起居，为整个家庭减少了大量负担，长期愁眉紧锁的樊某夫妇在康复中心工作人员面前，露出了开心的笑容。

### 让残疾人丢掉双拐，融入社会

"助康工程"让受助残疾人真正丢掉双拐、自食其力，让他们融入社会、创造价值。

内蒙古兴安盟扎赉特旗王春芝、姜雨昆母子在2014年就切实享受了"助康工程"的帮扶。姜雨昆14岁寒假时，路过山海关一运砖厂工地，因一时不慎，导致车祸，不得已双腿截肢。刚截肢时只能终日卧病在床，靠母亲的低保金和外出打工的微薄收入勉强度日，王春芝哭着讲："那段日子现在都不敢回忆，不愿意说了。那个时候我连活的希望好像都不大了，很愁啊。好好的孩子出了这样的事，整天在炕上不是躺着就是坐着，什么也干不了。"而更加雪上加霜的是父亲和母亲离婚了。在亲友的接济帮助下，单身母亲带着姜雨昆勉强维持。

直到姜雨昆20岁，才经当地残联介绍，第一次装上假肢。到了2014年，8年前的假肢已经几近损坏。2014年5月29日接受了"助康工程"的免费的新假肢，替换了已经用了8年之久的旧假肢。一举解决了旧假肢不符合人体构造、底部过于坚硬、穿着磨合的过程非常痛苦，以及由于螺丝断裂、接受腔磨损残破导致马上就不能用的问题。

姜雨昆更换假肢以后讲："感觉生活上有了更大的希望，奔着自己的目标努力吧。也许现在说可能对未来还是茫然，但是肯定有了更大的信心，能够尽自己最大的努力去拼搏，也为了我母亲。"

### 让每个残疾人都获得救助

免费安装假肢的残疾人中，有些是有强烈安装意愿的，有些是工作人员上门找到的。康复中心假肢部科长田红亮讲："有些残疾人十年八年都不出门，当地都说这个人不用管。但是听到这种情况，我们还（必须）去。这种人不穿假肢他这辈子可能都不出来，但是他穿上假肢，那就有可能改善自己。咱们扶贫也讲究扶志。"

王爱云就是康复中心工作人员上门找到的。20年前王爱云因车祸失去了双小腿，回到老家后一坐就是七年，靠老母亲照顾饮食起居，她没有想到自己有一天还能站立行走。

"乌盟民政局、前旗民政局的领导找到我们，开车去我们家，告诉我写申请，我那会儿都不知道去哪儿写申请，后来民政局、残联去我们家里，告诉我咋写咋写，教给我写申请，写上申请以后，他们拿去盖好章，说你联系去装假肢哇。"王爱云装的是双腿假肢，从装上假肢当天，内蒙古荣誉军人肢残康复中心后续无偿为他进行后续服务。

"来了以后他们对我就像亲人一样，一进门就握手，抓住这个手，心里头热乎乎的。"有了这两条再生的双腿，王爱云不仅走出了家门，还走进了城里。凭年轻时和母亲学的裁缝手艺，在包头市开了一家缝纫店，过上了自力更生、丰衣足食的日子，还雇用了不少当地群众，共同经营缝纫店。

"让我重新站起来，让我重新活下来，都是他们的功劳，我感动的都没法说。"王爱云将对"助康工程"的感谢落实到了行动当中，她加入志愿者的队伍当中，积极参加各种志愿活动。"这么多的好心人帮助我，我也要帮助别人呀。"

通过装配假肢和适配康复辅助器具，不仅大大提高了残疾人的生命健康水平和生活质量，为生活带来了希望；而且通过恢复残肢功能，从而有能力参与到社会生产当中，从社会财富的消耗者变为社会财富的创造者。

多年以来，经"福康工程""助康工程"救助的残疾人有

6000 余人，他们开始重新找到工作、重新组建家庭、重新回归社会。这种促进残疾人自食其力的扶贫方式，较之直接发放各种低保金、福利金、生活救助物资，更能斩断"穷根子"，从根本上消除残疾人的致贫根源，是对贫困残疾人最贴心、最有尊严的帮扶方式，也是对贫困残疾人打赢脱贫攻坚战最精准、最经济、最有效的兜底保障。

 **案例二**

## 呼伦贝尔市：脱贫攻坚路上的"民政力量"

作为脱贫攻坚"五个一批"重要举措，兜底保障担负着脱贫攻坚的底线任务，是解决贫中之贫、困中之困、坚中之坚的最后防线，是全面小康的托底安排。通过这项制度，"兜"住最困难群体，"保"住最基本生活，这关系到脱贫攻坚任务目标如期完成，关系到全面建成小康社会整体水平。

### 做实兜底保障 决胜脱贫攻坚

2020 年 2 月，鄂伦春自治旗和莫力达瓦达斡尔族自治旗退出贫困旗县序列，至此，全市原有 6 个贫困旗县全部退出贫困序列，对照脱贫攻坚工作变化，市民政局着力巩固和提升低保兜底保障水平，强化组织领导，加强政策衔接，加大资金投入，严格工作督导。深入贯彻落实《呼伦贝尔市在脱贫攻坚三年行动中切实做好社会救助兜底保障工作的实施方案》等政策，科学谋划、详细部署兜底脱贫保障工作。实施低保"渐退期"和特别救助金等政策，助力稳定脱贫。建立健全五部门（民政、扶贫、卫计、医保、残联）兜底保障联席会议制度，定期交换兜底保障数据，研究解决困难问题。深入开展摸底排查工作，加强因疫情影响、患病、残疾等造成基本生活发生变化的建档立卡贫困人口和边缘户监测，确保切实做到贫困人口兜底保障"不漏一户、不落一人"。2020 年，全市继续提高城乡低保标准，城市最低生活保障平均保障标准达到每月 660 元，比上年每月增加 40 元，提高6.5%；农村牧区最低生活保障平均保障标准达到每年 6016 元，比上年增加 494 元，提高 8.9%。截至 2020 年 7 月，全市建档立卡贫困人口纳入低保 22518 人，占全市建档立卡贫困人口 30%；纳入特困救助供养 714 人，占全市建档立卡贫困人口 1%，有力保障了贫困人口基本生活，助力打赢脱贫攻坚战。

为解决群众生活中遭遇的突发性、临时性、紧迫性问题，充分发挥临时救助"应急性""补充性""过渡性"功能，呼伦贝尔市相继出台了临时救助及"救急难"的相关政策，进一步助力脱贫攻坚，细化工作要求，增强临时救助时效性，着力发挥好临时救助在促进解决"两不愁三保障"问题方面的积极作用，建立了更加完整、高效的困难群众急难救助体系。截至 2020 年 6 月末，全市共发放临时救助金 705 万元，3561 人次受益，城乡困难群众临时救助水平达到人均 1979 元。

呼伦贝尔额尔古纳市蒙兀室韦苏木有一位纳入兜底保障范围的建档立卡贫困户宋保祥，至今未婚，无儿无女，无固定工作，无房，独自一人生活。一次严重的车祸，导致他胸椎 4 节以下失去知觉，生命垂危，当地民政部门在得知其遭遇后，立即成立了宋保祥救治领导小组，在住院手术期间，由单位领导带队，职工分别轮岗，赴哈尔滨对宋保祥予以悉心照料。经过两次手术治疗后，虽然脱离了危险，但丧失劳动能力，生活不能自理，且手术产生的费用高达 273086.67 元，在社会各界组织捐款和帮助后，医疗资金还存在 10 万余元资金缺口。额尔古纳市民政局第一时间召集当地财政局、医保局、卫计局、扶贫办、残联及乡镇等多个单位，召开"一事一议"部门联席会议，运用"救急难"以及特别救助金等多政策衔接工作机制，最终通过临时救助特别救助金，给予了宋保祥 10 万元"急难"救助。社会的援手、政策的福利、民政人的付出，让宋保祥体会到了无所不在的关爱，在他最需要帮助的时候，真正解决了他的燃眉之急。

### 聚焦三类群体　确保不落一人

在落实兜底保障工作中，呼伦贝尔市民政局将火力集中在未脱贫建档立卡贫困户、脱贫监测户、贫困边缘户这三类群体中未纳入兜底保障范围的人群，通过信息筛查、个人申请和系统信息比对相结合的方式，及时掌握重点对象的家庭经济状况和基本生活状况，对符合条件的重点对象及时实施分类精准救助帮扶。成立了无劳动能力贫困人口基本生活兜底保障工作专班，制定《关于印发〈全市无劳动能力贫困人口基本生活兜底保障挂牌作战实施方案〉的通知》，明确工作目标、排查范围、排查内容，通过政策宣传、信息宣传、发布热线电话等形式进一步拓宽宣传受理渠道，确保贫困群众求助有门、受助及时。各旗市区按照有关规定组织工作人员对数据名单进行摸底排查，摸清重点对象基本生活状况，逐户逐人核实确定兜底保障对象，确保用足用好最低生活保障、特困人员救助供养、临时救助等兜底保障政策，将符合条件的贫困人口全部纳入兜底保障范围。

为确保全市兜底脱贫工作兜得准、兜得实、兜得住、兜得牢，2020 年 4 月，市民政局党组书记、局长和分管副局长分别带队深入鄂伦春旗、扎兰屯市、新左旗、新右旗、莫旗、阿荣旗和鄂温克旗，共计对 7 个旗市的 16 个苏木镇、27 个嘎查村、

181户建档立卡贫困户开展社会救助兜底保障脱贫行动专项摸排监测工作，确保兜底保障脱贫政策落到实处，确保社会救助兜底保障"不漏一户、不落一人"。

呼伦贝尔扎兰屯市卧牛河镇四道桥村村民谢成祥是建档立卡贫困户，2020年患了结肠癌，妻子肢体残疾，因治病造成家庭开支过大，存在返贫风险，通过主动发现，及时核查和核算，将谢成祥家庭纳入农村低保，为他家解决了基本生活问题。谢成祥高兴地对民政干部说："还是共产党的脱贫政策好，民政的干部们不但为我解决了基本生活问题，还为我减轻了看病的负担，有了低保后，看病也能少花钱了。"这是对民政兜底保障工作的肯定，更是鼓励民政人更好工作的动力。

### 坚持精准施策　强化儿童关爱

呼伦贝尔市通过出台《关于加强困境儿童分类保障制度的实施方案》并建立困境儿童协调机制，将孤儿、事实无人抚养儿童、困境家庭儿童等7类对象纳入保障范围。呼伦贝尔市民政局联合市法院等12部门出台《关于进一步加强事实无人抚养儿童保障工作的实施方案》，自2020年1月1日起，对事实无人抚养儿童全面实行生活、教育、医疗等保障政策。目前，全市孤儿集中供养标准为每人每月1580元，分散供养标准为每人每月1329元。政策出台后，全市民政系统广泛宣传事实无人抚养儿童保障政策。海拉尔区民政局主动发现并协助一位11岁困境儿童办理申报程序纳入保障范围，孩子爷爷拿到生活费后，激动地说："感谢党的好政策，我一定尽力培养孩子好好学习！"截至2020年7月，全市231名事实无人抚养儿童纳入帮助范围。

2020年呼伦贝尔市下达中央、自治区孤儿和事实无人抚养儿童基本生活费998万元，下达中央彩票公益金支持儿童福利服务体系建设资金83万元。市民政局建立资金使用监督制度，每月对孤儿、事实无人抚养儿童资金是否及时、足额到位进行监督，定期向旗市区、市儿童福利院了解项目进展情况，保障儿童福利资金专款专用及时到位。

在全区率先建立农村留守儿童、困境儿童领导协调机制，印发《关于加强农村牧区林区留守儿童关爱保护工作的实施意见》《关于加强困境儿童分类保障制度的实施方案》，2018年将困境儿童保障纳入市农村牧区林区留守儿童关爱保护工作领导小组工作内容。自2016年"合力监护、相伴成长"关爱保护专项行动开展以来，帮助233名无人监护农村牧区林区留守儿童得到有效监护，帮助10名农村牧区林区留守儿童返校复学，帮助26名农村牧区林区留守儿童登记户籍，杜绝农村留守儿童无人监护现象。目前，呼伦贝尔儿童福利工作已形成市民政局统筹指导，儿童福利院、未保中心、儿童之家、儿童督导员、儿童主任、社会组织各自发挥职能的关爱服务体系。

### 育新机谱新篇 发展特色产业

脱贫攻坚战打响以来，呼伦贝尔市民政局紧紧围绕中央、自治区、呼伦贝尔市关于全面打赢脱贫攻坚战的决策部署，聚焦脱贫攻坚、聚焦特殊群体、聚焦群众关切，全力保障和改善困难群众的基本生活。

"我们的黑木耳大棚出耳了！"这样一则消息在呼伦贝尔市、阿荣旗两级民政部门引起了不小的轰动，每位参与其中的民政干部职工彼此交谈时都流露出发自内心的喜悦，可以说，我们见证了一个集体产业经济项目从规划建设、建成投产到效益增值的全过程。

早在2019年呼伦贝尔市民政局通过实地调研亚东镇木耳产

业项目发展情况，市民政局党组研究制定了切实可行的脱贫攻坚方案，并向亚东镇人民政府捐赠 30 万元脱贫攻坚产业扶贫资金，在亚东镇原有木耳产业项目的基础上进行扩建，对东亚镇村和西亚镇村、太平庄村每村支持 10 万元用于发展黑木耳养殖，辐射带动 50 户以上贫困户进行"菜单式"养殖，为更多的低收入农户提供就业机会，同时增加村集体收入。2020 年 6 月，在得知阿荣旗亚东镇木耳种植有新成果，市民政局党组书记、局长再次带队到亚东镇实地了解木耳种植基地产业帮扶项目的扶贫成效。在那人杰地灵的沃土之上，在助力打赢脱贫攻坚战中，全市民政系统的驻村干部积极响应号召，到最困难的地方去、到最艰苦的地方去、到最需要的地方去，守初心、担使命，扎根基层，瞄准乡村发展需求、群众脱贫需要，作出了自已最大的努力。

### 抓好政策落实　保证扶贫效果

脱贫攻坚兜底保障是一场硬仗，越是最后关头，任务越艰巨、越繁重，越需要集中力量、集中资源，统一意志、全力以赴。要把加强和改善党的领导贯穿全过程、各方面，坚持不懈推进民政系统全面从严治党向纵深发展，充分发挥各级党组织战斗堡垒作用和共产党员先锋模范作用，凝聚起统筹推进脱贫攻坚和疫情防控工作的强大力量，不获全胜决不收兵。

截至 2020 年 7 月底，呼伦贝尔市尚有未脱贫建档立卡人口 483 人，已脱贫人口中有 357 户存在返贫风险，边缘人口中还有 642 人存在致贫风险，突发新冠肺炎疫情进一步加大已脱贫群众返贫风险，给脱贫攻坚兜底保障带来新的挑战。全市各级民政部门必定咬定目标、坚持不懈，努力将疫情影响降到最低，坚决完成脱贫攻坚兜底保障重大政治任务。"其作始也简，其将毕也必巨。"脱贫攻坚战不是轻轻松松一冲锋就能打赢的。当前，已经到了攻城拔寨、全面收官阶段，剩下的都是贫中之贫、困中之困，是最难啃的硬骨头，民政部门面临的困难和挑战依然艰巨。民政部门的行业扶贫对象，可以说是整个脱贫攻坚行动中最贫困的人。他们大多有残疾、重大疾病，失去劳动能力，他们的家庭恢复"造血"功能几乎是不可能的。在决战脱贫攻坚、全面建成小康社会关键之年，全市民政人正努力不断织密织牢兜底保障脱贫攻坚的安全网，这是让他们活得有保障、有尊严的最后一道防线。在开展这项工作的几年中，一组组帮扶数据，见证了全市民政兜底工作全面实施的良好效果；一件件民生实事，见证了这座城市的温度；一个个举措，背后是困难群众实实在在的获得感。在这场攻坚战中，民政人让最困难的群体和其他人一样，共享改革发展的"红利"。

 **案例三**

## 赤峰市：聚力精准救助
## 全力做好脱贫攻坚兜底保障工作

脱贫攻坚号角吹响以来，赤峰市民政局牢记习近平总书记对赤峰的殷殷嘱托，聚焦"扎实推进脱贫攻坚"重要指示精神，坚持保基本、兜底线的基本原则，积极探索、勇于实践，持续改革完善城乡社会救助制度，着力为贫困群体提供多元化、针对性的救助服务，有效发挥了社会保障兜底一批的底线作用。

### 以"兜准底"为核心，推进低保认定从"以评为主"向"以算为主"转变

社会救助兜底保障是打赢脱贫攻坚战、全面建成小康社会的底线制度安排。精准核实困难群众家庭收入则是全面落实社会救

助制度的重要基础，也是长期困扰基层工作的主要矛盾。赤峰市民政局坚持把"贵在精准、重在精准，成败之举在于精准"的要求作为衡量一切得失进退的重要考量，着眼于实现精准救助、精准脱贫，研究提出了低保认定工作由"以评为主、以算为辅"向"以算为主、以评为辅、以核为准"的思路转变，探索创立了低保综合认定指标体系——"劳动力系数法"。通过量化劳动能力，统一收入核算标准，扣减刚性支出需求等举措，为基层精准核实困难群众家庭收入提供了标准化"量尺"，群众认可服气。

在建立低保综合认定指标体系的基础上，对未脱贫建档立卡贫困户中靠家庭供养且无法单独立户的重度残疾人、重病患者等完全丧失劳动能力和部分丧失劳动能力的贫困人口（不含整户纳入低保范围的贫困人口）制定特殊政策，参照单人户纳入农村牧区低保范围，并且在脱贫攻坚期内，纳入农村牧区低保的建档立卡贫困户人均收入超过当地低保标准后，可给予至少12—24个月的"渐退期"。

**以"兜住底"为根本，健全完善社会救助体系，坚决筑牢脱贫攻坚"最后一道防线"**

坚持精准对接"两不愁三保障"和"社会保障兜底一批"的目标任务，更加注重从单纯的现金救助向多维度保障转变；从消极的"输血"式救助向积极的"造血"式救助转变；从简单的生活型救助向综合型服务救助延伸，不断提高社会救助保障水平。

持续健全完善社会救助制度体系。根据中央、自治区关于加强社会救助和扶贫开发两项制度衔接的相关政策，赤峰市民政局配套出台《社会救助与扶贫开发政策衔接实施方案》《赤峰市在脱贫攻坚三年行动中切实做好社会救助兜底保障工作的实施方案》《赤峰市民政局打赢脱贫攻坚战三年行动实施计划》等系列政策，不断补齐救助制度短板、扩大政策集成效应，有力推动了社会救助事业进入构建综合救助体系、依法实施救助的新发展阶段。

积极推进农村牧区低保与扶贫开发政策有效衔接。坚持"应扶尽扶、应保尽保、动态管理、资源统筹"的原则，大力推行政策性保障兜底，深入开展丧失劳动能力贫困人口救助兜底保障未覆盖"清零达标"专项行动，确保将符合条件的建档立卡贫困人口整户纳入农村牧区低保范围，不符合整户纳入条件的按照单人户纳入，实现了"应保尽保"。

严格落实特困人员供养制度。持续完善社会救济制度，不断细化特困人员认定条件，精准认定特困人员，将农村牧区特困人员基本生活标准按照不低于当地农村牧区低保标准的 1.3 倍制定。积极探索"契约化"管理模式，提高特困供养人员管理服务规范化、标准化水平，相关经验做法通过"ISO 9001"质量体系认证。

充分发挥临时救助救急难作用。制定出台《关于进一步加强和改进临时救助工作的实施意见》，把建档立卡贫困人口全部纳入临时救助重点范围。不断创新临时救助工作机制，通过建立特别救助金制度，加强信息化建设，简化审批环节，开展"先行救助"等，进一步提高了临时救助实效。年均救助建档立卡贫困人口 8000 多人次实施临时救助，支出救助资金 900 多万元。

认真开展贫困残疾人脱贫行动。积极落实残疾人"两项补贴"政策措施，将困难残疾人生活补贴标准和重度残疾人护理补贴标准统一提高到 1200 元 / 年，并将重度残疾人补贴发放范围拓展到持有残疾人证的三级智力、精神残疾人。

### 以"兜牢底"为支撑，夯实救助工作基础，大力推进实施"阳光救助"行动

建立兜底保障局际联席会议制度。建立低保兜底保障脱贫工作局际联席会议制度，通过定期交换扶贫办、残联、卫健委、医保局的建档立卡贫困人口信息、残疾人信息、重特大疾病报销医疗救助信息和贫困人口救治信息等数据，对完全或部分丧失劳动能力贫困人口纳入社会救助兜底保障情况进行研判分析，统一数据口径，有预见性、有针对性地做好兜底保障工作。2019年建立联席会议以来，月均交换数据38万条。

加强业务培训。采取全面部署与重点培训相结合的形式，举办全市"社会救助制度与扶贫开发政策衔接培训班"2期，对旗县区社会救助分管领导及工作人员进行了培训。同时深入2个旗县区，对乡镇、街道工作人员进行了重点业务讲解，累计培训210人次。

强化规范操作。对低保、特困、临时、"两残"、购买服务、核对等各项救助政策进行梳理，完善了操作流程，印制《社会救助工作规范化操作手册》4000册，直接发往行政村、社区最基层。

注重督导调研。"大走访、大调研"期间赴克旗、右旗调研兜底保障工作，社会救助综合改革中赴林西县十二吐乡西山根村、红山区云计算中心进行调研，"不忘初心、牢记使命"主题教育期间赴阿旗先锋乡、林西县官地镇、克旗宇宙地镇刘营子村进行调研，通过入户走访、召开座谈会等形式，对基层扶贫工作有了更加深入、细致、全面的了解。日常工作中，本着发现问题，紧盯问题的原则，及时到基层了解情况，促进了各项工作的有效落实。

# 第十二章

## "绿水青山就是金山银山"

### ——生态扶贫的实践与成果

## 一、综  述

2005 年 8 月，习近平同志在浙江省安吉县余村考察时首次提出："我们过去讲既要绿水青山，又要金山银山，实际上绿水青山就是金山银山。"2015 年 4 月发布的《中共中央、国务院关于加快推进生态文明建设的意见》正式把"坚持绿水青山就是金山银山"的理念写进中央文件，习近平总书记提出的"两山论"已成为全党和全国人民的行动指南。内蒙古深入践行"两山论"，走出

大力实施生态扶贫，将 80%以上的国家和自治区林业重点生态建设项目安排到贫困旗县

2016年以来，累计投入贫困旗县国家林业重点工程资金38.1亿元

**生 态 扶 贫**

国家公益林补偿资金62亿元，带动8万名贫困人口受益

为1.67万名贫困人口提供公益性护林员岗位，人均每年补助1万元

了一条具有地区特点和行业特色的绿富双赢高质量发展道路。

## （一）林草生态扶贫的生动实践

内蒙古自治区是林业大省区，森林面积、林地面积居全国前列。但是林业产业发展相对滞后，特别是在贫困地区，林业龙头企业少，产业链短，产品附加值低，林业产值总量小，带贫能力弱。在内蒙古广大贫困地区，要消除贫困，除了改善生态环境外，还要下大力气发展绿色产业。

内蒙古贫困地区的林业建设有一定基础条件，具有一定林业资源优势，如何把林业资源优势转化为经济优势，是实现习近平总书记"两山论"中让绿水青山变金山银山，带动贫困人口增收的关键所在。在林草脱贫攻坚实践中，各地涌现出一批生动鲜活的林草生态扶贫案例。

地处科尔沁沙地的国贫旗县科尔沁左翼后旗，在生态扶贫中应用"两山论"取得显著成效。全旗经过几十年的生态建设，通过实施生态修复一系列举措，使88万公顷沙化土地得到有效治理，森林面积增加到24万公顷。沙地治理项目区内粮食单产增幅最高达81%，牧草单产增幅最高达50%。在生态治理过程中，全旗通过出让土地使用权、培育苗木、参与工程建设等让贫困人口直接受益，生态治理后通过肉牛产业、林果产业、药材种植、生态旅游实现可持续收益。累计减贫11690户30285人，贫困群众人均收入从2420元增长到5630元。全旗的"生态修复促扶贫案例"被选为"全球减贫案例"，在意大利罗马举行的"2019全球减贫伙伴研讨会"上做了介绍，向世界分享了中国生态脱贫成功模式。

地处干旱荒漠地区的贫困旗县阿拉善左旗，在自然条件极端严酷

赤峰市阿鲁科尔沁旗自走指针式喷灌系统苜蓿草种植示范区

的环境中走出了一条地区特色生态扶贫之路。阿拉善左旗以"生态立旗",保护和建设并重,实现了由过去的"整体恶化、局部治理"到"整体遏制、局部好转"的历史性转变。全旗通过生态补偿政策脱贫1310户4494人,占全旗贫困户的70.2%。聘用农牧民护林员523名,其中贫困户护林员31名,人均年收入1.5万—2万元。从事梭梭肉苁蓉、白刺锁阳产业的农牧民1000余户,户均年收入1万—3万元。建立林业专业合作社10余家,其中国家级林业专业合作社1家,自治区级林业专业合作社3家,逐步建立"企业＋基地＋农牧户"的产业发展模式。形成了生态建设促进特色沙产业发展、产业发展拉动生态建设格局，实现了生态建设和农牧民增收增效双赢的目标。

自退耕还林工程实施以来，自治区累计退耕 151 万户，退耕人口 597 万人，累计直接发放给农牧民补助资金 213.5 亿元，退耕户人均获得政策补助 3576 元。自公益林补偿项目实施以来，自治区共安排国有林场下岗职工 1.2 万人重新走上工作岗位，同时解决了农村牧区剩余劳动力 3.3 万人的就业问题，有近 330 万名农牧民享受到森林生态效益补偿金。自集体林权制度改革以来，森林资源资产被盘活、农村牧区生产资金不足等问题被解决。

实践证明，践行"两山论"，因地制宜发展绿色产业，不仅是可行的，而且能够有效助力贫困地区经济发展和贫困人口增收。

## （二）高质量发展路径的积极探索

内蒙古林草生态扶贫从区情、林情出发，以贫困地区资源保护和生态建设为重点，以"两补偿、两带动"为抓手，大力实施生态护林员补偿扶贫、生态效益补偿扶贫、生态建设带动扶贫、林草产业带动扶贫举措，不断创新生态扶贫机制，在改善贫困地区生态环境的同时促进贫困人口持续增收，不断探索林草生态扶贫高质量发展路径。

探索实现绿水青山主要路径。一是严格保护森林、草原、湿地及生物多样性资源，维护生态系统稳定和生态安全。二是加大生态治理与修复力度，改善贫困地区生态环境，促进生态系统良性向好发展。

探索实现金山银山主要路径。一是通过保护森林、草原、湿地等资源，为贫困人口提供公益性岗位实现增收。二是通过生态建设吸纳贫困人口参与务工实现增收。三是通过发展林沙产业带动贫困人口增收。

探索绿富双赢高质量发展路径。一是强化技术服务和科技支撑，提高林草生态扶贫科技含量。二是强化典型引领，以点带面，整体推进。

上图为 2013 年，鄂尔多斯市杭锦旗库布齐沙漠治理前；下图为 2018 年，库布齐沙漠治理后，受益人数约为 10.2 万人，其中杭锦旗 560 户贫困户 1340 人受益脱贫

## （三）绿富双赢目标的有效实现

践行"两山论"，成效显著。内蒙古贫困地区生态环境明显好转，贫困人口已全部实现脱贫，实现了绿富双赢目标。

贫困地区生态环境改善成效显著。2018—2019年，在贫困地区累计完成林业生态建设作业面积1588万亩，是计划目标的158.8%。通过强化生态建设，贫困地区生态状况和人居环境得到显著改善。例如，多伦县属于地处浑善达克沙地的贫困县，曾经是黄沙肆虐、沙进人退的京津风沙源头，截至2019年，全县林地面积达到293万亩，森林覆盖率达到37.9%，工程项目区林草植被覆盖率达到85%以上，昔日风沙严重危害农田、草原和人民生产生活的灾害已经得到有效治理，全县呈现出一派绿染大地的绿水青山景观，实现了由"沙中找绿"到"绿中找沙"的历史巨变，绿色成为多伦县的底色和名片。

生态补偿带贫效果稳固。内蒙古林草生态补偿带贫主要有三方面。一是生态护林员补偿带贫。选聘建档立卡贫困人口做生态护林员，在守护好绿水青山的同时基本实现一人上岗全家脱贫，全区生态护林员补偿带动约5万名贫困人口脱贫。二是公益林生态效益补偿带贫。贫困地区纳入国家级公益林生态效益补偿面积1.13亿亩，补助资金每年约15.8亿元；纳入自治区地方公益林生态效益补偿面积370.7万亩，补助资金每年约1112万元。现共有约23.4万名贫困人口通过公益林生态效益补偿直接受益。同时，国家级公益林聘用建档立卡贫困人口5600多人参与森林管护，年人均收入近5000元。三是退耕还林还草补偿带贫。推进新一轮退耕还林还草，对符合政策的贫困村、户实现全覆盖，截至2019年，共有12.93万名贫困人口通

巴彦淖尔市五原县新公中镇永联村绿化后的全景图

呼和浩特市和林格尔县盛乐经济工业园区贫困户担任护林员

过退耕还林还草工程直接受益,受益总资金8231.87万元,人均增收636.56元。

林草生态扶贫成效明显。大力发展林草产业,有效带动贫困地区经济发展和贫困人口增收。据统计，林草产业带动 11240 名贫困人口增加收入，人均增收 1586.01 元。一是发展特色经济林。坚持适地适树，加快发展符合贫困地区资源条件实际，对贫困户增收带动作用明显，市场相对稳定，经济价值较高的特色林果业。目前，贫困地区特色果品经济林面积达到 631.8 万亩，带动全区 4563 名贫困人口增收，总收入 640.56 万元，人均增收 1403.82 元。二是发展林下经济产业。依托和发挥贫困地区生态资源禀赋优势，开展林下中药材、人工灌木林平茬、特色经济作物、林下种养殖等，带动 3998 名贫困人口增收，人均增收约 700 元。三是通过林地流转增加收入。2019 年，共有 937 名贫困人口通过林地流转增加收入，人均增收 3000 元。四是其他方面带动自治区 1742 名贫困人口增收。2019 年，在贫困地区安排中央财政林业科技推广示范项目 5 项，实施地区涉及 8 个贫困旗县，推广和示范塞外红等优良经济林品种提质增效技术、肉苁蓉种植技术、荒漠化防治技术等，有效提升林草生态扶贫科技含量，推动林草生态扶贫走高质量发展道路。

# 二、典型案例

 **案例一**

## 让绿色成为脱贫攻坚的最美底色

从 20 世纪 70 年代至 90 年代，土地 80% 沙化，生态体系严重失衡，到如今 88 万公顷沙化土地得到有效治理，森林面积增加到 24 万公顷，沙地治理项目区内粮食单产增幅最高达 81%，牧草单产增幅最高达 50%，经过科尔沁左翼后旗几代人的不懈努力，科尔沁沙地实现了由"沙进人退"到"绿进沙退"的历史性转变。

### 治沙修复有妙招

科尔沁沙地总面积 518 万公顷，由曾经的黄沙肆虐到现在的郁郁葱葱，科尔沁人总结出不少治沙妙招。

科尔沁左翼后旗努古斯台镇努古斯台嘎查贫困户春梅家有 580 亩地，由于沙化严重，其中的 520 亩都不能耕种。2014 年，科尔沁沙地综合治理工程启动，春梅将沙化严重的土地全部流转给国有林场。通过在沙化地带建设人工网格沙障，在周边栽植杨树或樟子松形成锁边林带，并在网格内栽植锦鸡儿、紫穗槐等树种进行固沙，辅以封育措施，林草植被逐步恢复。每当天气回暖，进入造林季，春梅都会到林地里栽树、浇水、剪枝等。

在造林过程中经常会遇到成活率低、保存率低的问题。但这些难不倒智慧的科尔沁人，他们采取营养钵、钻孔、穴状深栽等造林技术，保护植物根系、涵养水分；通过禁牧、雇佣贫困户为护林员加强巡查管护等措施，防止林木遭到牲畜或人为破坏。

除人工造林外，科尔沁左翼后旗在草牧场和天然林破坏严重区域实行封禁保护，通过建设围栏和人工巡护等措施加以保护，待植被初步恢复后，稀疏种植当地树种，让退化草牧场和天然林休养生息、自然恢复；在不易进行人工造林的区域飞播种草，用飞机装载林草种子，均匀地撒播在宜林荒山荒沙上，利用林草种子天然更新的植物学特性，在适宜的温度和适时降水等自然条件下，促进种子生根、发芽、成苗，经过封禁及抚育管护，达到防沙治沙的目的；对沙化严重耕地实施退耕还林，在平缓沙地、坡地栽植两行乔木防护林，降低风速、减少扬沙，在两行乔木间种植灌木或牧草，形成植被恢复带，实现综合治沙的效果；实施全域全年全时禁牧，引导农牧民转变经营方式，退牧还草、为养而种、种草养畜，在减轻草原承载压力的同时，通过粮改饲、种植优质牧草等措施增加饲草供应，使生态系统修复与舍饲养牛相结合，实现可持续发展；在沙漠原始森林生态系统、湿地草原生态系统集中地区设立了 17 处自然保护区，占全旗总面积的 11.8%，90% 以上的珍稀濒危野生动植物和典型的生态系统得到了有效保护，物种总量增加到 709 种。

### 绿色发展助脱贫

生态环境修复后，如何通过绿色发展推动经济发展，让贫困户摆脱贫困？科尔沁左翼后旗有举措。

培育主导产业，增加农牧民的收入。通过实施退耕还林还草、建设饲草料基地发展肉牛产业，形成了集养殖、屠宰、加工、销售于一体的全产业链；发展经济林果产业，建设以大果榛子为主的果树基地 2000 公顷、五角枫木本油料基地 2000 公顷、林板一体化基地 4667 公顷，受益农牧民达 1.2 万户，创造产值可达 2106 万元以上；将沙区农牧民的土地资源转化为生态资源资产，创办木材加工产业，每年创造产值达 4637 万元以上，年人均增收 313 美元；针对沙坨地适合多种蒙中药材生长的实际，开办蒙中药材产业，建设了 33334 公顷蒙中草药材种植采收基地，企业与种植户签订收购合同，保障销售渠道畅通；依托传统村落、民居，建设生态旅游产业，发展集生态观光、娱乐休闲、运动养生于一体的美丽乡村旅游，带动贫困群众获得了可观的经营性收入。

拓宽增收渠道，保障农牧民的收益。鼓励农牧民将严重沙化土地协议流转给国有林场和苗圃，统一进行苗木培育、造林绿化，现流转农牧民造林土地 1720 公顷（利用国有林场和苗圃经营林木获得的收入），按照流转每公顷土地给予农牧民 475 元计算，2452 名农牧民年人均增收 334 元；在林业部门提供苗木和技术指导下，贫困农牧民按照规程育苗，政府、企业优先采购旗内育苗户的苗木，使贫困农牧民获得了可观收益，从事育苗的贫困人口年人均增收 1260 元；吸纳贫困农牧民进入造林企业务工或直接参与到苗木起运、树木栽植、抚育管理等工作，2134 名沙区农牧民在生态建设中年人均增收 6329 元，聘用 410 名沙区贫困人口为生态护林员，每人年稳定收益 10546 元。

"现在养牛每年收入 2 万元，种地能收入 2 万元，加上在林地打工的钱，全家年收入有 6 万多元。"春梅说。"我们实施退耕还林等生态修复治理工程，发展黄牛养殖等产业，使沙地变宝地，广大农牧民离土不离乡，生态更绿、腰包更鼓。"科尔沁左翼后旗旗长何志伟说。

通过落实生态修复促扶贫等举措，科尔沁左翼后旗累计减贫 11690 户 30285 人，贫困群众人均收入从 2420 元增长到 5630 元。2019 年，在意大利罗马举行的"2019 全球减贫伙伴研讨会"上，通辽市科尔沁左翼后旗的"生态修复促扶贫案例"从全世界的 110 个减贫案例中脱颖而出，成功入选了首批全球最佳减贫案例。

 **案例二**

## 阿拉善左旗：好生态助力好日子

阿拉善左旗位于内蒙古自治区西部、贺兰山西麓，东与宁夏相交，西、南与甘肃毗邻，北与蒙古国接壤，总面积 80412 平方公里，林地面积 3651 万亩，森林覆盖率 12.5%，境内分布腾格里沙漠、乌兰布和沙漠和亚玛雷克沙漠，是我国西北和华北地区的重要生态屏障。面对严重荒漠化的现实，阿拉善左旗实施"生态立旗"战略，大力建设林业生态，通过"飞、封、造"相结合的生态治理模式，实现了由"整体恶化、局部治理"到"整体遏制、局部好转"的历史性转变。

### "飞、封、造"结合助修复

阿拉善左旗地处干旱荒漠区，腾格里、乌兰布和两大沙漠横贯境内，生态环境十分脆弱。自 1978 年起，阿拉善左旗实施三北工程等国家生态修复项目，采取"飞、封、造"相结合的措施，推动全旗林业快速发展。截至 2018 年，共完成三北防护林体系建设任务 216.69 万亩，完成投资 17600.8 万元，其中飞播造林 66.34 万亩、封沙育林 57.16 万亩、人工造林 93.19 万亩。

通过飞播造林，在腾格里沙漠东缘、乌兰布和沙漠南缘分别形成了间隔长 350 公里、宽 3—20 公里和长 110 公里、宽 3—15 公里的"锁边"林带，播区灌木林植被由播前的 5%—10% 提高到 30%—40%，植被长势良好，植物种类增多，使流动沙丘趋于固定和半固定，有效阻挡了两大沙漠的前侵扩张，形成了"绿带锁黄龙"的壮丽景观。

将封沙育林项目的重点安排在梭梭肉苁蓉、白刺锁阳产区，并辅以人工促进措施，加快森林植被更新复壮。围封梭梭、白刺近百万亩，封育区灌木植被盖度由 8% 提高到 22%—45%，在改善生态的同时奠定了特色林沙产业发展基础。

鼓励农牧民在自己承包的沙化退化草场上按标准规程造林，执行"先造后补"补助政策，验收合格后纳入工程项目进行补助。按照三年管护期限分期（4∶3∶3）兑现造林补助资金，规范了后期管护措施，确保了造林成效。在改善生态环境建设美丽家园的同时，通过参与造林项目建设还能获得收入，这就激发了农牧民的造林积极性。现在，阿拉善左旗每年完成人工造林30—40万亩。

### 绿色产业助脱贫

在阿拉善左旗巴彦诺日公苏木苏海图嘎查，成片的梭梭林挺立沙丘之上，视野尽头是乌兰布和沙漠。"这些梭梭可不一般，能固住沙，还能挣钱。"梭梭的根系十分发达，种上3年后就能嫁接肉苁蓉，肉苁蓉寄生在梭梭根上，一点水就能长得很好。"种梭梭政府给发补贴，再接种肉苁蓉，收入比过去翻了好几番。"牧民马忠强种植梭梭9000多亩、接种肉苁蓉2000亩，2019年仅卖苁蓉收入就达10万元。

自2006年起，阿拉善左旗相继实施公益林补偿和草原补奖政策，在全旗范围内推进公益林区、草原禁牧和以草定畜。制定了按农牧区人口进行公益林禁牧和草畜平衡补偿政策，每年人均补偿5000—15000元。草原禁牧和以草定畜的实施，改变了过去的粗放式和掠夺式畜牧业经营方式，促进传统畜牧业向种养结合、舍饲养殖、集约化经营转变，推动农牧民转产就业，增加收入。同时，聘用农牧民生态护林员523名，其中贫困户护林员31名，人均年收入1.5万—2万元。通过生态补偿政策脱贫的贫困户1310户4494人，占全旗贫困户的70.2%。

通过政策引导、典型带动、利益驱动，推动农牧民发展梭梭肉苁蓉、白刺锁阳等绿色富民产业。截至2018年，阿拉善左旗共完成梭梭林接种肉苁蓉41.07万亩、白刺接种锁阳17.05万亩。

从事梭梭肉苁蓉、白刺锁阳产业的农牧民 1000 余户，惠及农牧民近万人，户均年收入 1 万—3 万元，部分农牧户发展沙产业年收入达到 10 万元以上。

重点打造乡镇林果业基地，种植各类林果 1.52 万亩，建成休闲观光采摘示范点 10 个，评选优秀示范户 20 个，引导农牧民发展林果产业，鼓励集中连片种植林果，使林果业成为农牧民增收的新途径。当地农牧民还依托现有成林的飞播区，年均采收花棒、沙拐枣、籽蒿近 100 吨，实现增收近 300 万元。

扶持龙头企业、实施林业产业化项目，带动特色林沙产业快速发展。做大做精内蒙古阿拉善苁蓉集团有限责任公司、内蒙古曼德拉沙产业开发有限公司、阿拉善华鸿沙产业有限公司，切实发挥龙头作用，带动沙产业发展。建立林业专业合作社 10 余家，其中国家级林业专业合作社 1 家，自治区级林业专业合作社 3 家，挂牌家庭林场 147 家，建立"企业＋基地＋农牧户"的产业发展模式。形成了生态建设促进特色沙产业发展、产业发展拉动生态建设的格局，实现了生态建设和农牧民增收增效双赢目标，促进了当地经济社会和谐发展。

阿拉善左旗积极落实生态保护政策，通过建设生态保护、修复工程，发展生态产业，农牧民收入水平明显提升，生产生活条件明显改善。因造林绿化、防沙治沙、沙产业发展成绩突出，阿拉善左旗被国家授予"全国防沙治沙先进集体""全国生态建设突出贡献先进集体""全国绿化先进集体""中国林业产业突出贡献奖""国家林下经济示范基地"等荣誉称号。

**案例三**

# 阿荣旗：绘就脱贫攻坚的绿色画卷

城似花园水如镜，蓝天绿地画中游。位于呼伦贝尔市东南部的小城阿荣旗天蓝、山绿、水清、人和，在实施精准扶贫脱贫的过程中，阿荣旗手持生态巨笔，绘就了一幅脱贫攻坚的绿色画卷。

### 守护绿水青山 发挥绿色优势

登上阿荣旗库伦沟林场境内的图博勒峰顶，俯瞰山林，层峦耸翠，郁郁葱葱。来阿荣旗旅游的王先生激动万分："太美了，能到库伦沟景区来看一下原生态自然风光，真是太难得了，令人震撼！"这是阿荣旗秀美风光的一个缩影，也是阿荣旗坚守生态建设底线，发挥绿色优势，助力脱贫攻坚，实现可持续发展的成果显现。

阿荣旗总面积1.36万平方公里，耕地面积470万亩，林地面积848万亩，森林覆盖率达51.04%。为了不断提升生态涵养能力，守住"绿水青山"这一金字招牌，阿荣旗把保护生态放在首位，统筹山水林田湖草沙系统治理，积极落实草原生态保护奖补政策和退耕还林还草政策，通过实施森林生态效益补偿、天然林保护、非天保工程区天然商品林管护等工程，实现了森林资源管护的全覆盖和贫困户获得稳定收入的双赢。

稳步推进生态扶贫工作，实施退耕还林工程，落实生态奖补政策，使荒山荒地变成林地，让贫困户得到长期稳定收入。通过退耕还林，阿荣旗森林植被得到恢复，森林面积逐年增加，水土流失得到遏制，生态环境得以改善，人民的生活质量和生态保护意识显著提升。同时，将退耕还林任务中的荒山荒地造林补助政策向贫困人口倾斜，并指导贫困户种植具有较好经济效益且适应当地种植条件的经济林树种黄太平、樟子松、小黑杨等。阿荣旗六合镇、向阳峪镇、音河乡的 11 户贫困户 32 人通过荒山荒地造林 301 亩，现已全部脱贫。

因为天然林资源丰富，需要管护的面积大，阿荣旗结合实际，在乡镇村屯区域内招聘思想进步、具有管护能力的建档立卡贫困人口和易地搬迁人口为生态护林员，负责乡镇村屯辖区内的林地管护、森林防火等生态管护工作。聘用生态护林员至今，阿荣旗辖区内森林火灾发生率明显降低，森林资源破坏行为显著减少。生态护林员年管护劳务补助为每人每年 10000 元，实行动态管理，现已帮助 2071 户贫困户稳定脱贫，拓宽了贫困户增收致富渠道。同时，采取以工代赈等方式，吸纳具有劳动能力的贫困人口参与生态工程建设，通过支付贫困人口合理的劳务报酬，提高贫困人口参与度，增加贫困人口收入。

阿荣旗通过守护绿水青山，盘活森林资源，美了风景，活了经济，富了百姓，真正做到了把生态优势转化为脱贫攻坚优势。

### 发展生态产业　共享绿色福祉

阿荣旗坚守"绿水青山就是金山银山"理念，立足天然的"绿水青山"打造"金山银山"，带领贫困群众稳步脱贫。

发展林下经济带领贫困群众脱贫。通过发展中草药、林果林药兼作、木耳蘑菇等林下种养采集生态产业，带动贫困群众增收致富。全旗共成立林业专业合作社 57 个，入社会员 1500 余人，经营面积 17.45 万亩，实现年产值 3159 万元。农民因地制宜发展经济林、用材林、林下经济等，全旗种植林药 2.2 万亩，林果

5.3 万亩，养殖家禽 12 万只、林畜 7.8 万头（只）、林蜂 2081 箱，每年增收达 1.3 亿元。

依托蚕业发展带领贫困群众脱贫。阿荣旗放养柞蚕的历史有 50 年之久，全旗柞林面积 60 万亩，通过科学规划开发，现已利用 45 万亩。2018 年，全旗的放养柞蚕数量就已经达 4016 把，有蚕农 5000 余户，直接解决就业 10000 余人，总产量达 750 万公斤。原有养蚕贫困户 89 户、贫困人口 265 人，通过柞蚕养殖脱贫 85 户 255 人，脱贫率达 95.5%，年人均增收 4200 元，贫困户生活条件得到明显改善。

发展绿色产业带领贫困群众脱贫。优中选优，确立了肉业、玉米、甜菜、高粱、大豆、马铃薯、中草药七大产业板块，全力打造全域绿色有机农畜林产品生产加工输出基地。以七大产业板块为核心，引进齐鲁集团绿色生物制药、海尔集团生态产业园等世界级企业。大力推动 100 万吨甜菜制糖、10 万吨丁二酸、液化天然气（LNG）及后续产业等重点项目落地，着力打造绿色产业集群。

同时，优化农业生产结构和区域布局，依托一产、谋划二产、促进三产，以一二三产业融合推动经济高质量发展，建设了呼伦贝尔绿色有机食品产业园区和高新技术特色产业园区，实施园区基础设施项目，进一步完善功能服务，优化要素配置，加快企业入驻，推动产业集聚、集约、集群发展，打造区域性绿色有机食品产业基地。

如今的阿荣旗步步皆景、处处皆美，更获得了国家园林县城、内蒙古十大魅力名镇、全国文明县城、中国十大休闲胜地、中国最佳休闲小城、中国少数民族特色村寨等诸多美誉。

## 案例四

# 突泉县：护好青山促脱贫

为打赢脱贫攻坚战，兴安盟突泉县不断拓宽贫困群众增收渠道，加快脱贫致富步伐，将生态建设与精准扶贫相结合，抒写了山青、业兴、民富的脱贫新篇章，用实际行动诠释了"绿水青山就是金山银山、绿水青山就是脱贫的靠山"。

突泉县现有林地总面积308.5万亩，草原总面积209.3万亩，林草覆盖率达57.5%。为了保护好多年来的林业发展成果，让山更青、林更密，贫困群众实现山上就业、家门口脱贫，突泉县结合生态护林员项目，自2016年起，从建档立卡贫困农户中选聘1329名生态护林员，管护森林和草原面积已达94.4万亩，做到了全县9个乡镇、188个行政村、464个自然屯生态护林员全覆盖，基本实现了一人护林、全家脱贫的目标。

### 政策落实"六到位"

突泉县以政策落实"六到位"让生态护林员真正发挥保护生态促脱贫作用。

组织领导到位。召开专题会议部署安排生态护林员选聘工作，林草、财政、扶贫等相关部门相互协调、密切配合、各司其职、各负其责，指导各乡镇有条不紊地开展生态护林员选聘、培训、管理及考核工作，为保质保量完成选聘、如期上岗开展工作、适时兑现管护补助等提供了组织保障。

严格选聘到位。突泉县生态护林员选聘工作始终坚持"精准、自愿、公开、公平、公正"的原则。在建档立卡贫困户中，一个贫困户至多安排一人参与护林。名额分配在保证每个自然屯至少一名护林员的基础上，重点向管护任务重、难度大的村屯倾斜。尊重贫困人口个人意愿，在自愿报名的基础上严格遵守选聘流程，在村部公示栏及村屯人员流动多的醒目位置张贴公告，在群众监督下阳光操作。

管理考核到位。履行季度考核制，每季度由乡镇政府组织林业站对护林员进行一次考核，考核包括生态护林员对管护区域的熟悉情况、出勤情况、管护情况、参加培训情况、报案情况等内容，通过考核评分表打分。同时，考核组还会走访村民，了解护林员日常履职情况，到管护区域实地检查管护效果。林草局对林业站管理考核护林员工作开展情况进行不定期抽查，发现问题随时整改。

补助兑现到位。按照《管护协议》约定，一个管护周期为1年，管护协议一年一签。各批次生态护林员在协议期内完成管护任务，经考核合格每人每年享受国家护林补助1万元，分2次兑现，每半年发放1次，每次发放5000元，由乡镇完成考核后上传清册给财政局，通过一卡通发放到位。

保障措施到位。为保证护林员工作成效，每年举办培训班1—2次，内容涵盖《中华人民共和国森林法》《中华人民共和国森林法实施条例》《内蒙古自治区森林草原防火条例》等相关法律法规和护林员工作职责、森林草原防火技能及病虫害识别与防治等知识。通过逐年不断充电，使广大护林员明确了工作任务及相关要求，依法履职水平明显提高。林草局还自筹资金10万余元为护林员购置标识服装、制作巡护日记等工作用品，同时协调保险公司为护林员办理人身意外伤害险。

档案管理到位。乡镇林业站负责建立及管理生态护林员政策文件、选聘（续聘）、培训、管理、考核、补助兑现等各类档案，全县 1329 名生态护林员档案健全，单人成册，全部达到"六有"标准。

### 开展工作"四创新"

选聘生态护林员既是绿色发展、保护生态的一条好路子，也是精准扶贫、精准脱贫的一条新路子。突泉县在落实政策的基础上进行了工作"四创新"。

创新护林员管理护林员机制。由于乡镇林业站人手不足，管理压力大，县林草局创新机制，延长管理链条，实行乡镇（林业站）—村委会—护林员的管理机制，即在每个村内自然屯各选出一名综合素质高、有管理能力、群众信服的护林员，作为队长对本自然屯的护林员进行管理。由于都是本屯村民，护林员之间比较熟悉，沟通顺畅，监督管理取得了良好效果。

创新让生态护林员加入村级防扑火应急队伍。每个村都挑选几名各方面适宜的护林员充实到防扑火应急队伍中，就近就便，召之即来。培训护林员掌握各项防扑火应急技能，宣传森林防火知识，指导群众预防火灾和安全自救。生态护林员在防扑火中发挥了很好的作用，挽回了很多损失。

创新建立管护人员及管护区域图版上墙制度。将村内各批次护林员所对应的管护区域在村部公开上墙，具体位置、边界一目了然，既便于护林员轻松掌握自己的管护区域，又便于村民对护林员所管区域巡护工作的监督。

创新鼓励护林员发展家庭种植产业。积极贯彻落实生态扶贫政策，在护林员履行好管护职责的前提下，引导其发展家庭种植产业增加收入。学田乡学田村于 2016 年开始建设李子园，2017 年完成，面积近 500 亩。2018 年，在县林业部门的指导下，利用林间空地间种矮秆粮经作物黄豆。水泉镇合发村于 2017 年建设葡萄园，2018 年利用林间空地间种胡萝卜，平均每亩可收入 2500 元左右。

原来是守着金山要饭吃，现在是守住青山给工资。突泉县牢固树立"绿水青山就是金山银山"的发展理念，在工作中总结，在总结中改进，在改进中提高，在增绿、护绿的过程中迸发绿色力量，让贫困群众致富有希望、生活有奔头。

### 案例五

## 宁城县：经济林产业铺就致富路

作为国家扶贫开发工作重点县、首批革命老区县，宁城县把加快生态建设作为首要任务，把促进农民增收作为重要职责，将经济林产业与脱贫攻坚紧密结合，走出了一条栽树种果、林业增效、产业富民的生态脱贫致富路。

#### 经济林产业助脱贫

"精准扶贫符合山区人民脱贫需求，缺啥扶啥。想搞种植的就扶持些种子、化肥、机械，想搞养殖的就帮助打井、架电、购买牛羊。这种把脉问诊的扶贫方式让我们村脱了贫，过上了好日子。"大城子镇狍子坡村解传福说。

由于自然条件良好，果树经济林成为宁城县的林业经济优势产业。全县现有林业用地面积 356.1 万亩，森林面积 310 万亩，森林覆盖率 48%，果树经济林达到 23.5 万亩，覆盖 16 个镇乡街、205 个行政村，从业 2.2 万户 9.8 万人。主要栽植品种为宁城苹果、新苹红苹果、南果梨和寒红梨。现有小城子、大城子、三座

赤峰市宁城县小城子镇八家村林果技术员为贫困户讲解果树种植技术

店、五化、汐子 5 处万亩林果基地，千亩以上林果产业园 38 处、精品示范园 9 处、观光采摘园 105 处。盛果期面积 6.8 万亩、年产水果 13.5 万吨、产值 6.8 亿元，已带动 2856 户贫困户 9560 人实现稳定脱贫。

经济林产业覆盖现有贫困户 1055 户 3096 人。有 288 户 844 人依靠经济林每年获得收入 136.3 万元，人均增收 1614 元。2016—2019 年，全县组织帮扶贫困户 767 户 2184 人新造果树经济林 3100 亩，人均 1.42 亩，进入盛果期每亩纯收入 8000 元，人均增收 11360 元，确保贫困户脱贫致富。

### 好经验做法见成效

政策引导。宁城县委、县政府出台《关于脱贫攻坚精准施策指导意见》《关于加快果树经济林产业发展的实施意见》《关于调整农牧业产业发展扶持政策的通知》等一系列支持性政策文件。特别是 2016 年以来，县里制定了发展林果产业"建设规模、补贴资金"2个不设上限的政策，极大地调动了农民发展果树经济林的积极性。

资金扶持。全县每年投入资金4000万元，扶持果树经济林基地建设2万亩。对采用3年生以上果树大苗造林的，每亩补贴1500元，对贫困村、贫困户发展果树经济林每亩补贴2000元，其中500元用于人工造林补助；对贫困户原有保存率低、水源工程不完善的果树经济林实施提质增效，每亩补贴500元；每年投入补助资金250万元，对果树经济林示范园区、精品林果观光采摘园、仓储保鲜、科技培训、果品品牌建设、林果专业合作社基础设施建设等给予适当补贴；鼓励贫困户利用房前屋后及庭院建设"小果园"，县里无偿提供3年生以上果树大苗，盛果期每株产值可达200元，增加了贫困户收入。

技术支持。县林草局每年举办林业致富带头人培训班，吸纳合作社带头人、重点村村干部和造林大户参加培训；举办贫困户果树栽培管理技术培训班，聘请中国农科院果树研究所专家和本地乡土专家对栽培果树的1055户贫困户进行技术培训；对建档立卡贫困人口生态护林员进行技术培训，通过课堂授课及现场教学的方式，使生态护林员掌握果树修剪、防治病虫害等技术；印发林业生态扶贫技术手册1000套，包括宁城苹果丰产栽培技术、寒红梨丰产栽培技术、新苹红苹果丰产栽培技术，将手册直接发放到每个贫困户手中；每到关键时节，县林草局都会下派技术人员到贫困户果园进行技术指导服务，提高贫困户生产经营管理水平。

示范引领。在每个镇乡建立新建园和初果期、盛果期示范园，做到工程措施与节水灌溉、循环作业路、果品装卸场衔接配套。在新建园建设上统一标准、统一苗木、统一栽植、统一覆膜套袋，达到高标准、高质量；在丰产园管理上统一施肥浇水、统一整形修剪、统一疏花疏果、统一病虫害防治、统一果实采收。贫困户学有样板，做有示范，规范化的种植、标准化的管理、集约化的经营让生产出的果品更优质、销路更畅通。

合作社带动。宁城县不断培育、发展和壮大林果经济合作组织，先后培育了小城子百氏兴等林果专业合作社30家，其中国家级示范合作社有2家，总资产在100万元以上的有6家，总资产达2.1亿元，年销售收入5200万元。成立于2007年的小城子镇百氏兴林果专业合作社，主动吸纳有果树经济林的贫困户加入合作社，并做好果树生产过程中的技术服务、人员培训、生产资料配送、产品销售等。存金沟乡和嘉顺专业合作社租用贫困户土地发展平欧大果榛子2300亩，有38户贫困户87人的261亩土地承包给合作社，人均获得土地租金600元。在生产管理过程中，合作社每天雇用20名贫困人员进行松土、除草、修剪、病虫害防治等工作，每人每年获得劳动报酬7000元，贫困户既得土地租金，又通过务工获得工资收入。

产业融合。宁城县依托全国休闲农业与乡村旅游示范县、国家农村产业融合发展试点示范县的优势，把林果产业与自然风光、人文历史相融合，建成宁城苹果博物馆，打造葫芦峪等5条林果观光产业带，还兴建了一批高标准的林果观光采摘园区，发展春季赏花、秋季摘果的林果采摘休闲业，让果农、贫困户获得更多收益。

# 第十三章

# "扶贫先扶志，扶贫必扶智"

## ——志智双扶的实践与成果

# 一、综 述

加强扶贫先扶志，激发贫困群众内生动力，是抵御返贫风险的强大保障和实现持续发展的动力来源。脱贫攻坚开展以来，内蒙古自治区始终秉承习近平总书记"要加强扶贫同扶志扶智相结合，让脱贫具有可持续的内生动力"的理念，破解脱贫攻坚进程中的深层次矛盾和问题。结合内蒙古实际制定了《关于开展扶贫扶志行动措施》，有效帮助贫困群众打开自主脱贫通道，激发增收致富谋发展的内生动力，扶贫扶志工作取得积极进展。

《决战决胜脱贫攻坚 60 热问》第十二集

## （一）推动精神文明建设，树立正确价值导向

坚持目标标准，保持正确方向。内蒙古自治区严格落实"两不

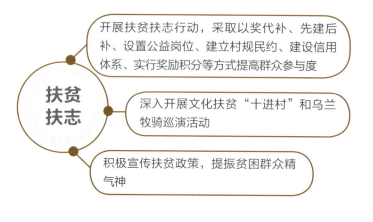

扶贫扶志

开展扶贫扶志行动，采取以奖代补、先建后补、设置公益岗位、建立村规民约、建设信用体系、实行奖励积分等方式提高群众参与度

深入开展文化扶贫"十进村"和乌兰牧骑巡演活动

积极宣传扶贫政策，提振贫困群众精气神

愁三保障"目标，做好教育扶贫、健康扶贫、易地扶贫搬迁、危房改造、饮水安全、社会保障扶贫等工作，确保贫困人口不愁吃、不愁穿，保障贫困家庭孩子接受九年义务教育、贫困人口基本医疗需求和基本居住条件。

开展扶志教育，激活内生动力。深入开展新时代农牧民素质提升"千村示范、万村行动"，开设"决战决胜脱贫攻坚"专栏，开展"三送三进"农牧民夜校，强化政策宣讲、思想道德教育和生产、职业技能培训。全区组织 200 多支宣讲团分赴基层讲述脱贫攻坚故事、宣传习近平总书记关于扶贫工作重要论述、讲解脱贫攻坚政策措施。以"我脱贫、我光荣、我奋斗、我幸福"为主题，在全区范围内开展文化扶贫政策"十进村"活动，大力弘扬"脱贫攻坚是干出来的""幸福是奋斗出来的"等精神。赤峰市敖汉旗创办脱贫攻坚讲习所，围绕习近平新时代中国特色社会主义脱贫攻坚思想，通过"志智双扶"，着重补齐精神扶贫短板，以培养新时代农牧民为目标，全面推进社会主义核心价值观落细落实。

树立良好家风，推动移风易俗。在脱贫攻坚工作中切实树立良好家风、推动移风易俗工作深入开展，加快补齐全区农村牧区"精神短板"，有效提升乡风文明。同时，建立善行义举榜和道德红黑榜，把关心集体、孝敬父母等正面事例在红榜进行宣传表扬，对破坏公共财物、不孝敬父母等不文明行为在黑榜进行曝光。结合实际建立并完善村规民约，涵养文明乡风，倡导文明新风尚。呼和浩特市清水河县在全县达到60周岁建档立卡贫困老龄人口及其子女中开展"孝扶共助"扶贫工程，从"孝扶共助"基金中，为符合条件的贫困人口每人每季度提取100元基金奖扶，贫困人口子女按照享受奖扶人口数匹配认缴赡养资金。

## （二）加大宣传力度，增强脱贫致富信心

将宣传教育与扶贫扶志有机结合，深入宣传学习习近平总书记在参加内蒙古代表团审议时的重要讲话精神和全国两会精神，大力营造良好的舆论氛围，使广大贫困群众在日常生活中潜移默化地接受精神文明教育。

强化政策宣传，增强自主脱贫意识。通过广播电视、报纸杂志、

牧民歌唱共产党

网络及微信平台等各类媒介广泛宣传报道扶贫政策及脱贫模式，形成强大的舆论声势。同时，驻村工作队当好入户宣传员，及时准确传达中央精准扶贫精准脱贫的政策精神，准确解读中央、自治区及各盟市脱贫攻坚的决策部署、政策举措，提高贫困群众对脱贫攻坚的思想认识。全区所有帮扶责任人积极宣传脱贫攻坚各项惠民政策，让贫困户知晓扶贫政策，增强自主脱贫意识。呼和浩特市土左旗聘请地方方言脱口秀主持人用通俗易懂、风趣幽默的语言录制了《土左旗精准扶贫优惠政策》地方特色宣传音频，通过"村村响"在每天的固定时间进行循环播放。

培树脱贫典型，提振自主脱贫动力。通过深入挖掘脱贫典型，线上宣传与线下宣讲相结合，激励更多的干部群众向优秀典型学习。分级开展"决战脱贫攻坚决胜全面小康"巡回演讲，开展"我脱贫、我光荣、我奋斗、我幸福"群众性主题宣传教育和"弘扬蒙古马精

乌兰牧骑下乡演出

神·身边的榜样""脱贫致富好青年"等活动，组织"田专家""土秀才"现身说法，利用身边人、身边事教育引导贫困群众增强自主脱贫意识，大力弘扬中华民族自强不息、扶贫济困传统美德，让靠劳动和智慧脱贫光荣，懒汉和无为致贫可耻成为一种新风尚。荣获 2019 年全国脱贫攻坚奖奋进奖的岳桂玲，运用"互联网＋农业"理念发展合作社，注册了"豆地租""莫力丰谷"商标，发展智慧农业，带动更多贫困户脱贫致富。

### （三）强化教育引导，构建脱贫攻坚长效机制

坚持教育先行，阻止贫困代际传递。加大教育扶贫政策实施力度，加快贫困地区教育发展。全面改善贫困地区薄弱学校基本办学条件，完成学校达标建设。严格落实"控辍保学"任务，建立了控辍保学动态数据库，通过学籍管理人员按照在册学生名单核对学生数，精准掌握建档立卡贫困家庭义务教育阶段子女就学情况，落实失学辍学学生劝返复学登记和书面报告制度，详细核实和记录学生异动情况，实时监控贫困家庭儿童辍学失学情况。

增强技能培训，实现"输血"变"造血"。统筹整合各类培训资源，组织有就业培训意愿的贫困家庭劳动力参加劳动预备制培训、岗前培训、订单培训和岗位技能提升培训。加强贫困地区适龄人口技能培训，鼓励职业技术学校单独或与就业局合作开展职业教育和技能培训。对于接受职业技术教育的贫困家庭学生，按规定落实国家助学金、免学费、免书本费和给予生活费补助的政策，对接受技工教育和职业培训的贫困家庭学生推荐就业，对跨省区务工的农村牧区贫困人口给予交通补助，对转岗、失业或返乡的贫困劳动力及时提供转岗培训和再就业服务。采取多种形式，对贫困群众进行大规模全覆盖的教

通辽市库伦旗供电公司共产党员服务队开展扶志扶智爱心书屋活动

育培训。兴安盟阿荣旗霍尔奇镇复兴屯扶贫牛场、扎兰屯市达斡尔民族乡盛达生物菌有限责任公司建立扶贫实训基地，开发出适合贫困户操作的种植养殖方式，把技能培训从"室内"搬到"室外"，让贫困群众现场看现场学，切实提高贫困人口实用技能。

### （四）拓宽就业渠道，激发自主脱贫意识

产业引导，助力脱贫。依托贫困地区特色主导产业，引导贫困群众发展优势扶贫产业，实现了有劳动能力贫困人口扶贫产业项目全覆盖。大力发展肉羊、肉牛饲料饲草、玉米等8大优势特色产业，采取"菜单式"、企业带动等多种方式，让更多贫困人口在产业链条中受益。带动贫困村形成"一村一品"、一村多业主导产业。重点扶持带动力强的龙头企业、农牧民合作社等新型农业经营主体，与贫困户建

立稳定的契约关系和利益联结机制，着力为贫困群众打造稳定增收的产业基地。

搭建平台，推动就业。通过对全区法定劳动年龄内的建档立卡贫困人员逐一普查，了解就业意愿，建立"一人一档"就业精准扶贫档案。同时，加大就业扶贫政策宣传力度，利用网络、新闻媒体、微信等形式广泛宣传就业扶贫政策，提高了群众知晓率。举办各类招聘会，切实为供需双方提供服务搭建平台，选择企业集中较多的孵化基地众创空间作为招聘会会场。搭建平台，引进劳动密集型企业，依托扶贫培训基地，以市场为导向，大力打造"扶贫车间"，采取灵活就业、车间就业、居家就业的方式，为转移进城贫困劳动力和低收入人群自主创业搭建了新平台。赤峰市围绕消费扶贫，成功举办了两期"赤峰市消费扶贫行动网络扶贫主播培训班"，通过专业的培训平台，为有志于扶贫事业的本市青年提供先进的电商知识和创业指导。

## （五）实施奖励机制，激发群众脱贫积极性

充分发挥好"爱心超市"在精准帮扶方面的激励作用，并引导边缘户和非贫困户参与到"爱心超市"积分兑换活动。通过"社会公德、就业劳动、产业发展"等多方面进行积分发放，正向引导贫困群众配合开展扶贫基础性工作。采用生产奖补、劳务补助、以工代赈等机制，让有主动性、有思路的贫困户获得更多的资源以扩大产业规模。对于产业发展典型、致富典型给予物质和发展机会奖励。通过产业脱贫奖励、扶贫项目补贴资金"先建后补"等方式，使贫困群众从"等靠要"到"比脱帽"。阿鲁科尔沁旗探索实施了贫困户积分管理模式，扎实推进"爱心超市"建设，建立健全了相应的规范运行体系、物资保障体系、积分奖励评定体系，受益群众凭日常表现换积

呼伦贝尔市莫旗开展"送文化下乡"活动

分，凭积分可兑换等值物资。

## （六）积极改革试验，提升乡村治理能力

内蒙古赤峰市深入贯彻习近平总书记关于扶贫工作的重要论述，坚持以制度创新为核心任务，在高质量打赢攻坚战、巩固脱贫成果和建立解决相对贫困长效机制方面进行积极探索。

探索开展农村牧区互助养老模式。林西县将机构养老、社区养老、居家养老三种养老服务模式融合，综合"网格化、信息化、社会化"三种管理方式，建立起"互联网＋"智能化养老服务体系。配套建设医疗康复服务中心，引入第三方专业服务团队，实行互助服务积分管理模式。

构建综合信用评价体系。宁城县、巴林左旗开展以诚信体系、道德体系和乡风文明为主的综合信用评价体系试点项目。根据综合信用评分落实差别化的金融信贷政策、贴息奖励政策以及在健康医疗、子女教育和农牧业项目扶持方面的嘉奖礼遇政策。

赤峰市宁城县在信用评价体系建设上，按照大诚信格局进行统筹谋划，分4个体系，8个评价功能模块26个子模块，运用不同模块进行组合，形成了金融信用评级、综合诚信评级、致贫返贫预警和相对贫困识别4个基础应用功能，建立了相应评级分数模型，正在依此开发农村综合信用体系建设应用系统软件。

建设新型农牧民就业培训基地。在具备条件的地区探索建立培训基地。由市扶贫办和市人社局牵头，在林西县探索"1＋5＋5"的新型经营人才培训机制，即依托产业优势和社会需求，建成1个林西县改革创新农牧民培训就业、品牌树创基地，打造"林西小笨鸡""果树标准化""肉牛育肥""有机、无公害设施农业""地方农特产品品牌、地理标识"5个方面优势农特产品，培育5个方面贫困人口专业化管理人才，增强其发展内生动力和发展后劲。在宁城县围绕菜果牛三大主导产业，探索开展品种研发、产前教育与农民培训就业基地建设试点，对准备从事和已经从事产业生产的农民群众特别是贫困人口，开展产前、产中培训，引导指导其发展主导产业，推广普及产业发展中的新品种、新技术和新成果。

脱贫攻坚绝非一时之举，"志智双扶"也不可能一蹴而就。全区将始终坚持脱贫攻坚目标标准，严格落实"四不摘"要求，以巩固脱贫成果为主线，以产业扶贫为主攻方向，聚焦抓精准、补短板、出亮点，强化"志智双扶"措施，激发群众内生动力，接续推进全面脱贫与乡村振兴有效衔接和农村牧区高质量发展，圆满完成脱贫攻坚收官之年各项任务。

# 二、典型案例

 **案例一**

## 扎鲁特旗：“议贫会”上挖穷根

"今天把大家召集过来，主要是商量疫情期间的就业问题。"

"往年这个时间都该出去找工作了，今年因为疫情出不去，正在家发愁呢！"

2020 年 4 月 5 日上午，在扎鲁特旗前德门苏木协日塔拉嘎查召开的"百姓议贫会"上，干部群众你一言我一语，纷纷就如何解决贫困群众就业难题发表意见。驻村第一书记金辉为大家详细介绍了旗内多家招工企业的基本情况和用工信息，耐心讲解就业扶贫惠民政策，鼓励大家用自己的双手实现脱贫致富。一时间，会议室变得热闹起来，大家积极询问用工单位的福利待遇，表达自己的就业意向。

近 3 年来，像这样的"百姓议贫会"，扎鲁特旗 18 个苏木镇场、206 个行政嘎查村、29 个分场都会定期召开。

"议贫会"源自解决农牧民诉求的工作实践。2016 年，针对部分农牧民群众反映的帮扶干部不接地气、工作不到位等问题，当地部分苏木乡镇尝试召集帮扶干部、村"两委"成员和贫困户坐在一起，就脱贫中遇到的问题共商解决办法。后来，这种会议有了"百姓议贫会"的名字，在全旗推广开来。当地制定了《嘎查村脱贫攻坚"百姓议贫会"工作制度》，要求嘎查村座谈会每月至少召开一次。

"议贫会"可在农家院、田间地头随时召开，会上，帮扶责任人不仅要把党的扶贫政策讲清楚，还要弄明白贫困户缺啥、盼啥、想啥、要啥，双方一起商议脱贫的对策，为贫困户解决实际问题。

经过几年的摸索和实践，扎鲁特旗"百姓议贫会"形成了贯穿会前、会中、会后全过程的"访、提、议、行、评"五步工作法。"访"，就是会前先走访群众，找准困扰群众的焦点、热点、难点问题。"提"，就是根据走访发现的问题确定议题，形成初步解决方案，明确参会人员范围和议程，使"议贫会"具有较强的针对性和可操作性。"议"，就是会上按照事先准备好的议题进行讨论，确保议出思路、议出办法、议出结果。"行"，就是按贯彻执行"议贫会"形成的决议，明确责任人及时跟进，并在下次会上通报执行情况。"评"，就是将议的执行情况及落实成效纳入各级各类考评考核体系，纳入组织生活会、村民代表大会测评、点评，以查找不足、弥补短板，持续改进完善。

旗里出台的《工作制度》还对帮扶干部明确提出"五个不准"和"三个无论"的要求。"五个不准"即不准无故推迟或不召开"百姓议贫会"、不准中途打断群众提出的尖锐问题和意见、不准顶撞群众的指责和抱怨、不准推托群众提出的疑难问题、不准以其他会议取代"百姓议贫会"；"三个无论"即无论什么事都要让群众说，无论话多难听干部都要听，无论问题多难解决都要认真研究解决答复。以上一系列工作要求，成为"百姓议贫会"机制落地见效的有力保证。

通过"议贫会"，干部群众心贴心交流，共商脱贫之计、共议致富之策，极大地激发了群众脱贫致富的内生动力。这一工作机制也有效解决了在脱贫攻坚工作中工作方式固化、帮扶合力不强、群众不认可等问题，为全区脱贫攻坚工作的扎实开展以及今后乡村振兴的全面推进积累了可复制、可推广、可借鉴的经验。

2019年，扎鲁特旗"百姓议贫会"做法入选第二届中国优秀扶贫案例。截至2020年4月，全旗农村牧区共召开"议贫会"2500余场次，议出各类问题2300余件，受益群众达4.5万人次。

 **案例二** ────

## 克什克腾旗：扶贫干部"认门结亲" 贫困群众"致富记恩"

"干部群众一家亲，干部领路群众跟；干部认门认人认好亲，为了亲人咱得拼；群众记人记事记住恩，不等不靠争脱贫；冷天不冻下力汉，黄土不亏勤劳人；干部群众携手进，美好生活齐用劲。"2017年9月，在入户返镇途中，克什克腾旗万合永镇扶贫干部李金成在自己的工作笔记中写下了这首打油诗。

克什克腾旗是少数民族地区，基础条件差、产业底子薄、贫困程度深、脱贫难度大，被列为自治区扶贫开发重点旗，共精准识别贫困嘎查村67个，贫困人口12564户27740人，贫困发生率为11.6%。为摆脱贫困，克什克腾旗以习近平总书记扶贫开发重要论述为指引，发扬革命老区精神，政策倾斜、资金集聚、产业延展、项目集中。办法有了，政策到了，资金足了，产业旺了，可发现部分扶贫干部"扒拉一下动一下"、主动谋划意识差，部分贫困群众思想上打起"退堂鼓"、行动上打算"向后靠"，导致脱贫质量难于保证，减贫成效亟待提升。

为解决扶贫干部和贫困群众"精神不富"难题，2017年3月，克什克腾旗委、政府在新开地乡试点实施"三认三记"精神扶贫办法，发动扶贫干部"认门认人认亲"，引导贫困群众"记人记事记恩"；2017年5月，中共克旗委办公室、克旗人民政府办公室下发《克什克腾旗脱贫攻坚"三认三记"活动实施方案》，动员13个苏木乡镇广泛学习、全面实施"三认三记"精神扶贫办法；2017年11月，全旗范围内开展了"三认三记"回头看活动。实施"三认三记"精神扶贫办法，动因在"解决两个问题、实现两个目标、形成一种氛围"三个方面。一是解决两个问题：一要解决扶贫干部帮扶一阵风、帮扶不深入、帮扶走过场的问题；二要解决贫困群众把扶贫当形式、把脱贫不当事、等着靠着要脱贫、拖着赖着不脱贫的问题。二是实现两个目标：一要把扶贫干部从任务中解放出来变成"自家事儿"，使其真正成为帮扶贫困家庭一分子，以主人翁姿态战胜贫困；二要把群众从扶贫依赖中转变出来化成致富"推动力"，让贫困群众知恩情、念党恩，从"被动扶"到"主动富"，以"钉钉子"精神战胜贫困。三是形成一种脱贫攻坚氛围：要形成干部真心扶贫、真情投入、真抓实干，群众有脱贫志、有致富智、有感恩念，扶贫干部和贫困群众成为"一家人"的氛围。

通过"三认三记"精神扶贫办法的实施，克什克腾旗脱贫攻坚真帮换真情，真情得真心，真心凝真爱，真爱聚合力。截至2018年底，55个贫困嘎查村出列，11110户24742人脱贫，贫困发生率降至1.51%，2019年3月经内蒙古自治区人民政府批准正式退出区贫旗县序列，全旗上下干部群众同心同向、凝心聚力，为脱贫奔小康奠定了坚实的精神基础。

### 从认门到认亲，扶贫干部"三认"帮扶暖民心

2014 年 7 月，旗司法局副局长莫津民派驻土城子镇十里铺村任第一书记。到任伊始，他就在"认门"上下功夫，主动与村民们"套近乎"。他说："认门是一种态度，让群众认可你不是因为你是第一书记，而是因为群众认识你、信赖你。"就这样，田间地头他和村民同作同息，村里村外他为村民张罗大事小情，哪个家里有了婚丧嫁娶，他都筹划参与、帮忙在前。他把村里的每家每户都走遍了，300 多常住户愿意把自己掏心窝子的话跟他说。把门认熟，事儿就好办了，你看，他成功说服了村民李广发让出自家院落进行村路取直，解决了群众出行难问题；他自行垫付 4 万元让两个村民组村民用上了干净放心自来水，解决了群众吃水难问题；他协调动员两户房屋不安全户亲戚同族出资出工出力，又积极争取危房改造项目让他们住上新房……这桩桩事，让村民们看在眼里感怀于心，扶贫等各项工作难啃的"硬骨头"在村民的帮助下稳步推进。莫津民感慨地说："只要以心换心去做群众工作，什么难题都能解决！"

如果说"认门"是扶贫干部的看家本领，"认人"的难度和要求可就有所提升了。经棚镇党委书记李旭东"认人"的本事可不低，自打走进帮扶贫困户王振明家，他就通过看存粮、问生活，看住房、问冷暖，看经济、问收入，看现状、问发展，看变化、问困难的"五看、五问"方法，熟知了王振明家的基本情况和"衣、食、住、行、医、学"的日常生活需求。经过与王振明一家人的多次攀谈，李旭东下定决心通过发展产业带动其脱贫。在他的努力下，王振明通过笨鸡饲养产业，2016 年人均纯收入翻了一番达到 4570 元，成功脱贫。经棚镇是他"帮扶"的"大家庭"，他以全镇 13 个自然村实地调研结果为依据，以惠及和

带动更多贫困户为准则，提出了产村融合、产业带动的发展思路，着力转型打造农、牧、特、游一体化的现代农牧业产业体系，加快建成一二三产业融合发展的示范镇。2018年，经棚镇已初步形成"2轴4核5园3基地1环线"的产业发展带，露地冷凉蔬菜生产基地、优质牛羊生产基地、特色种植基地3个农牧业生产基地，联丰村、呼必图村等5个产业园区，为构筑环经棚镇乡村旅游"一日游"环线奠定了基础。

帮扶工作本就是温暖人心的，在认门认人的基础上，扶贫干部甘愿做贫困户自家儿女和亲戚，全旗上下开展了轰轰烈烈的"认亲"活动。在"认亲"的人群中，不仅有本旗干部的身影，赤峰市派驻到旗的干部也加入了进来。赤峰市驻同兴镇扶贫工作队队长毕常富，他的帮扶户是全镇的贫困户，认亲可不是简单的事情。毕常富从引导社会扶贫上下功夫，组织开展了"爱心速递"活动，设立爱心驿站收集整理扶助物资，解决了当地11户贫困群众取暖、就医等难题。在他的努力下，同兴镇有3户6名贫困人口劳务输出到呼和浩特市赛罕区。他把贫困群众当作亲人的做法得到了人们的一致好评，"亲人"二字早已深深印刻在同兴镇贫困群众心底。杜相军是赤峰市驻克什克腾旗推进组联络员，他在克什克腾旗虽然没有帮扶贫困户，但是他毅然主动与贫困户"结亲"，在土城子镇天义号村，他为新中国成立前老党员马俊老人、贫困群众李发夫妇送去了电视机；在新开地乡广华村，他了解到贫困群众白秀玲母女相依为命无生活来源，且白秀玲女儿所学专业为医学时，就积极为其联系赤峰市骨科医院，现在白秀玲女儿已经成为这里的一名康复师，一家人的生活有了新的希望……给予了贫困群众希望的杜相军，在他们眼中，比亲人还要亲。

## 从记人到记恩，贫困群众"三记"脱贫报党恩

新开地乡红石砬村姜玉柱拿出手机，要给他的帮扶责任人王敏打电话，说一说家里近期的事儿。姜玉柱老伴两年前因脑出血做开颅手术，术后留下了偏瘫后遗症。自从老伴病倒后，姜玉柱整天愁眉苦脸。王敏多次上门了解情况，帮助联系就诊医院。那时候的姜大叔由于家逢变故，不愿与王敏交流，也从不给王敏打个电话，王敏就隔三岔五往姜大叔家送医送药，考虑到既要让姜大叔有时间照顾妻子，也要激发内生动力主动脱贫，她鼓励姜大叔养毛驴，并为其提供饲草料。王敏认下的这门亲如今早已得到姜大叔认可。现在，姜大婶身体日渐康复，姜大叔养的 3 头毛驴膘肥体壮，姜大叔把王敏的电话郑重地存进手机通讯录，他愿意多和这位年轻干部说说话，不让她担心惦念。

扶贫人记得住，扶贫措施记得牢，脱贫细账也要算得好。家住红山子乡永合村的贫困户王艳军现在算起账来可是有板有眼，他早就摘掉了贫困户的帽子，倒是当起了乡里响当当的脱贫致富典型。他给我们算起了自己的"致富经"，2017 年，帮扶责任人、驻村工作队、红山子乡为其争取舍饲圈养项目支持，规划棚圈一处，并为其担保贷款共计 15 万元。有了资金支撑，他第一批购买乳牛 42 头，购买时均价 4600 元，经过 5 个月的育肥以均价 7600 元出售，纯收入达到 7.6 万元。2018 年，王艳军加大投资购买乳牛 67 头，购买时均价 6900 元，经过 4 个月的育肥，以均价 9350 元出售，纯收入达到了 10 万元。一笔致富账，一个致富典型，克什克腾旗让贫困群众心里有账、手中有活，脱贫致富就不再难。

吃水不忘挖井人，群众不忘致富根。芝瑞镇大兴永村贫困老党员负明是 45 年的老党员、21 年的老村干部，因儿子病故、老

伴儿一病不起，家中无力负担成了贫困户。帮扶责任人赵淑娟帮他争取了临时救助款、老伴儿做心脏支架手术用旗里的医疗政策让他没花费多少钱，通过"三到村三到户"项目，他得了一对基础母牛，帮扶责任人又给他送来20只雏鸡。现在，负明通过舍饲圈养牛羊、攒鸡蛋换钱、租种60亩土地让他成为全镇脱贫致富典型。他说："虽然没了儿子，但是还有党做他坚实的靠山，党的恩德太过深厚，只能奋进全力摆脱贫困的帽子，发挥一名党员的先锋带头作用，才能报答党恩之于万一。"2018年7月6日，为聊表心意、教育普通贫困户懂得感恩，负明作为贫困户代表来到克旗，为给予他们诸多帮助的大兴永村帮扶单位旗房产局送去了一面锦旗，锦旗虽小，意义重大，代表了贫困群众的感激之情，也蕴含了他们脱贫的志向。

### 从感恩到新风，精神富足"孕育"文明新风貌

"党的恩情永不忘，惠民政策记心间。我们脱贫了，就要对党和国家的关怀负责，对各级干部的帮扶负责，对自身的脱贫致富负责，不断努力，艰苦奋斗，用脱贫致富回报党恩，回报社会。"2019年5月6日，"草原轻骑兵"宣讲小分队队员张亚文在经棚镇昌兴村崔营子组与贫困群众座谈时如是说。

自2017年11月以来，克什克腾旗在全旗范围内开展了"三认三记"回头看活动，一是加强感恩教育，弘扬脱贫攻坚正能量。2017年以来，全旗6976名帮扶责任人与贫困户定期交心谈心、疏导情绪、答疑解惑、化解矛盾；全旗143个包扶单位深入到各村民组，以群众谈、干部讲、前后比等方式，算出扶贫账，比出新气象；全旗124个驻村工作队扎根一线，勤入户、常入户。2018年，全旗共举办各级各类扶贫讲座、培训22场次，全旗共成立"草原轻骑兵"宣讲小分队17个，深入乡村组与群众面对

面宣讲 150 余场次，让贫困群众记住党恩，以勤劳肯干回报党恩。二是加强励志教育，筑牢主动脱贫新风貌。"回头看"活动期间，扶贫干部有了一项新使命，你听，帮扶责任人盖玲玲在帮扶贫困户王树家中讲起了放羊老人荆贵和、返乡创业好青年金海军的故事，目的是为了培养贫困群众脱贫志气，激发自发自愿自觉致富愿望。到 2019 年 5 月，帮扶责任人专题培训 6841 人次，各苏木乡镇、嘎查村组织贫困群众专题座谈 180 余场次，有效引领并弘扬了"勤劳致富光荣、自主脱贫可贵"的精神。三是加强民风教育，厚植乡风文明新风尚。新开地乡的村邻互助小组是在"回头看"活动期间成立的，他们采取普通户带贫困户的方式，组建互助小组，形成了"帮扶干部＋互助小组＋贫困户"的脱贫攻坚新模式。互助小组中，党员占比极大，在有效调动党员发挥先锋模范作用的基础上，让贫困群众跟着党员想、跟着党员干，思想观念落后的现象有了根本好转，像这样的互助小组在新开地乡一共组建了 21 个。村邻互助小组模式铺开后，以村民组为单位，成立互助小组，签订"移风易俗承诺书"，遏制攀比、铺张浪费，让贫困群众把精力和资金用在干事创业上，实现村民由争穷向自主致富转变，贫困户由干部帮扶向群众帮带转变，民风由各行其是向互帮互带转变，目前，全旗共组建集体互助小组 60 余个，民风和乡风正在一个个互助小组的相帮相助下悄然发生着变化。

### 从被动到主动，物质鼓励"驱动"致富新引擎

曾经的贫困户，现在的致富能人任德君手里攥着 1200 元钱，脸上扬着笑，脚下却不停步，他要回家告诉媳妇儿，政府因为他脱贫有力给了奖励。2017 年起，克什克腾旗从产业发展入手，实施了"自主发展＋奖励"的产业脱贫奖励政策，对贫困家庭人

均工资性和生产经营性纯收入累计超过一定标准的按户给予奖励,两个档次分别奖励 800 元和 1200 元。2017 年,全旗发放奖励资金 420.48 万元,惠及贫困户 3945 户;2018 年发放奖励资金 463.84 万元,惠及贫困户 4157 户。

产业脱贫奖励政策与"三认三记"精神扶贫办法从物质和精神两个层面给了贫困群众鼓舞和激励,与此同时,克什克腾旗探索步子不停顿、求索之路不放松,于 2018 年起,在宇宙地镇率先谋划实施"爱心超市"积分奖励扶贫模式,"爱心超市"以村、组为单位建设,将社会各界的慈善资源整合为超市商品,采取评议等次"积分兑换物品"方式运转,群众从脱贫致富、环境卫生、遵纪守法、宣传政策等方面获得积分,在"超市"兑换相应物品。"超市"重点向贫困群众开放,辐射嘎查村内边缘户、低保户、五保户、残疾人、困难党员。2019 年,旗扶贫开发领导小组办公室制发了《克什克腾旗爱心超市建设、运营、管理指导意见》文件,扶贫"爱心超市"项目在全旗全面推广。

内蒙古自治区克什克腾旗探索实施的"三认三记"精神扶贫办法,把扶贫干部和贫困群众纳入精神帮扶范畴,旨在提升扶贫干部为民"精神境界",提高贫困群众脱贫"精神力量",有效防止了扶贫干部"任务式"扶贫,激发了贫困群众"感恩式"脱贫。

其一,群众路线是脱贫攻坚凝聚合力的基础和前提。群众路线是党的生命线,在脱贫攻坚这场"硬仗"中,离不开顶层设计绘蓝图、党委政府引方向、党员干部下功夫、社会各界讲奉献、广大群众做后盾,扶贫干部作为落实政策、沟通上下的关键环节,必须要走好"群众路线",思想上要与上级政策对标看齐,行动上要把服务贫困群众作为准则。本案例中，扶贫干部通过"三认"，先认门让对接入户更精准，再认人让制定措施贴实际，后认亲让脱贫攻坚有温度，有效引导扶贫干部全身心融入贫困家庭，破除"任务式"扶贫桎梏，实现边走群众路线边服务贫困群众的初衷。

其二，精神富足是精准帮扶政策到户的关键和保障。"精神难富"是导致部分贫困群众"我穷有理""习惯式贫困"的根源，是诱发部分已脱贫群众挣扎在贫困线上甚至返贫的根源。因此，提振贫困群众"向幸福出发"的精气神是物质脱贫、守住幸福的关键所在。想要让贫困群众发自肺腑地愿脱贫、争脱贫、想办法脱贫，就需要从多方面入手，既要有精神上的鼓舞、物质上的激励，还要弘扬倡导形成社会新风，让贫困群众在人性的温暖和柔软中感受到向好向上的正能量，在"不负他人、不负自己、不负党恩"的感召下精神上逐步富足，以强有力的态度迎接生活转变和改善中的种种困难和问题。

其三，因地制宜是扶贫扶志创新机制的抓手和方向。"三里不同风，十里不同俗"，在脱贫致富奔小康这一共同目标下，要迅速把多方力量尤其是贫困群众思想统一到实现这一目标上来，需要本地区广泛调查研究、摸清民情民意、搞清民心所向、探索适合路径。无论对单一贫困家庭而言还是一地贫困群体来说，"适合的才是最好的"，扶贫先扶志的根本是让贫困群众心中有盼、心中有念、心中有底，为实现自我"造血"打基础，为在寻找适合自身发展之路中精神先行。因此，各地有必要结合实际、实事求是地构建起涵盖精神多重帮扶全方位格局，有必要因地制宜、探索实施"扶贫扶志"新机制。

![案例三]

# 组织动员青年在打赢脱贫攻坚战中贡献力量

为贯彻落实习近平总书记关于扶贫工作的重要论述以及中央和自治区关于脱贫攻坚工作有关精神，自治区直属机关青联与自治区派驻卓资县脱贫攻坚工作总队联合在国家级贫困县乌兰察布市卓资县实施了"智志双扶助脱贫"项目，助力当地脱贫攻坚，取得明显成效。

## 一、具体做法

1. 成立组织机构，明确目标任务。为加强配合，保证项目的持续实施，自治区直属机关青联成立了由青联主席担任组长，自治区派驻卓资县脱贫攻坚工作总队副总队长担任副组长，区直机关青联委员担任项目领导小组及智库组成员的领导机构。

2. 项目领导小组明确"智志双扶助脱贫"项目目标，通过两年的时间，为卓资县受益学校进行教师队伍培养，逐步建设"书香校园""数字校园"等，扩大文艺惠民演出、科普知识宣传受益群体。

3. 坚持统筹谋划，有序推进实施。2019年初，"智志双扶助脱贫"项目领导小组召开会议，制定了全年工作运行表。项目各项活动的时间落实到日，任务落实到具体单位，责任落实到人，以此保证项目持续推进。

4. 紧紧围绕主题，有效设计载体。"智志双扶助脱贫"项目启动以来，区直机关团工委、青联通过整合资源，不断丰富项目内容。

（1）教育扶智：开办"家长学校"。邀请自治区家庭教育专家，与学生家长进行了深入的交流；举办"名师讲堂"。邀请自治区教育专家举办公益课程，让贫困地区的孩子们在家门口就能听到名师讲课；组织"青年志愿者支教"。内蒙古电视台主持人作为志愿者与孩子们精彩互动，用故事点燃孩子们阅读和写作的热情；组织科普下乡活动。内蒙古科技馆志愿者们将科技大篷车开到卓资县部分小学，让孩子们在当地学校也能体验科技的魅力。

（2）文化扶志：组织外出游学。一是组织开展"智志双扶助脱贫——走出卓资·感受自然科技文化魅力"系列游学活动。二是协调中华少年儿童慈善救助基金会"圆梦小星星"项目落地卓资县；开展图书捐赠活动，协调中华少年儿童慈善救助基金会等单位为卓资县各中小学累计捐赠 2 万多册（套）图书；开展"圆梦微心愿"活动。自治区直属机关青联委员通过认领方式，圆梦77 位贫困家庭学生的微心愿；开展文艺下乡活动。组织内蒙古民族艺术剧院二人台艺术团演出下乡，让贫困群众在家门口享受到高品质文化体验。

（3）产业扶植：开展"智志双扶助脱贫——媒体行走进卓资"活动。区直机关青联邀请中央驻自治区媒体等 20 多名媒体记者走进卓资县主要景区进行采访，助力当地旅游资源宣传推广；开展"智志双扶助脱贫——讲好卓资红色故事"活动。以卓资县贺龙指挥部旧址及大青山革命烈士陵园为依托，打造"自治区直属机关党性教育基地""自治区直属机关青年红色教育基地"；内引外联推动产业发展。一是借助自治区企业创新服务中心力量为卓资县搭桥，参加首届全国"一县一品"健康产业技术创新发展交流会暨战略合作签约仪式。二是通过自治区发改委青工委积极协调京东集团金融小站项目落地卓资县，引导贫困户加盟，加强当地农特产品推介力度。

（4）健康扶助：开展义诊服务活动。自治区卫健委团委积极配合，分批组织青年志愿者开展义诊服务，助力解决群众的因病致贫返贫问题。

（5）物资捐助：协调自治区红十字会等单位为卓资县贫困群众提供慰问礼包。通过自治区发改委青工委协调相关部门为卓资县贫困儿童捐赠小童冬衣。

## 二、创新实践

一是项目化运作，丰富内容。项目领导小组确定明确的工作内容。在"智志双扶助脱贫"大项目下，紧紧围绕扶智扶志，设计了若干子项目，并根据实际情况，不断充实内容。

二是整合资源，集中发力。发挥区直机关职能优势，把分散的力量整合到一个项目中来，共同推动实施，在实施的过程中加强协作交流，实现互促提高。同时整合外部力量，加强与社会公益组织的合作，保证活动的质量。

三是青联组织搭台，青年群体共同参与。"智志双扶助脱贫"项目以青联资源为基础，组织区直机关青年共同参与，实现青联工作和青年工作的深度融合。

四是转变简单参与活动方式，形成以青年为主体跟踪实施长效运行模式。"智志双扶助脱贫——讲好卓资红色故事"活动，由相关单位青年作为实施的主体打造区直机关青年接受教育的基地。

## 三、主要成效

搭建了青年了解基层和参与基层实践的平台。"智志双扶助脱贫"项目的实施，是区直机关青年联系和服务群众、提升自身素质的一个重要平台。在组织区直机关青年积极投身脱贫攻坚青春建功行动的同时，使青年有机会在实践中得到锻炼。

多渠道引进资源，助力当地脱贫攻坚。在深入分析卓资县实际情况的基础上，找准青联组织和共青团发挥作用的切入点。如：通过引进京东集团金融小镇项目，助推当地农产品销售渠道拓展等。

量力而行持续投入，保证贫困群众受益。区直机关各单位团青组织和青联委员充分发挥各自的职能优势，多方协调物资和人员力量。

 **案例四**

## 乌兰浩特市：以"积分制"管理提振脱贫精气神

"志不立，天下无可成之事"，内因是决定事物发展方向和矛盾发展变化的根本所在。打好脱贫攻坚战，关键在人，在人的观念、能力、干劲。对于如此看似相同、实则迥异的个体，扶志不妨从小事抓起。

乌兰浩特，蒙古语，意为"红色的城"。以红色命名，是因为这里是革命老区，是新中国第一个少数民族自治政府的诞生地。从争取民族解放到解决人民温饱问题再到全面建成小康社会，在这片热土上，为人民谋幸福的脚步从未停歇。面对这场进入决胜时期的脱贫攻坚战，老区人民再一次发扬百折不挠、勇往直前的精神，31个重点贫困嘎查村全部实现脱贫出列，是内蒙古首批脱贫摘帽的旗县市之一，扶贫工作取得阶段性成果。

政策到位，资金给力，帮扶精准，产业兴旺，脱贫攻坚工作有了实实在在的成效。然而,有些贫困群众却多年来扶而不起、帮而不富、助而不强,其中一个重要原因就是他们缺乏脱贫致富的斗志和信心。因此,要提高扶贫工作的针对性和有效性,必须要"扶志"。

补足贫困户的精神之钙,需要创新方式方法,细化对策措施。经反复论证研究,在征求各镇、嘎查村、驻村工作队和部分贫困户意见的基础上,2018年4月,乌兰浩特市委、市政府正式印发了《乌兰浩特市建档立卡贫困户"积分制"扶志长志气实施办法(试行)》,对贫困户生产发展进行积分制评价。一套独具当地特色、行之有效的扶贫同扶志相结合的制度体系基本确立,贫困户之间一场从生产发展到生活面貌的"积分竞赛"正式拉开了序幕。

## 一、"积分制"管理的具体做法

一是选试点树典型,以点带面,发挥积分的"杠杆效应"。试点先行,新举措必须经得起检验。"积分制"管理是乌兰浩特市的创新之举,在不确定活动能否取得实效的前提下,市委决定在各镇选取试点开展活动,17个嘎查村、635户贫困户成了2018年贫困户"积分制"管理的"试验田"。

乌兰哈达镇高根营子嘎查是试点嘎查之一,"积分制"突破了高根营子嘎查精准扶贫工作中的瓶颈,为扶贫工作打开新局面。高根营子嘎查本是个没有集体资金、集体资源和集体资产的"三无"嘎查,且欠下外债60多万元,贫困发生率高达6.18%。精准扶贫工作开展以来,在政府扶持下嘎查改头换面,现集体固定资产已超过1000万元。

在精准扶贫取得阶段性成果后,村民的物质生活慢慢好起来了,可一些贫困户"等靠要"的思想依然存在,扶贫之"志"还未树立。此时市里"积分制"管理活动开始，高根营子嘎查先行先试，按照市里的实施办法，将贫困户按照有无劳动能力进行分类，赋予不同比例的积分。其中，有劳动能力积分内容分为产业发展、和谐家庭、公益美德、乡村建设、奖励惩罚5大类；无劳动能力积分内容分为收入、和谐家庭、公益美德、奖励惩罚4大类。让贫困户通过努力增加自身收入、展示良好精神风貌、积极参与乡村建设等方式获得积分，所得积分卡可到超市、卫生室、药店换取等值的生产生活物资。

"积分"带来了更大的"杠杆效应"，致富热情带动了乡村整体风貌的提升。高根营子嘎查贫困户牛丽艳2018年获得了968分的积分，被评为"积分励志带头人"。荣誉名副其实，牛丽艳的婆婆因心脏病导致聋哑，丧失劳动能力；公公植物人卧床7年，一直由牛丽艳负责照顾，丈夫是家里唯一的劳动力，还要供养孩子上学，家里没有产业，脱贫致富对两口子来说是遥远的梦想。根据实际，政府帮助她家发展舍饲养牛，慢慢地，家里经济状况得到明显改善。"积分制"管理活动启动后，牛丽艳积极发展产业、美化住宅庭院、坚持孝敬老人，努力从各类积分项中赚取积分，还被兴安盟委行署评为盟级"好儿媳"。在牛丽艳的影响下，高根营子嘎查贫困户更加用心经营产业，邻里之间更加和睦，精神面貌更加积极向上，嘎查"比富裕、比和谐、比美德、比环境"的风气逐步形成。

二是定方案抓落实，从上至下，苦干实干保证"精准"到人。积分"生"财，需村干部制定规范的制度。在"积分制"管理中，制定规范的积分制度，设置严格的审核机制，保障积分过程中的公平公正。葛根庙镇哈达那拉嘎查村部，墙上张贴着两张"积分制"展板，按月公布全嘎查贫困户获得积分情况，清晰填写了贫困户姓名、获得积分原因、积分数。这些都是由驻村第一书记周晓旭填写的，嘎查结合实际制定了工作方案，成立了"积分制"管理执行小组，负责活动的组织领导、宣传发动和具体开展；指定了专门积分记录人员，并推选有责任心的老党员、老干部作为义务监督员，对贫困户积分进行审核认定，确保贫困户获得的积分有理有据，坚决防止积分乱发乱派现象。

哈达那拉嘎查贫困户宋玉合，现在每个月都会拿着领到的积分到超市兑换牛奶，妻子钟淑霞开玩笑地说，"老宋现在不喝酒，改喝牛奶了"。宋玉合今年55岁，多年前遭遇车祸，干不了重体力活，让本不宽裕的家庭更加雪上加霜，宋玉合也无心发展生产，抽烟喝酒打牌，浑浑噩噩地混日子。脱贫攻坚战打响后，他家得到了一个450平方米的蔬菜大棚。在参与"积分制"管理活动中，更是让宋玉合从过去那个"扶不起的阿斗"，变成了现在嘎查里的脱贫典型，两口子努力发展产业赚取积分，现已承包了9栋蔬菜大棚，家里年收入从之前不足8千元，增长到如今的8万元，一年累计获得积分929分，其中产业发展类积分就占了500分，不仅实现了稳定脱贫，还被评为"扶志长志气"示范户。

从选择脱贫产业到上门跟踪服务，从申报积分到发放积分卡，乌兰浩特市用"绣花"功夫精心、精准、精细帮扶，确保了每一个工作环节经得起检验，啃下了一块块硬骨头：到2018年底，全市贫困发生率降低到0.47%，脱贫人口人均可支配收入实现9515元，31个重点贫困嘎查村全部实现脱贫出列，于2018年7月27日正式退出自治区贫困旗县行列。

三是奖勤变相罚懒，思想提升，"懒汉"也能变成"模范"。根据积分情况，"硬措施"奖励先进典型，"软措施"激励懒惰后进。首先是对先进的奖励。对全村获得积分最高的贫困户以及获得了产业发展、和谐家庭、公益美德、乡村建设等专项奖的贫困户兑现年终奖励。其次，发挥先进的激励作用。2018年12月，17个试点嘎查村开展了"积分"分享活动，组织先进分享积分经验和心得，表扬先进，激励后进，运用正向激励机制和社会舆论引导，奖勤变相罚懒，逐渐在嘎查村内形成尊老爱幼、诚实守信、团结和谐、自力更生、热心公益活动的良好风尚。

在"积分制"管理的激励下，贫困户的积极性空前高涨。这几天，葛根庙镇白音塔拉嘎查要组织村民清理村屯垃圾，通知刚一发出去，村部就迅速聚拢起了几十个村民。这其中，贫困户石永生最为积极，这让大家深感意外。石永生是村里出了名的"懒汉"，原来去他家，屋里屋外总是"下不去脚"，可最近他却变得勤快起来了，不仅庄稼地侍弄得比往年好，还把家里收拾得干干净净，村里有义务劳动，他也是第一个到，左邻右舍都觉得他像变了个人。石永生有些不好意思地笑着说："开始的时候确实是为了挣积分，但是时间长了就觉得不能再这么混日子了，习惯了每天收拾屋子，埋汰了都不舒服，现在整个人的精神状态都好了，干活也有劲儿。"去年，他共得了543积分，还得到了"积分能手"的奖励。

不断改进帮扶方式，"积分制"管理提倡多劳多得，营造勤劳致富、光荣脱贫氛围，成为进一步激励和引导贫困户靠自己努力和奋斗改变命运、获得幸福的有效探索。

四是"扶志"不忘"扶智"，多点开花，"五项工程"促提升。在开展扶志长志气贫困户"积分制"管理基础上，乌兰浩特市同步推进扶智长本领"五项工程"，扶"志"增"智"。首先是"网络扶智惠民生"，通过搭建广播电视公共文化服务平台、宽带乡村和互联网服务平台、视频监控平安乡村平台、政企信息服务支撑平台和"三务公开"平台，为贫困户免费安装网络设备和提供用网服务，实现农民办事不出村。其次是"产业扶智解民需"，通过开展农技推广包村联户服务，聘请17名专业技术指导员，长期走村入户指导贫困户产业发展，实时跟踪服务解决贫困户生产发展过程中存在的困难。第三是"教育扶智保基础"，坚持"农村包围城市"优先发展，完善农村学校基础条件，坚持联盟办学抱团发展，形成城乡办学发展共同体，选派"名校长、名班任、名教师"走进农村学校"传帮带"，让农村的孩子在家门口就能享受到公平而有质量的教育。第四是"就业扶智促增收"，对全市有劳动能力贫困户建立个人培训就业档案，根据贫困户个人意愿设计培训课程，并推荐就业。第五是"精神扶智改民风"，大力开展社会主义核心价值观宣传教育，开展"乌兰牧骑助力脱贫攻坚"文艺下乡活动，宣讲脱贫故事，激发贫困群众自主脱贫内生动力。

"2016年7月15日，我领到了易地搬迁住房的钥匙，这辈子都忘不了。从结婚起就借住在二哥家十年了，终于有自己的房子了。我们两口子日子越过越有奔头，还被评为积分活动的'和谐家庭'呢。"在以"我脱贫、我光荣、我奋斗、我幸福"为主题的巡回宣讲上，乌兰哈达镇腰乐嘎查建档立卡贫困户刘国柱作为宣讲小分队的一员，把自己脱贫的故事分享给更多跟他一样的贫困群众。多项工程并举，提高了贫困群众自主脱贫的"硬实力"，在长"志气"的同时，增"智力"，不仅为做好扶贫工作打下坚实基础，同时也让扶贫之路走得更顺畅，走得更远。

## 二、经验启示

乌兰浩特市在全市范围内大力推广贫困户"积分制"管理活

动,"志智双扶、双管齐下",从思想上、行动上提升贫困户自我发展意识和能力,不仅拓宽了帮扶干部的工作思路,更引导贫困群众转变了思想认识,广大干部群众共同参与到活动中来,成了嘎查村实现产业兴旺、生态宜居、乡风文明、治理有效、生活富裕的有力推手。

创新帮扶方式是扶贫扶志行动取得实效的关键。"行百里者半九十",脱贫攻坚工作到了后半段,帮扶干部的工作任务从抓落实逐渐向稳基础转变,随着到户政策的基本落实到位,容易导致一些干部在调整帮扶工作方式方法上发生"思维短路"。"积分制"管理活动有效解决了帮扶干部的困惑,为了帮助贫困户最大限度地赚取积分,帮扶干部们更加关注贫困户产业发展效益,定期帮助贫困户打扫住宅和院落,密切了与贫困户及其子女的联系,从思想上、行动上引导他们参与乡村建设、改变生活陋习、加深亲情观念,让帮扶工作充满了"人情味儿"。

培养良好习惯是扶贫扶志行动的手段。"打江山容易、守江山难",政府扶持的脱贫政策是贫困户摆脱贫困的"踏板",想要越过贫困这座大山,需要政府和贫困群众共同努力,贫困户动起来,才能更加长久地富起来。在贫困户尚未认识到自身在脱贫攻坚工作中的主体地位时,需要"积分制"管理这样的制度措施,倡导"美好生活是靠奋斗出来的"理念,引导和帮助他们培养出自力更生的良好习惯。当然,好习惯的养成并非一蹴而就,未来的2—3年,仍然需要采取"习惯养成"的方式,对贫困户在思想上、行动上逐步渗透,把主动脱贫和参与乡村建设的意识扎根至每个贫困户的心中。

助力乡村振兴是扶贫扶志行动的方向。群众的生产生活面貌,能够真实反映整个乡村发展的状态,贫困户作为个体,从生产生活到精神面貌的落后，势必影响周边群众或嘎查村的整体面貌。贫困户"积分制"管理从美丽乡村建设的最薄弱，也是从最关键环节入手，从贫困群众先动先行，进而扩大活动的覆盖面和影响力，让一般农户受到贫困户的转变的感染，实现同步量化提升，最终实现嘎查村整体面貌质的跨越。

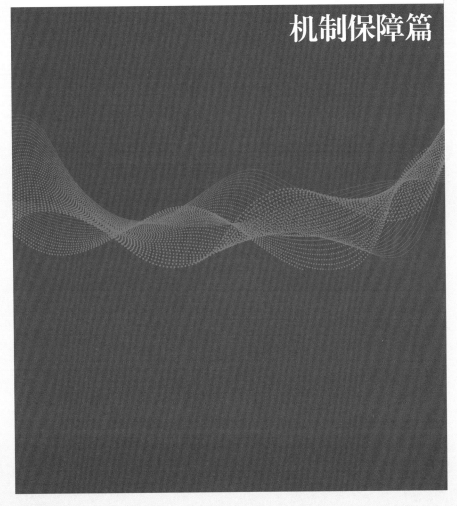

第三部分

机制保障篇

# 第十四章

# 建立各负其责、各司其职的责任体系

## 一、综　述

习近平总书记深刻指出，"党的领导是中国特色社会主义最本质的特征，是中国特色社会主义制度的最大优势"，多次强调"脱贫攻坚，加强领导是根本"。习近平总书记始终把贫困群众挂在心上，把脱贫攻坚抓在手上。党的十八大以来，习近平总书记亲自挂帅、亲自部署、亲自出征、亲自督战，建立了"中央统筹、省负总责、盟市旗县抓落实"的工作机制，压实五级书记抓扶贫工作责任，确保了党的领导在扶贫领域坚强有力、一以贯之。内蒙古自治区深入学习贯彻习近平总书记关于扶贫工作的重要论述和关于内蒙古工作重要讲话重要指示批示精神，坚决落实党中央、国务院脱贫攻坚决策部署，坚持精准扶贫、精准脱贫基本方略，把脱贫攻坚作为重大政治任务和第一民生工程，凝心聚力推动全区脱贫攻坚取得了全面胜利。

## （一）强化制度建设，保障脱贫攻坚责任落实

建立健全脱贫攻坚组织机构。合理配置自治区扶贫开发领导小组组成人员，由自治区党委书记任组长，自治区主席任第一副组长，自治区纪委监委、党委宣传部等有关省级领导任副组长，44个部门为成员单位，统筹推进全区脱贫攻坚。指导各盟市、旗县相应成立盟市（旗县）委书记任组长的扶贫开发领导小组，逐级压实各级书记脱贫攻坚责任。实行省级领导干部联系贫困旗县工作，36位省级领导"一对一"联系贫困旗县，帮助基层推动脱贫攻坚。自治区成立16个脱贫攻坚专项工作推进组，由部门主要负责人任工作组组长，推进本行业本领域脱贫攻坚工作，政府常务副主席牵头、各领域分管副主席负责，进一步压实领导班子成员和行业部门脱贫攻坚责任。

完善制度压实各级脱贫攻坚工作责任。自治区党委、政府对全区脱贫攻坚工作负总责，重在把党中央大政方针转化为实施意见，加强指导和督导，促进工作落实。盟市党委、政府从当地实际出发，重点做好上下衔接、指导基层、督促检查等工作，推动自治区脱贫攻坚各项政策措施落地生根。旗县党委、政府承担脱贫攻坚主体责任，重点做好进度安排、项目落地、资金使用、人力调配、推进实施等工作。苏木乡镇党委、政府和嘎查村"两委"对本地区脱贫攻坚工作承担具体责任，负责推动各项政策落地和各项工作落实。各盟市、旗县、苏木乡镇、嘎查村把脱贫攻坚作为头号政治任务和第一民生工程来抓，每年向上级党委、政府递交脱贫攻坚责任书，立下军令状，实行对账销号。实行旗县落实主体责任述职交流制度，每两个月召开一次开到旗县的视频会，交流经验、传导压力、落实责任。建立专项工作推进

组定期会商机制，研究解决脱贫攻坚工作中的突出问题和薄弱环节，形成各负其责、各司其职、相互配合、协调推进的工作合力。

坚持以上率下带头示范。自治区党委书记多次主持召开自治区党委常委会议、书记专题会议、扶贫开发领导小组会议和巡视整改工作领导小组会议，及时研究贯彻落实习近平总书记和党中央关于脱贫攻坚要求部署的具体措施，着力解决工作落实中存在的问题。自治区政府与各盟市分别签订责任书，将全年目标任务细化分解落实，确保任务到人。每年召开政府常务会、政府专题会，及时研究脱贫攻坚工作中需要解决的问题。自治区党政主要领导带头深入基层调研指导脱贫攻坚工作，帮助推动问题整改，带动 36 位省级领导合力推动各自包联旗县和各行业领域的脱贫攻坚工作。出台《内蒙古自治区五级书记抓脱贫攻坚工作职责》，明确五级书记具体任务，细化工作要求。制定《关于进一步做好五级书记遍访贫困对象有关事宜的通知》，明确遍访要求、遍访内容，3 年时间，自治区、盟市、旗县、乡镇和嘎查村书记全部实现了遍访贫困对象。

## （二）做好驻村帮扶，强化脱贫攻坚责任担当

选优配强驻村干部。为加强对贫困旗县的工作指导，自治区向 57 个贫困旗县分别派驻由 1 名厅级干部带队的脱贫攻坚工作总队，常驻贫困旗县督导脱贫攻坚。向 3681 个贫困嘎查村和 5008 个非贫困嘎查村派驻脱贫攻坚工作队，从自治区、盟市、旗县和乡镇累计选派 8 万余名党政机关、国有企业和事业单位干部到嘎查村担任第一书记和驻县、驻村干部。围绕全区贫困嘎查村发展需求，选派熟悉经济工作的干部到产业基础薄弱、集体经济脆弱

《决战决胜脱贫攻坚 60 热问》第十三集

内蒙古自治区纪委监委定点帮扶沙力根嘎查驻村队员与群众一起干农活

的嘎查村；选派熟悉社会工作的干部到矛盾纠纷突出、社会治理水平滞后的嘎查村；选派通晓少数民族语言的干部到少数民族群众聚居的嘎查村，指导帮助嘎查村解决实际困难和突出问题。

切实明确职责定位。加大《贫困旗县（市、区）脱贫攻坚工作队选派管理工作的实施意见》的实施力度，推动驻村干部明责知责、履责尽责，落实驻村帮扶职责任务。按照组织部门日常监控、苏木党委直接管理、选派单位协同支持的工作责任机制，切实交任务、压担子，督促引导驻村工作队履行职能职责，帮助嘎查村理清发展思路，编制发展规划，及时解决贫困群众实际需求，协调推动扶贫项目、产业发展、集体经济、基层党建等重点任务落实，发挥了驻村指导和示范带动作用。自治区派驻贫困旗县脱贫攻坚总队加强对驻村干部指导督导，不定期抽查在岗和履职情况，真督实导，把自治区部署"一竿子插到底"，有效推动了驻村干部明责知责、履责尽责。

扎实推进任务落实。各级驻村干部认真履职尽责，有效发挥作用，全程参与脱贫攻坚。特别是在新冠肺炎疫情防控期间，广大驻村干部充分发挥"驻"的优势，履行"帮"的职责，与苏木乡镇、嘎查村两级干部并肩作战，驻村工作队也是防疫工作队，统筹做好脱贫攻坚和疫情防控工作。驻村工作队既服从疫情防控指挥部统一调度，又聚焦主责、转变工作方式，运用微信、短信、电话等多种形式宣传群众服务群众，及时了解贫困户生产生活遇到的实际困难，并以最快的速度协调恢复生产，提振贫困户脱贫致富的信心，尽最大努力推动脱贫攻坚目标任务完成。重点协助苏木乡镇、嘎查村两级干部为贫困户调运所需农用物资，调整扶贫产业项目，排查扶贫龙头企业、带贫农牧民合作社、扶贫车间，以及协调金融部门为贫困户及时发放扶贫小额贷款等工作。

强化驻村帮扶问题整改。针对中央脱贫攻坚专项巡视指出的有关问题，对全区建档立卡贫困嘎查村驻村工作队和第一书记进行全面梳理，摸清干部选派情况，对不符合要求的及时调整撤换，配备蒙汉语言兼通干部80人，调整无农村牧区工作经验第一书记22人，做到了按需选派、精准选派。针对脱贫攻坚成效考核指出的有关问题，对建档立卡贫困嘎查村工作队员身兼两头情况逐一排查，凡无法与原单位脱钩的一律调整撤换，替换223名与原单位无法脱钩驻贫困嘎查村干部。进一步规范驻村工作队人员数量，加强未出列建档立卡贫困嘎查村驻村工作队力量，优化已出列贫困嘎查村驻村工作队，根据需要适当调整非建档立卡嘎查村驻村工作队，从严控制驻村工作队中苏木乡镇干部数量，替换3042名驻贫困嘎查村工作队中苏木乡镇干部。针对脱贫攻坚成效考核指出的有关问题，调整优化驻村工作队人员结构，加大自治区、盟市、旗县机关优秀年轻干部和国有企业、事业单位优秀人员选派力度，进一步明确职能定位，坚持考勤与考绩相结合，促使驻村工作队把工作重心转移到推动发展壮大集体经济、参与特色产业扶贫、编制村级发展规划、加强基层党建等任务上。

强化日常督导管理。发挥自治区派驻贫困旗县脱贫攻坚工作总队作用，指导督查脱贫攻坚专项巡视、成效考核问题整改和解决"两不愁三保障"突出问题、脱贫攻坚十项"清零达标"行动等重点任务落实。加强驻村干部方针政策、工作方法的培训，立足不同岗位的驻村干部设置不同培训内容，对驻村干部实施全覆盖培训，切实提高驻村干部工作能力。加强对驻村队员服务保障，为驻村干部提供必要的工作和生活条件，办理人身意外伤害保险，帮助驻村队员解除后顾之忧。加大对优秀驻村干部先进事迹的宣传力度，激励广大驻村干部争当脱贫攻坚先锋模范。2019 年，自治区表彰扶贫系统先进驻村干部 15 名，将驻村干部的先进事迹在国家、自治区和盟市媒体进行宣传报道。制定驻村干部管理办法，从驻村时间、考勤、请假、纪律作风等方面从严从实管理约束。对派驻贫困旗县工作总队进行年度考核，激励先进、鞭策后进。

## （三）关爱扶贫干部，激励扶贫干部干事创业

自治区出台了《关心关爱脱贫攻坚一线干部若干办法》，从 6 个方面明确了 18 项措施，建立起基层一线扶贫干部的激励和关心关爱机制。一是提拔任用、职务职级晋升优先，在年度或批次提拔和进一步使用干部中，脱贫攻坚一线干部占有一定比例，特别优秀的或者工作特殊需要的，经批准后可破格提拔。在脱贫攻坚一线作出突出贡献的专业技术人才，在评选享受政府特殊津贴人员、自治区杰

出人才奖、突出贡献专家等优先推荐。新提拔进入旗县（市、区）、苏木乡镇党政领导班子成员和旗县（市、区）机关单位领导班子成员，应优先考虑具有苏木乡镇或嘎查村工作经历的优秀干部。二是考核奖励给予倾斜，对脱贫攻坚一线干部单独进行年度考核，考核评优比例为30%。连续2年考核优秀的旗县（市、区）、苏木乡镇事业单位驻（包）村工作人员或嘎查村干部，符合定向招录条件的，可参加旗县（市、区）或苏木乡镇机关、事业单位定向招录公务员或招聘工作人员考试。参照苏木乡镇换届选拔"三类人员"做法，从连续两年被评为优秀的驻村干部中定向选拔一批苏木乡镇领导班子成员。三是提高评优评先的比例，在开展"五一劳动奖章""青年五四奖章""三八红旗手"等各类表彰奖励时，增加面向脱贫攻坚一线干部的专项名额。四是保障边远地区津补贴等福利待遇，各级财政统筹给予脱贫攻坚一线干部临时通信补贴、交通补贴，主要用于补贴旗县（市、区）、苏木乡镇机关、事业单位驻（包）村干部在通信联络、交通方面的费用支出。在艰苦边远地区、苏木乡镇连续工作6个月以上的，由派出单位按有关规定参照派驻地同类同级人员标准发放艰苦边远地区津贴差额部分、苏木乡镇工作补贴。五是注重生活上的关心关爱，各级财政统筹专项资金，为脱贫攻坚一线干部购买年度人身意外伤害保险，每人保额不低于50万元。按照属地原则和干部管理权限，每年至少组织1次脱贫攻坚一线干部健康体检，分级建立脱贫攻坚一线干部健康档案，所需经费由各级财政保障。六是强化激励措施，严格落实嘎查村党组织书记基本报酬不低于上年度自治区农村牧区常住居民人均可支配收入的2倍。嘎查村党组织书记年度考核排名本旗县（市、区）前5%的，考核年度可参照当地事业单位人均工资标准发放报酬。

**点评**

打赢脱贫攻坚战，时间紧、任务重，涉及多个领域、多个政府层级、多元主体的协同行动。因此，建立并完善脱贫攻坚的责任体系，形成全党全社会高度动员、协同推进的局面，是新时代脱贫攻坚顶层设计的首要问题。

中国共产党的领导是中国特色社会主义减贫道路最突出的政治优势。通过加强党对扶贫开发工作的领导，脱贫攻坚有了强有力的领导体制和组织保障，特别是通过加强党对扶贫开发工作的领导，各级党委、政府及社会各界对脱贫攻坚的认识水平和政治站位有了极大提高。

按照习近平总书记"五级书记抓扶贫"的指导思想，内蒙古自治区将打赢脱贫攻坚战作为第一民生工程和头等大事来抓，以脱贫攻坚统揽经济社会发展全局，自上而下形成了自治区、盟市、旗县、苏木乡镇、嘎查村五级书记一起抓扶贫的领导责任体系，为赢得脱贫攻坚战的胜利奠定了政治基础和组织基础。内蒙古建立起合力攻坚的帮扶责任体系，广泛动员社会扶贫力量有序参与脱贫攻坚，有力拓展了脱贫攻坚的资源总量，凝聚起全社会帮扶的攻坚合力。

## 相关政策法规

### 关于责任体系方面的政策文件

1. 中共中央组织部　国务院扶贫办关于脱贫攻坚期内保持贫困县党政正职稳定的通知

2. 内蒙古自治区党委组织部　区直机关工委　自治区扶贫办关于印发《内蒙古自治区扶贫攻坚工程"三到村三到户"工作驻嘎查村干部选派管理暂行办法》的通知

3. 2016—2020 年全区贫困地区干部和扶贫干部培训规划

4. 内蒙古自治区调整不适宜脱贫攻坚工作的领导干部实施细则（试行）

5. 关于成立自治区脱贫攻坚指挥部、向国贫旗县派驻脱贫攻坚督导组和进一步加强驻村帮扶工作的通知

6. 内蒙古自治区党委办公厅　自治区政府办公厅印发《内蒙古自治区脱贫攻坚责任制实施细则》的通知

7. 内蒙古自治区派驻贫困旗县（市、区）脱贫攻坚总队管理办法

8. 内蒙古自治区派驻贫困旗县（市、区）脱贫攻坚总队及成员考核评价办法

9. 关于进一步加强驻村帮扶工作人员管理工作的通知

10. 内蒙古自治区党委组织部、自治区扶贫办关于聚焦打好精准脱贫攻坚战加强干部教育培训的实施方案

11. 内蒙古自治区驻贫困嘎查村干部管理办法

12. 内蒙古自治区关心关爱脱贫攻坚一线干部若干办法

13. 内蒙古自治区贫困户帮扶责任人管理办法（暂行）

# 二、典型案例

 **案例一** ————————

## 开鲁县：推行"23456 工作法"
## 从严管理脱贫驻村工作队

坚持"两个精准"，为驻村工作队增力量。一是精准配备到位。从 89 个县直单位、12 个镇场选派 680 名优秀干部组成驻村工作队，进驻全县 254 个有建档立卡贫困户的嘎查村（分场），做到因村派人精准、驻村力量精干。二是精准帮扶到位。全县 1343 名干部与未脱贫 1553 户、正常脱贫 3330 户结成帮扶对子，每月进村入户不少于 4 次，因户因人施策，做到帮扶措施精准。

开展"三级培训"，为驻村工作队强本领。建立由县委组织部牵头，县扶贫办和扶贫开发领导小组成员单位协同，各镇场、嘎查村和群众共同参与的三位一体培训体系。截至 2020 年 9 月底，完成对选派的脱贫攻坚驻村工作队第一书记、队员、包联贫困户干部全员培训 3 期，各镇场领导干部教育培训 10 期，县扶贫开发领导小组成员单位负责人等部门行业干部的教育培训 10 期。各镇场党委完成对县直部门包联干部、各镇场干部的教育培训 12 期，贫困嘎查村干部教育培训 14 期。由各嘎查村党组织书记和驻村第一书记（工作队长）完成各贫困嘎查村贫困人口及其他村民的教育培训共 2 次。

建立"四项制度"，为驻村工作队立规矩。建立日常学习制度、考勤管理制度、工作纪实制度、工作例会制度，严格考核管理，压实工作责任，确保作用发挥。

实施"五类督查"，为驻村工作队传压力。坚持把常态化从严督查作为监管驻村干部的一项重要举措，成立3个常态化督导组定期不定期地跟踪督查。采取突击式督查、暗访式督查、调阅式督查、联合式督查、蹲点式督查五种方式，积极发现问题，并作出相应处置，推动驻村帮扶工作队各项工作任务有效落实。

聚焦"六个到位"，为驻村工作队添动力。通过经费保障到位、生活补助到位、安全保障到位、评先评优到位、兑现奖惩到位、选树典型到位，将相关激励关爱措施制度化、常态化，确保全县驻村工作队员"留得住、干得好、有出路"。

 **案例二**

# 致扶贫干部及家属的一封信

可亲可敬的扶贫干部及家属：

你们好！阳春三月，万物复苏，在这个生机勃勃的季节，我们迎来了"三八"国际劳动妇女节。在此，兴安盟妇女联合会向你们致以节日的祝福和最深切的问候！并向你们道一声：辛苦了！

广大扶贫干部以敢为人先的勇气，在脱贫攻坚的广阔舞台上施展才华、锻炼才干，帮助贫困群众解决了一个又一个困难问题，办了一件又一件好事实事，他们的工作得到了组织的肯定和群众的认可。党委、政府和社会各界牵挂关注扶贫干部及其广大家属的安危冷暖，妇联组织也积极从关爱扶贫女干部和关心扶贫干部家庭的角度开展了系列暖心活动。相信作为他们的至亲至爱，你们比我们更懂得理解他们，你们比我们更心疼他们。如果没有你们无条件的支持，他们怎能如此安心顺利地开展扶贫工作，怎能取得一个又一个让人满意的成绩，稳定的后方才是驻村扶贫干部的无尽动力和坚实保障。由于脱贫工作繁忙，他们无法照顾家庭、老人和孩子，对您和家庭亏欠太多……而你们无怨无悔承担了家庭的重担，与亲人聚少离多你们从不抱怨，使他们能够全身心地在自己的岗位上安心工作！感谢您付出了常人难以想象的艰辛和汗水，让他们在扶贫战场上建功立业！感谢您对他们的理解和支持！在此，我们向所有驻村扶贫干部家属说一声：你们辛苦了！

"长风破浪会有时，直挂云帆济沧海。"再次感谢您的支持、理解和付出，人民群众不会忘记，军功章有您的一半。在未来的扶贫实践中，工作任务将更加繁重，加班加点将会更多，他们与工作为伴、以村为家、以群众为亲。真心地希望：在这段时间里，我们的扶贫干部能得到各位家属们一如既往的支持、鼓励和关爱，让他们全力以赴地扛起扶贫助困的重担，在帮助困难群众脱贫致富奔小康的征程中贡献更多的智慧和力量，取得更大的成绩、更丰硕的成果！

最后，祝你们节日快乐，身体健康，阖家幸福，万事如意！

兴安盟妇女联合会

2019 年 3 月 7 日

📋 **案例三**

# 驻村工作队扶贫防疫"两不误"

2020年开春，扎赉特旗阿拉达尔吐苏木图门嘎查贫困户佟立军家的母牛连续下了3头牛犊，还有5头也要临产。佟立军说，没有驻村扶贫工作队和产业指导员的帮助，他的牛产业不会发展得这样好。

图门嘎查现有贫困户38户107人。按照产业规划，全村以发展养牛业为主，贫困户户均养牛4头。如何让贫困户的产业发展不受疫情影响成为驻村工作队面临的重要问题。经过深入调查，工作队组织产业指导员挨家挨户对棚圈建设、饲料供应等关键环节进行一对一指导。

在春耕生产方面，驻村工作队帮助贫困户协调资金，提供种子、化肥价格信息和购买渠道。这些关心和鼓励带给贫困户极大的信心。"他们主动上门来问我们是否缺农药、种子和化肥，都想着我们呢！"佟立军说。

"面对疫情防控和脱贫攻坚双重任务，我们队员变压力为动力，积极为贫困户谋划生产发展大计，确保脱贫户不掉队、早脱贫。"图门嘎查驻村工作队队长明珠说。

2020年的春耕备耕时节，鄂尔多斯市乌审旗一些村民上一年的玉米还堆放在晾晒场。受疫情影响，基本没有外地买家前来收购。驻村工作队多方联系，为村民联系到了买家和大型玉米脱粒机。

"在疫情排查期间，我们发现一些农户家里的玉米未能销售，老百姓非常着急，于是村'两委'班子和监委一同协商来解决问题。"乌审旗水土保持工作中心驻纳林河村第一书记斯日古林说。

疫情发生后，斯日古林立即返村到岗，放弃了春节假期，积极组织村"两委"做好防疫宣传工作，增强村民防疫意识。在防疫工作开展中，得知部分贫困户生活物资紧缺，斯日古林第一时间买上物资送到贫困户家中。

 **案例四**

## 扎鲁特旗：创新"党建引领＋扶贫＋合作社"模式

自脱贫攻坚战以来，扎鲁特旗巨日合镇坚持以党建引领脱贫攻坚，把党建工作融入脱贫攻坚的全过程、全方位，不断完善"党建引领＋扶贫＋合作社"工作模式，充分发挥党员干部在发展产业、公共服务、社会保障等方面的带头作用，以及党员干部在致富帮带方面的示范作用，带领群众走向致富路。

从"输血式"扶贫向"造血式"扶贫转变，这是作为党员更是第一书记的张力的目标。驻村工作开展以来，张力带领工作队与村"两委"班子深度融合，为脱贫致富找路子、想办法，将村"两委"班子领头雁的作用充分发挥出来，把村民党员积极性调动起来，"一帮一""一帮多""多帮一"等一系列行之有效的措施，换来了后堡村的稳定脱贫和群众满满的获得感。

59岁的李海是巨日合镇后堡村的建档立卡贫困户。李海夫妇俩因病致贫，2016年被识别为建档立卡贫困户，在驻村工作队和帮扶责任人的帮助下，他利用帮扶资金购买了10只羊，经过几年的精心饲养，羊已经发展到了50多只，每年出栏20多只，人均年收入达到了 15000 元。养羊带来的收益让李海家实现了脱贫，"有了党和政府的好政策，我现在的生活好多了，日子越过越好了。"李海说。

近年来，巨日合镇创新"党建引领＋扶贫＋合作社"的新模式，紧扣"围绕脱贫抓党建、抓好党建促脱贫"这一主线，坚持将党建和精准扶贫工作相融合，通过政策上帮助、思想上引导、资金上扶持等措施，扶志向、扶智力、扶技术、扶资金，全方位、多形式地开展扶贫工作，实现农业强、农村美、农民富的目标。

# 第十五章

# 建立上下联动、配套完善的政策体系

## 一、综　述

党的十八大以来，内蒙古自治区党委、政府紧扣脱贫攻坚形势任务，紧盯"两不愁三保障"，着力解决突出问题。组织盟市、旗县全面开展了"两不愁三保障"排查摸底工作，精准锁定了未完成指标任务。通过实施十项"清零达标"专项行动，统筹整合各方资源，有效解决了影响"两不愁三保障"等突出问题。同时，把抓好专项巡视和成效考核整改作为树牢"四个意识"、坚定"四个自信"、做到"两个维护"的具体行动，与国家各类监督检查反馈问题和自治区自查发现问题一并安排部署、一体整改落实。

### （一）着力解决"两不愁三保障"等突出问题，进一步巩固脱贫成果

开展控辍保学。建成全区控辍保学动态数据库，精准做好失学、辍学儿童少年监测、核查和劝返工作。利用现有特教资源，对轻度三

类残疾儿童（视障、听障、智障）安排随班就读，对中度三类残疾儿童有接受能力的实施送教上门，提供义务教育保障。加强劝返力度，及时劝返。全区义务教育阶段学生无因贫失学辍学情况。

完善精准资助体系。建立了从学前教育到研究生教育较为完善的资助体系，实现了所有学段、公办民办学校、家庭经济困难学生"三个全覆盖"，2016 年以来累计资助各级各类学生 2102.79 万人次，资助金额 233.41 亿元。

改善贫困地区学校办学条件。2014 年以来，投入近百亿元，按时完成"全面改薄"项目。推进全区学校信息化建设。全区中小学校（含教学点）全部接入互联网（自治区为全国 10 个实现互联网全覆盖的省区之一），其中 91.55% 的学校接入带宽在 100M 以上，93% 的中小学校建成校园网，普通教室多媒体教学设备配备率达到 98%。实施农村牧区义务教育学生营养改善计划，覆盖 31 个国贫旗县农村牧区义务教育阶段学校（含教学点）985 所、学生 25.6 万名。

锡林郭勒盟太仆寺旗第二小学新建的体育场

加强乡村教师队伍建设。2016 年开始实施县域内义务教育学校校长教师交流制度，交流校长教师约 4.2 万人次。2009 年启动实施"农村牧区义务教育阶段学校教师特设岗位计划"，招聘特岗教师 6418 人。2017 年启动实施自治区公费定向培养师资计划，已招生 1307 人，加强了乡村学校一专多能教师的培养。建立乡村教师从教 20 年荣誉制度，为 5.1 万名教师颁发了荣誉证书。建设乡村教师周转宿舍，为集中连片特困地区乡村教师发放生活补助（乡村学校教师 300 元 / 人 / 月，村小、教学点教师 400 元 / 人 / 月），进一步解决了乡村教师"进得来、下得去、留得住、教得好"的问题。

发挥职业教育服务能力。中等职业学校开展职业技能培训，为建档立卡贫困家庭、城乡低保家庭成员和残疾人提供培训服务。实施"求学圆梦行动"，提升农牧民工学历层次、技术技能及文化素质，自 2018 年秋季招生以来，总学员已达到 4600 多人，其中来自贫困旗县学员 1158 人。推进"农校对接"助力消费扶贫，全区 45 所高校于 2020 年全部启动。

狠抓就业精准帮扶。全力做好 2019 届高校建档立卡贫困家庭毕业生就业帮扶工作。截至 2019 年 8 月 31 日，自治区建档立卡贫困家庭 3123 名应届毕业生中，已实现就业 2722 人，就业率为 87.16%，高出全区整体就业率 3.85%。

## （二）完善健康扶贫保障制度，进一步强化扶贫实效

高质量推进基本医疗有保障工作。严格落实国家基本医疗有保障工作要求，结合实际，印发了《内蒙古自治区解决贫困人口基本医疗有保障突出问题实施方案》，围绕旗县医院能力建设、"县乡一体、

乡村一体"机制建设、乡村医疗卫生机构标准化建设三大主攻方向，实施贫困旗县卫生院卫生室达标专项行动，纳入台账管理的 176 个卫生院、752 个卫生室完成达标任务。采取"一院一策"，做实做细三级医院对口帮扶和远程医疗信息化建设，加强基层人才培养，贫困旗县苏木乡镇卫生院确保配备 1 名全科医生。截至 2019 年底，全部消除医疗机构和人员"空白点"，实现了贫困人口看病"有地方、有医生、有制度保障"的目标。

实施大病慢病分类救治。连续五年开展入户核实核准工作，累计核准患病贫困人口 42.1 万人，结合病情，开展分类救治，整体救治率达 99.8%。儿童先心病、胃癌等 30 种大病救治率达 99.9%，实现动态化应治尽治。家庭医生签约服务对常住贫困人口实现全覆盖，33 万贫困慢病患者享受了签约服务，为高血压、糖尿病、结核病、严重精神障碍等 4 种慢病患者提供规范健康管理，季度随访率达 95% 以

赤峰市喀喇沁旗实施"一站式"窗口结算

上，基本实现应访尽访，为脑血管病、慢阻肺等 6 种慢性病有针对性地提供健康教育处方。

实施健康扶贫防病行动，推进关口前移。全面加强疾病预防和公共卫生工作，实施了健康扶贫防病"六大工程"，重大传染病、地方病防治取得积极进展，适龄儿童国家免疫规划疫苗报告接种率达 95% 以上，基本实现慢性病示范区建设全覆盖，重症精神障碍综合防控工作继续走在全国前列。妇女"两癌"筛查、儿童营养改善、新生儿疾病筛查项目覆盖 31 个国贫旗县；孕前优生健康检查项目覆盖全区所有目标人群。健康促进与教育力度持续加大，联合《健康报》《内蒙古日报》等 10 家媒体 131 家成员单位组建了"健康内蒙古传播联盟"，开展健康巡讲 4 万余场。

巡视反馈问题得到全面整改。2020 年中央专项巡视"回头看"提出 800 人以上易地搬迁安置点医疗机构配置不到位和卫生院专业技术人员短缺两个方面问题，目前易地搬迁安置点医疗机构配置已整改完成。

## （三）加强危房改造力度，保障脱贫质量

党的十八大以来，全区各级住房和城乡建设部门及扶贫、民政、残联部门坚定政治站位，把农村牧区危房改造工作作为重大政治任务和促进民族团结、边疆稳固的重大民生工程来抓，不断加大组织领导和宣传发动力度，增强全区住建系统对打赢脱贫攻坚战的凝聚力和战斗力，通过加强调查研究、科学制定农村牧区危房改造方案、创新思路制定标准实施规范化管理、优先支持特困地区和建档立卡贫困户危房改造、多措并举保障特困户住房安全等方法，扎实推进全区脱贫攻坚农村牧区危房改造工作。2013 年至 2020 年，全区共下达中央补助

资金 79.6 亿元，自治区本级补助资金 63.6 亿元，支持 99.3 万居住在危房中的农村牧区贫困农牧户实施危房改造，其中 13.7 万户建档立卡贫困户住上了安全房、放心房，切实保障了贫困群众的生命财产安全。为全面检验脱贫攻坚住房安全保障成效，全区各级住房和城乡建设部门会同扶贫部门，组织各村"两委"和驻村第一书记、驻村工作队，对全区 37.8 万户建档立卡贫困户住房安全保障成果进行再确认再检验，其中鉴定安全占比 41%、改造安全占比 52.5%、保障安全占比 6%、死亡销号占比 0.5%。

### （四）确保贫困人口安全饮水，提升脱贫成效

推动整体提升，农村牧区供水工程基础更加稳固。"十三五"期间，自治区聚焦脱贫攻坚，全面推动农村牧区供水工程巩固提升。已累计投入资金 53.7 亿元，其中，中央补助 9.9 亿元，自治区本级投入奖金 12.9 亿元，盟市、旗县投入资金 30.9 亿元，新建和改扩建供水工程 15317 处，新打机电井 4015 眼、供水基本井（筒井）2 万余眼，建成储水窖 1 万余处，安装净水设备 16.8 万余套，新建、改造管网 16890 千米，建成自来水工程 2780 处。全区巩固提升工程受益农牧民 430 万人，解决 18.3 万建档立卡贫困人口饮水安全问题，按照现行标准，全区贫困人口饮水安全问题得到全面解决。

加强工作研究布置，加大督促检查力度。自治区水利、扶贫、卫生计生等部门建立了部门联席会议机制，适时召开部门联席会议，专题研究水利扶贫及脱贫攻坚饮水安全保障工作。先后制定印发了《2019 年脱贫攻坚"清零达标"饮水安全工作实施方案》《水利扶贫保障专项行动实施方案》《关于统筹整合涉农涉牧资金和扶

巴彦淖尔市五原县机井通电涌出致富泉水

贫资金用于农村牧区脱贫攻坚饮水安全保障的通知》《关于加强农村牧区应急供水工作的指导意见》《关于加强农村牧区饮水工程运行管理工作的指导意见》《关于进一步做好贫困地区农村牧区饮水安全保障工作的通知》等文件，切实加强了对盟市、旗县做好饮水安全保障工作的指导，为脱贫攻坚饮水安全按时高质量完成提供了制度保障和政策引导。成立农村牧区饮水安全脱贫攻坚暗访检查专班，对全区 12 个盟市开展饮水安全巡回暗访，重点督查脱贫攻坚饮水安全保障情况、水费收缴情况、单户水处理设备使用情况等，对于发现的问题，以"一市一单"的形式及时向盟市水利部门反馈，督促限时整改。

多渠道筹措资金，保证工程建设投入。为全面解决贫困人口饮水安全问题，自治区着重加大对贫困地区资金倾斜力度，严格执行政策，取消贫困旗县配套资金要求，对集中连片特殊困难地区的建设资金全部由中央和自治区负担，不要求盟市配套，其他旗县中央和自治区资金补助 70%。细化资金整合保障措施，自治区水利厅、财政厅、扶贫办联合下发《关于统筹整合涉农涉牧资金和扶贫资金用于农村牧区脱贫攻坚饮水安全保障的通知》，明确贫困旗县整合涉农涉牧资金优先用于贫困嘎查村和有建档立卡贫困人口的非贫困嘎查村脱贫攻坚饮水安全保障工作，在确保"应整尽整"的基础上，整合资金投入不足部分允许用财政专项扶贫资金弥补，帮助各地解决整改资金不足的问题。扩展资金筹集渠道，在增加公共财政投入、加大资金整合力度的基础上，明确地方债券资金发行使用中可以用于脱贫攻坚饮水安全工作，2020 年自治区财政利用地方债券安排饮水安全专项扶贫资金 2.1 亿元，"十三五"期间，盟市、旗县通过本级财政投入、使用地债资金、贷款、整合涉农涉牧等方式投入资金 30.9 亿元，为解决贫困人口饮水安全问题提供了资金保障。

强化责任落实，建立农村牧区供水运行管护长效机制。为保障农村牧区供水工程长效运行，巩固脱贫攻坚饮水安全成果，在全区各旗县区落实地方人民政府主体责任、水行政主管部门行业监管责任、供水单位运行管理责任"三个责任"，建立健全管理机构、管理办法、维护经费"三项制度"。推动管护责任向基层延伸，推广村级管水员制度，进一步建立健全村级管水制度，扶持基层管水事业健康发展，打通农村牧区供水工程运行管理"最后一公里"。印发《关于加快推进农村牧区供水工程水费收缴工作的通知》和《内蒙古自治区农村牧区供水工程水费收缴推进工作问责实施细则》，指导各地摸清工程底数，完善计量设备，合理制定水价，建立财政资金补助与激励机制，全力推进水费收缴工作。

## （五）做好生态扶贫文章，推动绿水青山变成金山银山

截至 2020 年 6 月，全区贫困地区完成林业生态建设面积 321.4 万亩，新增生态护林员 648 人。通过护林员护草员公益岗共解决建档立卡贫困人口就业 21684 人，人均年补助 1 万元。据测算，全区可带动约 5.2 万人年均收入超过国贫旗县收入标准。自治区下发了《内蒙古自治区林业和草原生态扶贫 2020 年实施方案》《中央脱贫攻坚专项巡视"回头看"发现问题排查整改工作方案》《自治区林草生态扶贫挂牌督战方案》，根据年度方案、整改工作方案和挂牌督战方案，明确工作职责，各职能部门充分发挥各自职责，林草生态扶贫各项政策精准到户再排查、再落实。编印《内蒙古林草生态扶贫学习材料》《林草生态扶贫政策指南》，供相关处室参考学习，做好生态扶贫工作，坚决打赢脱贫攻坚战。

## （六）开展社会保障兜底，关注贫困群众民生问题

深入开展社会救助兜底脱贫行动。精准实施农村低保、特困人员救助供养、临时救助等政策，持续抓好因疫因病家庭收入扣减、纳入低保贫困户"渐退期"等政策落实，聚焦未脱贫建档立卡贫困人口、已脱贫存在返贫风险贫困人口、边缘户中存在致贫风险贫困人口等重点对象开展兜底保障大排查，及时将符合条件的重点对象纳入兜底保障范围。截至 2020 年 8 月初，全区建档立卡贫困人口纳入低保保障 41.06 万人。其中，未脱贫建档立卡贫困人口纳入低保保障 1.19 万人，已脱贫存在返贫风险贫困人口纳入低保保障 1.24 万人，边缘户存在致贫风险贫困人口纳入低保保障 1.77 万人。全区建档立卡贫困人口

锡林郭勒盟多伦县榆木川生态美如画

享受低保渐退政策 3.25 万人。

出台救助兜底保障扩面政策。2020 年 6 月 28 日，自治区民政厅、财政厅印发《关于进一步做好困难群众基本生活保障工作的通知》，适度扩大救助保障范围，切实保障困难群众基本生活。最低生活保障兜底方面：一是对无法外出务工、经营、就业，收入下降导致基本生活出现困难的城乡居民，符合条件的，及时纳入低保保障范围。二是对低收入家庭（家庭人均收入低于 1.5 倍低保标准）中的重残、重病患者等特殊困难人员，可按单人户申请纳入低保保障范围。临时救助方面：对受疫情影响无法返岗复工、连续三个月无收入来源，生活困难且失业保险政策无法覆盖的农民工等未参保失业人员，未纳入低保保障范围的，经本人申请，由务工地或经常居住地发放一次性临时救助金。特困人员救助供养方面：完善特困人员认定条件，将特困人员救助供养覆盖的未成年人年龄从16周岁延长至18周岁。

强化资金保障及时足额发放救助金。加强对地方资金支撑保障力度，下拨2020年中央、自治区社会救助补助资金65.17亿元，其中中央补助资金50.89亿元（较上年增加1.89亿元），自治区本级补助资金14.28亿元（较上年增加1.93亿元）。同时，进一步规范救助资金发放程序，健全资金发放月调度机制，确保低保、特困等救助资金及时足额发放。截至2020年8月14日，全区已完成1—8月低保金、特困人员基本生活费和1—4月价格临时补贴发放工作（全区3—4月价格临时补贴标准在初始测定的基础上提高1倍）。

锡林郭勒盟正镶白旗民政局工作人员为贫困户办理低保

**点评**

　　打赢打好脱贫攻坚战离不开强有力的政策保障。为贯彻落实习近平总书记关于扶贫工作的重要论述，围绕精准扶贫精准脱贫基本方略，内蒙古积极谋划出台了"一揽子"政策，共同构筑起脱贫攻坚的政策体系。

　　聚焦"六个精准""五个一批"，制定直接作用于脱贫攻坚各领域的政策部署。精准扶贫，一定要精准施策。要坚持因人因地施策，因贫困原因施策，因贫困类型施策。围绕"两不愁三保障"问题，制定有关产业发展脱贫、转移就业脱贫、易地搬迁脱贫、教育扶贫、健康扶贫、生态保护扶贫、兜底保障等方面的政策规划。在此基础上，瞄准贫困人口，因地制宜，分类施策，实施十项"清零达标"专项行动，统筹整合各方资源，让不愁吃、不愁穿，义务教育、基本医疗、住房安全有保障。

　　因应新时期农村减贫形势变动，制定了破解制约贫困地区农村脱贫增收各项体制机制障碍的配套改革政策。内蒙古直面基层推进扶贫开发工作深入开展中遇到的问题，以全面深化改革的思维，在各领域启动了多项重大配套改革措施，对脱贫攻坚战的有效开展提供了良好的政策环境，有力保障了精准扶贫精准脱贫基本方略落到实处。比如，我们围绕国土、金融保险、投融资等多个领域出台的相关配套改革，充分释放了活力，为脱贫攻坚提供了有力支撑，各项改革红利直接惠及民生，为老百姓特别是建档立卡贫困户带来了实实在在的收益。

## 🔍 相 关 政 策 法 规

### 关于政策体系方面的政策文件

1. 中共中央　国务院关于打赢脱贫攻坚战的决定

2. 内蒙古自治区党委、政府关于贯彻落实《中国农村扶贫开发纲要（2011—2020 年)》的实施意见

3. 内蒙古自治区农村牧区扶贫开发条例

4. 内蒙古自治区农村牧区扶贫开发实施方案（2013—2017 年)

5. 内蒙古自治区金融扶贫富民工程实施方案（2013—2017 年)

6. 内蒙古自治区关于创新扶贫工作机制扎实推进扶贫攻坚工程的意见

7. 内蒙古自治区关于深入推进扶贫攻坚工程"三到村三到户"工作方案

8. 内蒙古自治区扶贫对象退出管理工作方案

9. 内蒙古自治区关于加大脱贫攻坚力度支持革命老区开发建设的实施意见

10. 内蒙古自治区"十三五"产业扶贫规划

11. 内蒙古自治区党委组织部印发关于抓党建促脱贫攻坚的指导意见

12. 内蒙古自治区政府关于进一步加大脱贫攻坚力度十项措施的通知

13. 内蒙古自治区政府关于印发自治区健康扶贫工作推进方案的通知

14. 内蒙古自治区深度贫困地区脱贫攻坚推进方案

15. 内蒙古自治区实施健康扶贫工程完善基本医保和相关救助政策的意见

16. 内蒙古自治区政府办公厅关于支持易地扶贫搬迁项目有关政策的通知

17. 内蒙古自治区住建厅、扶贫办关于进一步加强农村牧区建档立卡贫困户等重点对象危房改造工作的通知

18. 内蒙古自治区在脱贫攻坚三年行动中切实做好社会救助兜底保障工作的实施方案

19. 内蒙古自治区生态扶贫工作方案

20. 内蒙古自治区解决"两不愁三保障"突出问题工作方案

21. 内蒙古自治区教育厅印发《解决建档立卡贫困家庭适龄子女义务教育有保障工作实施方案》的通知

22. 内蒙古自治区解决脱贫攻坚饮水安全保障突出问题工作方案的通知

23. 内蒙古自治区扶贫开发领导小组办公室印发关于开展扶贫扶志行动措施的通知

24. 内蒙古自治区扶贫开发领导小组印发建立防致贫返贫监测和帮扶机制的实施意见

25. 内蒙古自治区扶贫开发领导小组印发巩固脱贫成果防止返贫致贫的八项措施的通知

26. 内蒙古自治区扶贫办印发关于支持贫困户发展庭院经济的指导意见

27. 内蒙古自治区扶贫公益岗位开发与管理暂行办法

28. 内蒙古自治区发展改革委 扶贫办等13部门关于印发《自治区贯彻落实易地扶贫搬迁后续扶持若干政策措施的意见》的通知

29.内蒙古自治区消费扶贫行动实施方案

# 二、典型案例

 **案例一**

## 喀喇沁旗:"一保二救三托底"织密兜底保障立体网

喀喇沁旗始终牢固树立"四个意识",坚持以保障和改善民生为出发点,以深化民政领域改革为主线,通过实施"一保二救三托底"推动策略,聚焦贫困家庭和农户,扎实推进民生兜底保障。

"一保",应保尽保。坚持以农村低保和特困供养为依托,着力强化保障兜底与扶贫政策有效衔接,出台了喀喇沁旗社会救助与扶贫开发政策有效衔接实施方案,多措并用实现按户施保、应保尽保。从2016年8月起全旗全面开展城乡低保按户施保工作,对已享受低保待遇人员以家庭为单位,以认定办法为标准,逐户核查,精准认定。对新申请对象,严把入口关,对符合条件的家庭均整户纳入低保保障范围。

"二救",应救尽救。坚持推进医疗救助与扶贫开发制度的有效衔接。以贫困人口因病致贫、因病返贫问题为切入点。喀喇沁旗整合部门资源,坚持融入健康扶贫大机制、大体制、大格局对因病导致生活困难的群众,采取资助参保救助、代缴补充医疗保险救助、住院救助、门诊救助、定额救助、重大疾病救助等"六位一体"救助模式,在全市率先实施建档立卡贫困人口与农村低保人员享有同等医疗救助政策。由旗民政局牵头，会同医保、卫计、人保财险等部门，在政务服务中心大厅开设"一站式"即时结算平台，在全市率先创新医疗救助报销模式，方便群众办理救助手续。

"托底"，展开临救。针对因遭遇突发事件、意外伤害、重大疾病或其他特殊原因导致基本生活陷入困境的农村家庭或个人，积极开展临时救助，帮助困难群众渡过难关，不因意外而返贫。针对因灾、突发事故、重大疾病导致基本生活暂时出现严重困难的家庭，一次性给予300—5000元的"急难"救助，建立和完善了全旗11个乡镇（街道）社会救助服务大厅。同时，设立"特别救助金"，确保陷入困境的群众得到及时救助。

# 第十六章

# 建立适应需求、供给有力的投入体系

## 一、综 述

近年来，内蒙古自治区扶贫办认真按照《中央财政专项扶贫资金管理办法》、《内蒙古自治区财政专项扶贫资金管理办法》和《关于进一步加强自治区扶贫资金使用管理的意见》等文件规定，持续加大财政专项扶贫资金投入力度，科学合理地分配资金，并严格落实资金监管责任，加强与财政、审计等相关部门的配合，持续做好扶贫资金日常监督管理工作。

### （一）持续加大财政专项扶贫资金投入力度

《决战决胜脱贫攻坚 60 热问》第六集

内蒙古自治区根据脱贫攻坚任务需要和财力情况，始终把脱贫攻坚资金保障摆在突出位置，集中财力大幅增加资金投入，按照贫困状况、政策任务和脱贫成效等，着重向扶贫开发工作重点县、贫困革命老区、贫困少数民族地区、贫困边境地区和连片特困地区倾斜，使资金向脱贫攻坚主战场聚焦。

2016—2020 年，内蒙古自治区累计投入财政专项扶贫资金 461.4 亿元。2020 年，中央、自治区、盟市、旗县四级财政计划投入专项扶贫资金 112.3 亿元、同比增长 13.8％，其中中央投入 28.2 亿元、同比增长 14.7％，自治区投入 51.5 亿元、同比增长 14.8％，盟市、旗县投入 32.6 亿元、同比增长 11.6％。

**金融扶贫**

实施"金融扶贫富民工程"，累计放贷 358 亿元，其中 16.25 万户建档立卡贫困户累计得到贷款 65 亿元

2013年以来，累计发放扶贫小额贷款173.75亿元，覆盖贫困户42.5万户（次）

## （二）巩固提高贫困县涉农资金统筹整合试点工作

按照财政部、国务院扶贫办相关涉农资金整合文件要求，自治区进一步加大贫困旗县涉农资金实质性整合工作力度，督促指导贫困旗县结合脱贫攻坚规划，围绕年度脱贫任务，坚持现行标准，规范编制统筹整合财政涉农资金实施方案。

一是强化制度保障。为进一步做好内蒙古自治区涉农涉牧资金统筹整合工作，深入贯彻落实《国务院办公厅关于支持贫困县开展统筹整合使用财政涉农资金试点的意见》文件精神和财政部、国务院扶贫办有关工作要求，自治区相继出台了一系列统筹整合涉农涉牧资金制度文件。《内蒙古自治区人民政府关于贫困旗县统筹整合使用财政涉农涉牧资金试点工作的实施意见》《关于进一步加强扶贫资金使用管理的意见》《内蒙古自治区人民政府关于探索建立涉农涉牧资金统筹

整合长效机制的实施意见》《内蒙古自治区人民政府办公厅关于进一步加强贫困旗县统筹整合使用财政涉农涉牧资金的通知》等文件，进一步明确了资金整合范围和标准，要求贫困旗县高度重视财政资金统筹整合使用工作，加大资金统筹整合使用工作推进力度、科学编制和制定资金统筹整合方案及资金管理办法、加快推进扶贫项目库建设，严格执行资金整合范围，严格落实资金下达方式和资金增幅要求，切实加快扶贫资金拨付进度、建立通报和责任追究机制等。要求严格落实对贫困旗县资金增幅要求，切实做到"因需而整、应整尽整"。同时从总体要求、推进行业内涉农涉牧资金整合、推进行业间涉农涉牧资金统筹、改革完善涉农涉牧资金管理体制机制、保障措施等方面予以明确。

二是加大审核力度。从 2017 年开始，自治区财政厅与扶贫办每年在 3 月份联合举办统筹整合工作培训暨整合方案审核会议，对旗县的整合资金试点方案进行审核，并提交自治区扶贫开发领导小组进行备案。8 月底，根据资金到位情况和工作实际，又组织盟市、旗县对年初确定的整合方案进行了调整，对整合规模过低而扶贫工作中又有资金缺口的旗县，不予备案，限期整改，切实推动落实"因需而整、应整尽整"的要求。2016—2020 年，内蒙古自治区 31 个国贫旗县计划整合资金 297.53 亿元。2020 年，31 个国贫旗县年初计划整合资金 72.45 亿元，较去年增加了 5525 万元。

## （三）强化金融扶贫小额信贷工作

为了解决内蒙古自治区贫困地区农牧民贷款难、贷款贵的难题，2013 年 11 月，内蒙古自治区人民政府制定并印发了《内蒙古自治区金融扶贫富民工程实施方案》，启动实施了"金融扶贫富民工程"。

2013—2017 年，自治区本级财政累计安排 25 亿元风险补偿资金，按照"政府主导、银行参与、市场运作"的金融扶贫新机制，与中国农业银行合作，按照 1∶10 的比例撬动金融扶贫贷款，重点支持 57 个贫困旗县贫困农牧户、扶贫龙头企业和农牧民专业合作社发展扶贫主导产业。不超过基准利率 40% 的优惠利率，给予

《决战决胜脱贫攻坚 60 热问》第七集

财政贴息、进行风险补偿等优惠政策，不但解决了贫困户贷款难、贷款贵的问题，而且激发了贫困户自我发展、自力更生、脱贫致富的积极性、主动性。截至 2017 年底，全区累计发放各类金融扶贫贷款 615 亿元，其中建档立卡贫困户扶贫小额贷款 22 万户（次）、90 亿元，分别占建档立卡贫困人口总户数的 37.9% 和贷款总额的 14.6%。

随着《内蒙古自治区金融扶贫富民工程风险补偿资金管理办法》《内蒙古自治区扶贫贷款贴息资金管理暂行办法》《内蒙古自治区财政厅　扶贫办关于进一步做好金融扶贫富民工程贷款贴息工作的通知》等政策文件的出台，金融扶贫政策体系的不断完善，金融扶贫富民工程贷款新机制和新模式迅速在全区得到了复制和推广，项目旗县由 57 个贫困旗县增加到 81 个旗县，参与金融扶贫的金融机构由农业银行 1 家增加到了 9 家，扶贫方式由"输血"变"造血"，扶贫资金由无偿变有偿，扶贫动力由"要我脱贫"变"我要脱贫"，扶贫资金怎么用贫困户自己说了算，进一步激发了贫困群众内生动力。

2017 年 8 月，中国银监会、财政部、中国人民银行、中国保监会、国务院扶贫办联合印发《关于促进扶贫小额信贷健康发展的通知》，明确了扶贫小额信贷政策"5 万元以下、3 年期以内、免担保免抵押、基准利率放贷、财政贴息、县建风险补偿金"6 项政策要点。为了保证自治区 2013 年出台、2017 年底到期的金融扶贫政策与国家出台的扶贫小额信贷政策平稳过渡、顺利衔接，2018 年，自治

乌兰察布市化德县银行工作人员宣传金融扶贫贷款政策

区人民政府办公厅出台了《关于进一步完善精准扶贫信贷政策的八项措施》，要求各地严格执行《关于促进扶贫小额信贷健康发展的通知》文件精神和政策要求，从 2017 年 7 月 25 日起严格执行扶贫小额信贷 6 项政策要点，做好贷后管理，坚持户借户还，防范"户贷企用"、违规用款等问题的发生。同年，自治区财政厅、扶贫办、金融办联合印发《内蒙古自治区扶贫小额信贷财政贴息和风险补偿金使用管理办法（试行）》，进一步明确在"县建风险补偿金"的基础上，由旗县财政直接对建档立卡贫困户获得的扶贫小额贷款进行全程全额贴息。

中国银保监会内蒙古监管局、自治区财政厅、中国人民银行呼和浩特中心支行、自治区扶贫办第一时间转发了中国银保监会、财政部、中国人民银行、国务院扶贫办联合印发的《关于进一步规范和完善扶贫小额信贷管理的通知》《关于进一步完善扶贫小额信贷有关政策的通知》，以及国务院扶贫办、中国银保监会联合印发的《关于积极应对新冠肺炎疫情影响切实做好扶贫小额信贷工作的通知》，将脱贫攻坚期内保持扶贫小额信贷支持政策不变、力度不减，边缘户纳入扶贫小额信贷支持范围，适当延长还款期限等利

包头市土右旗发放"金融扶贫富民工程"贴息贷款

好政策措施落实到位。同时，结合本地实际情况，制定出台《关于进一步做好扶贫小额信贷风险补偿资金使用工作的通知》《关于扶贫小额信贷业务有关政策的答复》《关于全面落实扶贫小额信贷财政贴息和风险补偿政策的通知》等一系列政策文件，明确了自治区金融支持脱贫攻坚工作目标、政策举措，形成了与全区精准扶贫精准脱贫任务相适应、比较完善的扶贫小额信贷政策框架体系。截至 2020 年 8 月底，3 年期贷款贫困户 4.5 万户，占存量贷款贫困户数的 52%，其中 2020 年发放的 3 年期贷款贫困户 3.5 万户，占存量贷款贫困户数的 40%；无还本续贷 2079 户、9340 万元，展期 882 户、4161 万元，延期 119 户、558 万元；边缘户贷款 0.14 亿元。累计发放建档立卡贫困户扶贫小额贷款 49.35 万户（次）、203.64 亿元，其中：2020 年发放 6 万户、金额 26.13 亿元，余额 34.97 亿元，逾期贷款金额、户贷企用存量贷款金额全部为零，扶贫小额信贷实现健康、有序发展，为贫困人口全部脱贫、贫困嘎查（村）全部出列、贫困旗县全部摘帽注入了强大的资金支持。

**点评**

兵马未动，粮草先行。建立与脱贫攻坚需求相适应的投入体系，不断开拓渠道增加资金来源，这是打赢脱贫攻坚战的重要保障。

扶贫资金是贫困群众的救命钱、保命钱和减贫脱贫的助推器。传统扶贫资金的主要来源是依靠政府直接的财政扶持，资金来源渠道相对狭窄。精准扶贫要谋求资金的丰厚性，就必须拓宽资金渠道。在脱贫攻坚过程中，内蒙古自治区深入贯彻中央部署，结合边疆少数民族地区实际，充分发挥财政资金的引导作用和杠杆作用，通过多种方式建立相应的投入体系，撬动更多金融资本参与脱贫攻坚。

一方面，开拓多种形式的投入，为脱贫攻坚提供资金保障。内蒙古自治区通过实施一系列强有力的政策措施，逐步加大了各级政府财政扶贫专项资金的投入，还积极与金融机构签署金融扶贫战略合作协议，不断完善金融扶贫政策体系，健全金融扶贫富民工程贷款新机制和新模式，有效疏通金融服务进入扶贫领域的渠道，进一步提升了金融精准扶贫的可持续性。另外，内蒙古自治区还坚持由政府牵头向全社会融资，比如倡导红十字会、社会慈善团体、先进企业或个人参与扶贫开发，充分调动这些具有较大社会影响力的社会性组织和个人在脱贫攻坚中的作用，更好地引导更多社会资金向脱贫攻坚流动。

另一方面，内蒙古自治区还通过提高贫困旗县涉农涉牧资金统筹整合，促进财政扶贫资金与信贷扶贫资金相结合，积极推进行业内涉农涉牧资金整合、推进行业间涉农涉牧资金统筹、改革完善涉农涉牧资金管理体制机制、保障措施等，统筹整合使用财政涉农涉牧资金，撬动金融资本和社会帮助资金投入扶贫开发，形成了"多个渠道引水、一个龙头放水"的扶贫投入新格局，有效解决了农牧民发展资金问题。

## 🔍 相 关 政 策 法 规

### 关于投入体系方面的政策文件

1. 内蒙古自治区实施"扶贫攻坚工程"资金整合方案

2. 内蒙古自治区政府办公厅关于贫困旗县统筹整合使用财政涉农涉牧资金试点工作的实施意见

3. 内蒙古自治区政府关于进一步推动金融扶贫工作的通知

4. 内蒙古自治区政府关于探索建立涉农涉牧资金统筹整合长效机制的实施意见

5. 内蒙古自治区政府办公厅关于进一步完善精准扶贫信贷政策八项措施的通知

6. 内蒙古自治区金融支持脱贫攻坚三年行动方案（2018—2020 年）

7. 内蒙古自治区扶贫办关于进一步加强扶贫小额信贷工作的通知

8. 内蒙古自治区政府关于加强扶贫资产管理的指导意见（试行）

9. 内蒙古自治区扶贫开发领导小组印发关于财政扶贫资金支持有贫困人口的非贫困嘎查村小型公益性生产生活设施建设的意见的通知

# 二、典型案例

 **案例一**

## "千乡千队、万村百亿"打通金融服务"最后一公里"

"很快，我的产业规模会更大。"兴安盟科右中旗代钦塔拉苏木代钦塔拉嘎查叶色音宝力高很自信。2020年2月，他通过村"两委"了解到农行"牛产业"贷款政策后，为扩大经营规模、改良品种，2月24日他向农行申请贷款30万元。没想到，第二天"千乡千队、万村百亿"专项行动的队员们便入户开展调查。3月5日，叶色音宝力高用农行掌上银行APP，以活体抵押加保证担保方式获得"惠农e贷"30万元，贷款期限5年，年利率4.45%。利用这笔资金，叶色音宝力高购买了基础母牛15头，扩大了养牛规模。

农行内蒙古分行推进的"千乡千队、万村百亿"专项行动是适应农村牧区发展的最有效的服务模式，是缓解农牧民融资难、融资贵的有力见证。农行总行设计的线上融资产品"惠农e贷"，突出科技引领以及线上化、批量化、便捷化、普惠化，帮助农牧民实现了"随贷随还""随还随贷"。

"这个'惠农e贷'好用，快捷方便。"巴彦淖尔市五原县隆兴昌镇宏伟村的养羊能手高军军赞不绝口。他向农行申请到"惠农e贷"20万元，将养殖规模从400只肉羊扩大到700只，还在"惠农e商"业务平台上采购饲草料。由饲草料加工生产企业直接送货上门，厂家承担运输、装卸等中间费用。高军军一算

规模化肉羊养殖基地吸纳贫困户稳定就业

账，全年的养殖成本减少3万元。

"农行'惠农 e 贷'贷款模式的广泛应用，从根本上破解了传统农户贷款成本高、风险大，以及人员短缺、管户难度大等难题，成为内蒙古分行服务农村牧区经济社会发展的利器。"农行内蒙古分行行长张春林说。

 **案例二**

## "景堂模式"创新内蒙古特色金融扶贫

最早参与金融扶贫工程的农行内蒙古分行，从实践中积累了丰富的经验。其中，农行科尔沁右翼前旗支行的"景堂模式"就是一个典型的内蒙古特色金融扶贫创新典型案例。

"景堂模式"起源于科右前旗永进村刘景堂发展的合作模式。永进村属于浅山丘陵地貌，面积大约30平方公里，人口2210人，土地资源比较丰富，有2万多亩耕地。从当地经济发展来看，永进村主要从事的是传统的种植业和养殖业，生产经营状况较好。

2013年，当地的养殖大户刘景堂发起建立了专门的养殖合作社，并吸引当地20名贫困户加入了合作社。为获得金融扶贫贷款，合作社成员将全部土地承包权抵押，刘景堂将个人养殖产品抵押，同时政府补贴了部分风险赔偿金，从而获得了"金穗富农贷"。该笔贷款由刘景堂个人全程全额担保，统一购羊、统一管理、统一销售，20名贫困户则每年可分得合作社经营利润的30%，一年一结，一贷三年，从而实现了产业支撑、项目带动、大户示范的扶贫富民理念。

在刘景堂带领下，合作社积极拓展销售渠道，与肉羊销售等多家企业签订合同，确保合作社有稳定的销售渠道。2013年合作社销售总额达到800万元，2014年提高到1500万元，肥羊数量达到1.4万只。到2015年，出栏育肥羊总数达到1.5万只，销售总额为1300万元。同时合作社棚圈面积不断扩大，带动周边13户贫困户年均收入提高2万多元。到2016年，这一合作模式在永进村获得推广，全村有130多户参加了合作社，创造的直接经济效益超过了500万元。

 案例三

## 金融扶贫激活农牧民脱贫内生动力

贫困农牧民要发展生产，最需要的是资金，资金最主要的来源是银行贷款。兴安盟扶贫办副主任卢正春说："过去，农民没有资产抵押、没有担保人，真金白银卡在银行流不出来。"而如今，建档立卡贫困户无须抵押和担保就能直接办理贷款。

扎赉特旗阿尔本格勒镇乌兰格日勒嘎查的万吉日嘎拉刚刚用贷款购买了 3 头牛犊。万吉日嘎拉被识别为建档立卡贫困户后，很快申请到了 2 万元扶贫贷款，他的想法是："把这 2 万元贷款用来养牛。等牛犊长大，挣了钱，准备再买一头种牛，脱贫也就是眼巴前的事儿了……"

内蒙古金融扶贫是扶贫开发的新尝试，不同于以往扶贫资金的无偿使用。过去，对贫困户拿到的扶贫资金如何使用监管力度不够。"而现在，为了保证贷款不被挪作他用，由农户自己到市场挑选牛犊、谈好价钱，然后由我们用贷款直接付款，保证贫困户把钱用来发展产业。贫困户尝到了甜头，有信心去发展产业，逐步实现'扶志'。"卢正春说，发放贷款时，银行将贫困户的个人信用和是否具有劳动能力作为主要衡量指标，再通过精准的产业扶贫，将贷款主要用于购进肉羊、肉牛、棚圈建设、农机设备等农牧业产业发展项目，使资金得到有效利用。

此前，农行内蒙古分行对 1500 户得到贷款的贫困户做了入户调查，不良贷款率仅为 0.4%。"远远低于所有贷款不良率的平均水平。"农行内蒙古分行农户金融部副总经理巴特那生说。

赤峰市喀喇沁旗农民钱顺说，现在，贷款后的贫困户都在设法找信息、学技术、跑市场、兴产业。闲聊、喝酒的人少了，忙活自家"一亩三分地"的人多了。

**案例四**

# 政府小投入撬动大资金

看着刚刚孵出的小鸡，内蒙古兴安盟突泉县农民于海波讲述起他的经历：自幼患有小儿麻痹症，于海波只好把自家的农田让亲戚帮种。一年到头，几亩薄田打下的粮食仅够一家四口的口粮。为了供养两个孩子上学，于海波不得不靠捡破烂贴补家用。

"虽说一直想着干点养殖增收，但想干啥也没资金。好在农行及时给我发放了 4 万元扶贫贷款。"于海波说的"扶贫贷款"，是农行内蒙古分行"金融扶贫富民工程"项目下专门用于扶持农牧民个人脱贫致富的创新产品。"没利息、期限长、手续简便，给我们农民解决了贷款难、贷款贵的大困难！"

利用为期 3 年的贴息贷款，于海波买了 1 头种猪、1 头驴和 6 只基础母羊。看着刚刚出生不久的 6 只小猪崽跑来跑去、就要生产小驴驹的母驴吃着草料，于海波看到了美好生活的希望，他信心满满地说："一头驴能卖一万块，6 只猪崽收入大几千，今年再买一只种羊，未来我要发展到 10 头驴、20 头种猪，一年纯收入就有七八万。"

农行内蒙古分行与自治区扶贫办共同创新金融扶贫机制，降低了农牧民贷款准入门槛，放大了扶贫资金总量。截至目前，内蒙古已投入风险补偿金 22 亿元，主要用于贷款贴息和风险补偿。通过发挥财政担保补偿金、贴息资金的杠杆效应，全区各地贫困旗县获得的扶贫贷款迅速增加。

2017 年风险补偿金按照每个贫困旗县 1000 万元的标准已拨付到 57 个贫困旗县，预计年内新增小额扶贫贷款 100 亿元以上，覆盖贫困户达到 70%。

# 第十七章

# 建立工作落实、最为严格的考核体系

## 一、综　述

内蒙古自治区结合脱贫攻坚新进展新任务新要求，在"大稳定"基础上进行了"小调整"，持续实化考核方法、内容、程序，充分发挥考核"坚持从严要求，促进真抓实干"的作用，形成了一系列重要经验和有效做法。

### （一）坚持较真碰硬，规范考核"五大环节"

健全制度体系。按照《中共中央　国务院关于打赢脱贫攻坚战三年行动的指导意见》部署要求，制定《内蒙古自治区盟市党委、政府（行政公署）扶贫开发工作成效考核办法》《内蒙古自治区脱贫攻坚专项工作推进组考核办法（试行）》，逐年制定年度盟市党委、政府（行政公署）扶贫开发工作成效考核实施方案、脱贫攻坚专项工作推进组考核实施方案，统筹考虑盟市和推进组自评、平时监控、约束激励等情况，并根据盟市脱贫攻坚任务精准确定脱贫攻坚在全区总体考核中的权重，按照定量与定性相结合的办法客观公正评价攻坚进展和脱贫成效。

完善考核程序。一是自评总结情况。考核前各盟市和推进组报送年度脱贫攻坚自评总结。盟市自评报告年度目标任务完成、"三落实"、深度贫困地区攻坚克难、"两不愁三保障"突出问题解决等发现问题整改、扶贫资金投入和使用管理、减轻基层负担、巩固脱贫成果、防止返贫等情况。推进组根据年初签订年度承诺书自评报告各项考核指标完成、取得的成效、存在的问题等情况。自治区根据自评情况按权重加权赋分形成自评成绩。二是平时监控情况。自治区按照盟市党委、政府成效考核指标评价体系，逐条逐项对盟市评价赋分。各盟市按照推进组成效考核指标体系，对推进组进行评价赋分。参考中央脱贫攻坚专项巡视"回头看"、国家成效考核指出的问题和自治区开展暗访调研发现问题情况，汇总各成员单位对盟市、盟市对推进组评价情况，综合评价分别形成平时监控成绩。三是约束激励情况。自治区根据中央脱贫攻坚专项巡视"回头看"、国家成效考核点对点指出的问题和自治区暗访与调研发现重复发生的问题进行反向扣分。同时，参考各盟市、各推进组任务轻重、任务完成、表彰奖励等情况和接受中央脱贫攻坚专项巡视"回头看"、国家成效考核情况对盟市进行激励加分。

强化结果运用。考核情况由自治区扶贫开发领导小组办公室汇总形成考核报告，根据考核情况确定档次，提请领导小组议定后以领导小组文件通报。考核结果报自治区考核办，作为对盟市党委、政府和推进组主要负责人和领导班子年度考核评价的依据。自2016年以来，通过进村入户实地考核、督查暗访，座谈访谈县乡村扶贫干部，倾听基层干部、贫困群众真实声音，掌握了大量第一手数据情况，为检视脱贫攻坚成效提供了重要数据，为自治区党委、政府科学决策提供了有效依据，对推动脱贫攻坚取得决定性进展发挥了重要作用。

激发考核实效。一是压实了责任。成效考核层层传导了压力，促使盟市、旗县和各专项工作推进组特别是贫困旗县的党政领导切实把主要精力放在了脱贫攻坚上，把责任落实到苏木乡镇、嘎查村每个干部身上，压实了脱贫攻坚责任，各盟市、旗县和推进组把脱贫攻坚作为中心工作来抓，切实做到因户、因人落实帮扶措施，使贫困户真正受益。二是解决了问题。坚持以考促改、以改提质，对考核发现的问题由领导小组办公室整理汇总后，形成问题清单反馈给各盟市和推进组，举一反三集中整改。通过排查问题，拿出过硬措施解决问题，帮扶措施更加精准，脱贫成效更加明显，攻坚质量进一步提升，保证了脱贫攻坚政策和工作体系稳定。三是交流了经验。通过考核总结典型，交流经验，取长补短，共同进步。四是推动了工作。通过考核各盟市和各专项工作推进组不断压实责任，各盟市和推进组主要领导特别是旗县一把手亲自带队进村入户、蹲点调研，真正做到了问题排查不彻底不放过、问题未解决不销号，脱贫攻坚工作落实更加精准，扶贫项目稳步推进，群众满意度不断提高。

## （二）坚持求真务实，建立规范有序三方参与机制

2018 年，中央对贫困退出机制作出重大改革，贫困旗县退出专项评估检查工作由省级统一组织实施，对脱贫退出质量负责。经过两年实践探索，自治区逐步建立了贫困县退出管理体系，形成了规范有序、可资借鉴的三方参与机制。

委托与被评估方无隶属关系和利益关系的第三方，科学设定"三率一度"，即综合贫困发生率不能超过 3% 为主要指标，参考错退率不能超过 2%、漏评率不能超过 2% 和群众认可度达到 90% 以上三项指标这一核心标准，对接"两不愁三保障"扶贫标准，是第三方量化

可操作"评什么"的依据，既保障了第三方有规可依、规范有序开展评估，也保证了客观、公正、准确检查被评估方，这是委托第三方机构可复制、可推广的成功经验。

脱贫攻坚省负总责作为扶贫工作体制的重要原则，对第三方评估工作负责，按照国家评估检查的工作方案、操作规程、调查员手册等工作资料，评估内容指标、评估标准、方式方法、工作要求等方式有效衔接，与国家评估检查保持一致。自治区根据贫困旗县的基础条件、攻坚程度、工作力度等，自行设计贫困旗县退出专项评估工作方案，拟定退出计划，制定时间表、路线图，委托第三方评估机构后，统一部署、统一培训、统一实施、统一形成报告、统一反馈问题，既保证了退出程序的规范性、标准把握的准确性，也保障了第三方客观、公正开展评估。

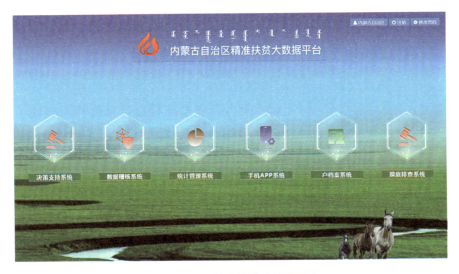

内蒙古自治区精准扶贫大数据平台

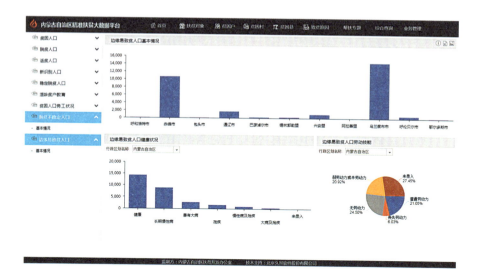

易返贫致贫人口动态监测数据

## （三）强化评估检查"五项重点工作"

强化组织体系。一是组建贫困旗县退出专项评估核查工作组。由自治区扶贫办牵头，与自治区教育厅、民政厅、住建厅、水利厅、卫健委、医保局、国家统计局内蒙古调查总队等成员单位共同组建了"贫困旗县退出专项评估核查工作组"，担负起具体组织实施责任，主要负责审核贫困旗县退出申请、盟市初审报告，对实地评估进行指导和监督，审查第三方评估报告，研究提出退出贫困旗县建议名单。二是成立贫困旗县退出评估检查专家组。成立了由第三方机构承担过评估任务的教授任组长的贫困旗县退出评估检查专家组，承担起评估团队的组织指导责任，主要负责按照自治区部署，统一团队技术规范、评估标准、调查问卷、培训教材，对第三方机构专项评估检查实施方案、评估检查报告等把关，就重大政策和技术问题进行解答。三是确定第三方评估机构。通过公开招标的形式选定高校作为第三方评估机构承接贫困旗县退出专项评估任务。

强化业务培训。坚持逐级分类培训，自治区与第三方机构专家组充分沟通协调一致后，共同组织对第三方机构的带队老师、骨干成员开展专项评估检查培训，统一评估标准，明确评估核查的意义与任务，强调团队纪律要求，讲解脱贫攻坚相关政策，培训评估核查基本规程、调研问卷内容及评估基本技能等业务。同时，各分队带队老师、骨干成员与督导专家组，在各分队驻地统一安排培训，进一步强化对评估工作重要性、严肃性的认识，培养工作责任心和敬业精神，提升业务水平，对参与核查评估人员考试，确保评估团队全体调研员熟悉自治区脱贫攻坚相关政策，熟练掌握评估技术规范，掌握评估实用方法（含入户调查技巧、设备使用方法、调查问卷录入方法等）。

强化审核把关。自治区全面启动贫困旗县脱贫退出工作后，及时督促申请退出旗县及其所在盟市履行退出程序。在实地评估前1个月，相关盟市扶贫开发领导小组向自治区报告贫困旗县退出初审情况，申请对退出旗县进行专项评估。自治区贫困旗县退出专项评估核查工作组对照贫困旗县退出相关标准、程序和要求，重点审查盟市、旗县退出程序是否规范，通过全国扶贫开发信息系统核查各旗县贫困发生率是否达到退出标准。在确保退出程序规范、相关档案资料完备的前提下，经自治区领导小组同意后，实地开展贫困旗县专项评估工作。

强化过程管控。一是指导第三方评估机构坚持问题导向，严格按照"点面兼顾，关注死角""聚焦短板，分层抽样""统分结合，因地制宜"的原则和要求，重点关注贫困旗县退出的薄弱环节和工作盲区、死角，对行政嘎查村、村民小组和农户依次抽样，确保抽样符合贫困旗县退出评估的样本。同时，自治区专项评估核查工作组履行监管责任，派出专项督导组分赴评估旗县督导，在保证第三方退出评估工作独立开展的前提下，参与走访入户、问题研判等工作环节。二是充分运用问题核实机制，组织评估团队对疑似错退（漏评）户加强核实确认，与地方逐一反复沟通、核实，确保调查数据公正、真实、准确。三是严把贫困旗县退出专项评估检查报告质量关。第三方评估检查机构提交贫困旗县退出专项评估检查报告后，自治区扶贫领导小组办公室组织自治区贫困旗县退出评估检查工作组、评估检查专家进行集体会审，确保评估报告客观、公正、真实。

强化实地核查。第三方评估机构采取抽样调查、重点抽查、村组普查、座谈访谈相结合的方式，独立对申请退出的国贫旗县脱贫人口稳定实现"两不愁三保障"、扶贫政策落实、干部群众对扶贫脱贫认可度、脱贫稳定性和稳定脱贫长效机制建设等情况开展实地评估检查。实地评估坚持"凡疑必核""凡核必准"，集中面审报告，集体研判问题，层层把关质量，防止误判、错判，确保评估的公正性、精准性。目前，自治区 31 个国贫旗县、26 个区贫旗县全部退出，3681 个贫困嘎查村全部出列，建档立卡贫困人口由 2013 年底的 58 万户 157 万人减少到 2019 年底的 0.7 万户 1.6 万人，贫困发生率由 11.7% 下降到 0.11%，贫困地区农牧民人均纯收入增幅高于全国平均水平，基础设施公共服务建设水平稳步提升，群众满意度不断提高。其中，2019 年申请退出的 20 个国贫旗县农牧民人均可支配收入增幅均超过全国平均水平，群众认可度均超过了 97%。

## 点评

打赢脱贫攻坚战绝非朝夕之功，不是轻轻松松冲一冲就能解决的。严格考核评估、加强督查巡查，是打赢脱贫攻坚战的关键一环。

内蒙古自治区不断完善脱贫攻坚考核体系，相继出台《考核办法》和《实施方案》，细化考核内容、改进考核方法、强化结果运用。充分运用好"督查考核"指挥棒作用，以最严格的督查考核，树导向、言规矩、压责任、转作风、强本领，推动各项决策部署落实落地，保证了脱贫攻坚的质量和成色。

以问题为导向，改进脱贫攻坚督查考核方式。内蒙古自治区积极采取平时监控和年中交叉检查、年底交叉考核相结合的办法，不搞一考定终身，不搞打分排序，防止人为因素干扰，把责任是否落实、政策措施是否落实、工作中是否存在突出问题作为主要评价标准。同时，科学设定督查考核指标，把识别精准度、退出精准度、帮扶精准度和群众满意度作为检查考核重点，引导贫困旗县把工作重点放在提升脱贫质量和效果上。

以较真碰硬的态度，从严从实抓好脱贫攻坚督查考核工作。在具体执行中，内蒙古自治区重点做好了三个方面的工作：一是考核程序严格，以环节的严密、程序的公正，确保结果的公正。二是考核过程规范，接受社会监督，规范第三方评估的参与方式和具体职责，充分发挥社会力量的验证和监督作用，采取专项调查、抽样调查、实地核查等方式，确保考核结果的可信度和公信力。三是考核结果公正，从实际出发、合理把握脱贫攻坚的时序节奏，防止急于求成、盲目冒进，防止数字脱贫、被脱贫，防止不作为、乱作为、假作为，挤干净水分泡沫，努力解决一些地方和部门存在的虚、假、飘等问题。

## 🔍 相 关 政 策 法 规

### 关于考核体系方面的政策文件

1.内蒙古自治区党委办公厅　自治区政府办公厅印发关于建

立贫困退出机制的实施意见的通知

2.内蒙古自治区党委办公厅 自治区政府办公厅关于印发内蒙古自治区脱贫攻坚督查巡查办法的通知

3.内蒙古自治区贫困旗县党政领导班子和领导干部经济社会发展实绩考核办法（试行）

4.内蒙古自治区党委办公厅 自治区政府办公厅印发关于盟市党委、政府（行政公署）扶贫开发工作成效考核办法的通知

5.关于印发自治区脱贫攻坚专项工作推进组考核办法（试行）的通知

6.内蒙古自治区扶贫开发领导小组关于防止返贫确保高质量脱贫的意见

7.内蒙古自治区扶贫开发领导小组关于规范脱贫攻坚督查检查切实减轻基层工作负担的通知

# 二、典型案例

 **案例一**

## 脱贫攻坚考评人员要正确用权

考评人的苦辣酸甜

考评能否顺利进行、结果是否真实可信，既取决于"考"的客观公正，又取决于"被考"的支持配合，需要考评人员具备优秀的思想道德品质、较高的政策业务水平、丰富的扶贫工作经验和较强的综合判断能力。结合考评工作"放水"

和"恶考"两种不严不实的现象，我们总结了需要考评组织者和考评人员注意的 12 个问题。

一是不坚守考评初心。考评的初心是，政治体检、工作督导、作风检阅、绩效评价、推动工作。

二是不熟悉扶贫政策。扶贫是一项政策性很强的工作。政策就是考评的标尺，是必须遵循的基本准则。这就要求考评人员必须掌握扶贫政策、熟悉相关业务。

三是不遵循考评范围。每次考评，组织者都会严格划定考评范围。范围就是边界，是考评不能突破的红线。

四是不遵守考评规则。考评方案会对样本抽取的对象、范围、数量、结构和方式等提出明确要求，这是考评必须遵守的规则。

五是不执行考评程序。考评程序公正，才能保证考评结果公正。

六是不反馈沟通核实。由于考评时间有限，再加上信息不对称，考评人员如果仅仅依靠被调查对象自述和考评人员调查，很容易出现"误判"。

七是不综合判断分析。基层纷繁复杂，情况千差万别，同一种情况在不同的地方可能会有不同的结果。涉及一些概念性的考核指标，如漏评、错评、错退、返贫等，字面上都好理解，但遇到具体情况时，就要实事求是、综合判断。

八是不负责任误导。考评人员是扶贫工作的参与者，而不是旁观者，不仅仅担负考评职责，还承担扶贫政策宣传、做好群众思想政治工作的重要职责。

九是不执行回避规定。调查对象充分理解问卷内容，并在严格执行回避规定、不被外界干扰的情况下符合扶贫政策的真实意图表达，是调查结果真实可信的重要保证。

十是不尊重考评对象。有的考评人员认为考核很神圣，言语很生硬，态度不友好。

十一是不减轻基层负担。中央一再要求，要切实减轻基层迎检负担，查阅资料仅限于现有档案资料，不要求被考核地方填表报数。

十二是不理解尊重基层。有的考评人员高高在上，不理解、不相信、不尊重基层干部，故意威胁刁难基层。

以上列举的考评人员易犯的 12 种错误，只在少数考评人员身上出现过，绝大多数考评人员还是客观公正的。考评是权力，更是责任，权力不受监督约束就会乱用，必须把权力关进制度的笼子里，构建考评人员监督约束机制。

 **案例二**

## 乌兰浩特市：加强监督考核，为脱贫攻坚保驾护航

乌兰浩特市纪委监委以执纪监督不放松、扶贫攻坚不止步为原则，把严查扶贫领域腐败和"雁过拔毛"式腐败等问题作为不断巩固脱贫攻坚的重要手段，始终严把扶贫工作中的"纪律锁"，确保为脱贫攻坚工作保驾护航。

抓起主责主业，加强日常监督。开展扶贫领域腐败和作风问题专项治理工作，对 2015 年以来受理的扶贫领域腐败和作风问题线索进行了"大起底"，并建立管理台账，对未办结或办理不到位的，重新进行处置，确保涉及扶贫领域的各类案件无拖延、无滞留，各类处分决定落实到位、落实到人。为实现对扶贫领域

腐败等问题精准化、动态化、及时化管理，建立了成员单位周报告、零报告、月报告及签字背书制度。

拓宽监督渠道，精准发现问题。乌兰浩特市纪委监委将扶贫领域作为监督执纪问责的重点，通过搭建"信、访、网、电、微、远""六位一体"立体式举报平台与"上访变下访"活动相结合，进一步拓宽扶贫领域案件的受理渠道，通过多渠道、多角度、多形式受理问题线索，使广大基层群众通过最简单、最直接、最便捷的方式进行举报，推动群众反映强烈的扶贫领域信访案件的查处。同时，对扶贫领域问题线索统一归口管理，解决了线索多头受理、统计路径不一的问题。通过建立扶贫领域问题线索专项台账，做到了底数清、数字准、情况明。

从严执纪问责，惩处各类歪风。针对脱贫攻坚开展以来基层易发、频发的"雁过拔毛"式腐败及不作为、乱作为等问题，开展了基层干部违纪问题集中整治工作。将"三务公开"作为预防扶贫领域各类问题滋生的重要手段，搭建了微信、电视、网络、查询仪"四端"合一的"三务公开"平台和监管平台，对"三务"信息不公开、假公开、公开不及时的问题进行追责问责。

发挥警示作用，形成有力震慑。制作《党员干部扶贫领域违纪违法警示教育典型案例选编》，向各镇、村发放500余本。利用"清廉红城"公众号和乌兰浩特市纪委监委网站等自媒体平台集中通报、曝光扶贫领域的典型案例，强化压力传导，促进责任落实，发挥示范引导和警示震慑作用。

# 第十八章

# 建立凝心聚力、广泛参与的
# 社会动员体系

## 一、综　述

内蒙古自治区通过强化京蒙扶贫协作、强化组织协调、完善社会扶贫方式方法，有效形成脱贫攻坚合力，为巩固脱贫成果、提高脱贫质量、建立稳定脱贫长效机制打下了良好的基础。

### （一）强化京蒙扶贫协作，凝聚脱贫攻坚合力

优化结对关系，聚焦攻克深度贫困堡垒。按照党中央、国务院安排部署，2010 年京蒙双方签署《内蒙古自治区·北京市经济社会发展区域合作框架协议》，京蒙对口帮扶的对象从原来分属 8 个盟市的 18 个贫困旗县，调整为重点帮扶赤峰市和乌兰察布市的 16 个国贫旗县，突出帮扶贫困面较大的贫困地区。2016 年 9 月，京蒙双方签订《北京市人民政府　内蒙古自治区人民政府关于进一步加强京蒙对口帮扶和全面合作的框架协议》。2017 年 10 月，将帮扶对象确定为乌兰察布市、

赤峰市、通辽市、兴安盟 4 个盟市的 25 个国贫旗县。2018 年 4 月，北京市人民政府与内蒙古自治区人民政府签订《全面深化京蒙扶贫协作三年行动框架协议》，将呼和浩特市、呼伦贝尔市、

锡林郭勒盟所辖国贫旗县纳入协作范围，协作对象扩大到 7 个盟市 31 个国贫旗县，实现自治区国贫旗县全覆盖。

密切人才交流，提供智力支持。2016 年以来，北京市累计选派 392 人次党政干部到自治区挂职。两地组织部门积极对接沟通，实现 31 个贫困旗县与 16 个对口帮扶区互派挂职干部全覆盖。北京市选派到内蒙古自治区党政干部挂职队伍涵盖厅局级到乡科级，挂职单位覆盖自治区、盟市以及贫困旗县各级政府及主责部门，挂职干部主要工作任务是脱贫攻坚，分管或协管京蒙扶贫协作。2018 年以来，北京市还选派 1520 人次教育、医疗、科技、文化等领域专业技术人才赴贫困地区一线服务。内蒙古自治区共选派 360 名党政干部赴京挂职，选派 5136 人次专业技术人才进京培训，共同组织培训自治区党政干部 24311 人次，为打赢脱贫攻坚战进而做好脱贫攻坚与乡村振兴有效衔接工作提供了充足的人才储备。

加强财政援助，推动项目落地。党的十八大以来，北京市在财力紧张的情况下，每年给予内蒙古大量资金支持，截至 2020 年 7 月底，累计投入财政援助资金超 52 亿元。其中，2018 年投入各级财政援助资金 12.11 亿元，县均投入 3908 万元；2019 年投入各级财政援助资

北京林业大学派出大学教师、在校研究生赴兴安盟科右前旗开展教育扶贫

武川京蒙合作项目成果丰硕

金 15.33 亿元，县均投入 4945 万元；截至 2020 年 8 月投入各级财政援助资金 18.52 亿元，县均投入 5974 万元。2010 年以来，自治区累计实施扶贫协作项目超过 4000 个，涵盖市场开拓、产业合作、劳务协作、人才培训、科技文化等多个领域，超过 30 万人次贫困人口在项目中受益。

开展产业合作，夯实发展根基。"十二五"期间，京能、京东方、北控、首创等北京市企业在自治区落地，落实投资 5600 亿元。2018 年以来，自治区共投入 32.33 亿元财政援助资金用于产业扶贫类项目，占资金总数的 70.3%。2018 年以来，31 个国贫旗县借助北京市 142 家企业落地的契机，实现投资 35.14 亿元，共建产业园区 33 个，援建扶贫车间 165 个。在积极组织农畜产品进京，为首都"菜篮子"提供稳定供给渠道的同时，通过电商渠道，向北京市场销售特色农畜产品，金额达 63.5 亿元，累计带动 10.9 万名贫困人口增收。

推动劳务协作，稳住就业基本盘。通过扶贫协作资金和项目，支持北京市企业到结对地区建设扶贫车间、社区工厂、卫星工厂等就业扶贫载体，吸纳贫困劳动力就业。结对区县着力构建线上线下求职绿色通道，定期开展就业创业服务合作。31 个国贫旗县将市场用工信息直接推送给贫困户，提供跟踪式就业服务。自治区采取定期举

京蒙扶贫协作项目受益贫困户王顺展示丰收的秋耳

**中直机关联手碧桂园集团在赤峰市敖汉旗共建碧萬弘食用菌扶贫产业园**

办专场招聘会、建设扶贫车间、开发公益性岗位、开展就业技能培训等举措,满足贫困群众就业需求。2018 年以来,双方举办各类培训班683 期,培训贫困人口 34583 人次,帮助 93270 名贫困人口实现区内外就业,其中,实现进京就业 4354 人,实现就近就地就业 82928 人,到其他地区就业 5988 人。

深化区县结对,探索"组团式"帮扶。北京市结对区 263 个经济强镇与自治区 262 个乡镇、502 个村社区与自治区 501 个行政村、381 家企业与自治区 435 个行政村、177 家社会组织与自治区 195 个行政村、272 所学校与自治区 355 所学校、237 家医院与自治区 290家医院建立结对帮扶关系。特别是在教育、医疗领域,结对成效明显。在学校结对基础上,两地教育机构积极探索合作办学、筹建分校、远程教育等举措,促进教师队伍培养和教育资源向农村辐射。在医院结对基础上,北京市通过组织医疗队伍定期帮扶、帮助开展团队建设、远程医疗或巡诊、捐赠医疗设备等方式提升贫困地区医疗服务水平。

## （二）加强京蒙扶贫组织协调，推进重点领域脱贫

加强组织领导，推动互访对接。2018 年至今，内蒙古自治区省级领导 20 人（次）、厅局级领导 123 人（次）赴北京市对接工作，共同召开高层联席座谈会 6 次。自治区先后召开 10 次党委常委会、政府常务会、扶贫开发领导小组会议等，研究部署扶贫协作工作。自治区各级各部门积极主动赴京对接，签署 1418 份协议，落地项目 1321 个，31 个国贫旗县负责同志累计赴北京市 16 个区调研对接 1321 人次，建立起务实有效的工作网络和常态化联系机制。

坚持精准聚焦，突出靶向发力。2018 年以来累计投入财政援助资金 25.3 亿元，用于支持 15 个深度贫困旗县，占资金总数的 55%。援助资金重点用于补齐当地产业、就业、教育医疗服务、基础设施等短板。2018 年以来，每年将自然资源部下达自治区的 3600 亩城乡建设用地增减挂钩节余指标跨省域调出任务全部落实到 15 个深度贫困旗县，每个深度贫困旗县落实 240 亩。签署《贫困残疾人扶贫协作补充协议》，31 个国贫旗县残联与北京市 16 个结对区残联签订帮扶协议，先后有 14336 人次建档立卡贫困残疾人受益。

加强机制建设，搭建政策体系。一是出台产业合作优惠政策，自治区、盟市、旗县三级制定优惠政策，在产业项目、财政支持、金融信贷、税收减免和土地使用等方面为北京市企业落地国贫旗县提供支持。二是联合北京市扶贫支援办、北京市人社局、自治区人社厅等相关部门出台京蒙扶贫协作助力消费扶贫和稳

京蒙协作挂职干部扶贫故事

就业等文件，大力支持基层开展消费扶贫和贫困劳动力稳就业工作。三是健全行业部门协作机制。京蒙 9 个对口部门分别签订人才合作、劳务协作、电商、贫困残疾人帮扶、社会保障、民政、教育、金融、旅游等领域的合作协议，北京 16 个区与自治区 31 个国贫旗县分别签订携手奔小康和劳务协作协议。四是两次修订完善《京蒙扶贫协作资金和项目管理办法》，规范资金使用范围、项目变更要求，优化项目实施流程，便于基层开展工作。五是建立京蒙扶贫协作部门联席会议制度，将自治区 18 个相关厅局纳入联席会成员单位，对重点工作落实等事项进行集体研判会商。六是建立工作季报统计监测制度和资金项目月调度机制。定期对重点任务指标进展和项目推进实施情况进行监测，掌握各地区工作进展，及时发现问题并协调解决。

凝聚社会合力，推动各界参与。鼓励企事业单位、社会组织、个人参与京蒙扶贫协作。北京市各级党政机关和企事业单位积极对贫困地区

方庄·扎赉特旗农产品进社区厨艺大赛成功举办

农畜产品进行大宗采购，帮助拓展销售渠道，有效缓解贫困群众农畜产品销售难问题。近年来，自治区先后收到北京市社会各界捐款捐物超过6.5亿元，全部用于改善贫困群众生产生活条件。推进"组团式"帮扶，深入开展镇镇结对、村村结对、村企结对、社会组织与村结对、学校结对、医院结对等"六个结对"，实现横向拓展、精准对接、互利共赢。

## （三）完善社会扶贫制度，凝聚脱贫攻坚合力

大力推进电商扶贫，促进脱贫成果显著。一是搭建公共服务体系，方便农牧民网购网销，助力脱贫攻坚。38个电子商务示范县共建成县级运营中心38个，乡村级电商服务站3587个，为农牧民提供代买代购、信息咨询、农畜产品销售、快递收发等服务。二是提高农畜产品商品化率，创建农村电商品牌。组织推荐贫困县参加商务部和央视财经频道2018年"厉害了我的国·改革开放40年"中国电商扶贫行动。组织选报贫困地区适合网销的农特产品品牌，推荐申报商务部"电商扶贫优秀农特产品"品牌和"电商扶贫重点扶持农特产品"品牌。推荐品牌产品入驻商务部"电商扶贫联盟"成员电商平台，联合社会机构、企业等共同帮助品牌做大做强。三是开展电商培训，转变农牧民思想观念，促进农牧民创业增收。指导示范县培训基层公务员、农村牧区青年、涉农涉牧企业、农牧民等各类人员34万人次，其中培训贫困对象36943人次，带动农村牧区青年、大学生、返乡农民工、残疾人、农村贫困人口30495人创业就业，累计孵化电商4919人，为发展农村牧区电子商务奠定人才基础。四是整合物流资源，推进解决"最后一公里"和"最初一公里"问题。指导38个示范县建成28个县级仓储配送中心（含10个示范县仓储配送中心与公共服务中心共享场地）和2242个村级物流服务点。截至2018年12

锡林郭勒盟苏尼特右旗电商扶贫产业基地

月底，38 个示范县快递收件量达 1.78 亿件，增长 50.86 倍；快递发件量达 5162 多万件，增长 123 倍；快递物流价格平均下降 40%。巴彦淖尔五原县快递发件 3.8 元全国包邮。

健全旅游扶贫机制，旅游扶贫成果显著。一是加大资金支持，强化旅游扶贫项目建设。2019 年，自治区累计下拨旅游扶贫资金 6400 万元，较 2018 年同比增长 140%；实施旅游扶贫项目 152 个，较 2018 年同比增长 55%。向贫困地区 16 个文化旅游特色小镇、21 个乡村旅游集聚区下拨资金 4030 万元。向建档立卡贫困人口下拨 960 万元资金，在全区 28 个国贫旗县和 20 个区贫旗县范围内支持了 96 个旅游产业扶贫示范项目的创建。二是深化东西部扶贫协作，大力推动京蒙文旅扶贫协作。主动与北京市文旅局对接，签署《京蒙文化和旅游扶贫协作框架协议》，

特色旅游村——牧民新村

包头市土右旗七彩大地休闲观光旅游景点

巴彦淖尔市乌拉特前旗大桦背旅游公路

建立协作交流机制，促进京蒙文化旅游企业务实合作。在 2019 年京蒙扶贫文化和旅游推介会上，兴安盟等 4 个贫困人口集中的盟市文旅部门代表进行招商引资项目推介，呼和浩特市、包头市、兴安盟、赤峰市等 6 个盟市与北京 20 家企业进行了项目签约，涉及资金 63 亿元。编印《京蒙文化和旅游产业项目招商引资手册》，共 126 个项目入册，涉及 950.1 亿元项目资金。积极开通京蒙旅游专列，吸引北京自驾团队。支持贫困人口集中的兴安盟等 4 个盟市开通京蒙旅游专列，现已开通北京至乌兰察布的旅游专列 1 列、北京至阿尔山的旅游专列 14 列，吸引北京自驾团 20 批次前来自治区。三是加强全区乡村旅游扶贫工作的指导。针对贫困地区旅游从业人员实际情况，本着"缺什么、补什么"原则，采用送教上门和走出观摩两种方式，组织实用性、技能性的旅游专题培训。完成 4 期旅游产业扶贫培训班，共培训 364 多人次，全区各国贫、区贫旗县文旅部门负责人，乡村旅游企业带头人、从业人员及村干部均参加了培训。组织部分盟市参加文旅部门举办的2019年乡村旅游扶贫重点村村干部培训班、2019年乡村旅游和旅游扶贫监测点工作培训班、城乡文旅高质量融合发展设计与策划人才培训班和城乡文旅高质量融合发展设计与策划人才培训班。2019年，组织10批次专家赴呼和浩特等10个盟市开展全区旅游扶贫专家咨询服务，对促进自治区乡村旅游发展，推动旅游产业扶贫起到了积极作用。

### （四）开展"万企帮万村"行动，形成强大攻坚合力

一是因地制宜，发展养殖业精准帮扶。乌兰察布市瑞田现代农业有限公司采取"公司＋贫困户"的资产收益模式发展肉牛养殖产业，政府牵头帮助解决农户贷款（由公司提供担保），贫困户每户贷款5万元，入股公司肉牛养殖园区，不参与经营，贷款由公司统一管理使用，政府补贴贷款利息，公司负责偿还本金和肉牛养殖的管理、生产、经营、销售，收益用于对贫困户的帮扶。二是发展特色种植，带动农户脱贫。鄂尔多斯亿利集团与帮扶村发展沙地产业、林下种植、养殖业，吸纳农村劳动力就近就业；蒙草集团与帮扶村共建优质牧草基地50万亩，农牧民可获得初始入股分红、草牧场流转利润和就业工资等三项收入。三是创办新建项目，帮扶稳定增收。华宝集团在包联贫困村兴建矿泉水厂，整合周边旅游资源，打造旅游项目。筑鑫集团用置换出的农村宅基地发展多种经济，采取公司经营，有劳动能力农民到公司打工的形式带动农民脱贫增收。四是参与公益活动，进行精准帮扶。呼和浩特、包头、乌兰察布等盟市组织企业积极参与公益活动，为包联贫困村购买村委会会议室设备、打井、修路，建设卫生室、超市等。五是改善生态环境，建造致富新路。鄂尔多斯、巴彦淖尔、阿拉善盟

蒙草集团向东部盟市 12 个旗县中受雪灾的农牧民捐赠牧草 2.5 万吨

组织企业建立项目区，以多产业项目循环联动整治生态环境，通过土地入股、林下养殖、套种药材等经营方式方法，改善了生态环境，带动了周边农牧民增收致富。六是带动引领招商，提升帮扶实效。蒙佳粮油工业集团有限公司与科右前旗科尔沁镇柳树川村结对，使柳树川村村容村貌得到了很大改善。在蒙佳粮油工业集团有限公司的示范引领下，沈阳鑫宇彩砖厂、内蒙古蒙能农业科技有限公司等 15 家企业也落户柳树川村，通过提供就业岗位，帮助村里建档立卡贫困户通过自身劳动脱贫。七是京蒙协作，助推精准扶贫。与北京市工商联在文化旅游、商贸、金融、人才等领域全面加强合作。有 266 家北京民营企业（项目）与对口协作地区进行对接，有 58 家企业（项目）落地内蒙古，涉及种植养殖项目、职业培训项目、扶贫产业园建设，总投资约7.88 亿元。330 家北京企业有意向开展帮扶，已捐赠 5611.98 万元人民币和 2607.69 万元等价值的物资。

**点评**

　　扶贫济困是中华民族的优良传统。广泛动员社会力量参与脱贫攻坚，有助于凝聚最广泛的人心和力量，营造全社会关心扶贫、关心发展的良好氛围。在坚决打赢脱贫攻坚战过程中，内蒙古自治区受到了党中央、国务院的亲切关怀，得到了北京市的大力援助，获得了社会各界的鼎力支持。

　　内蒙古自治区与北京市通过对口支援和京蒙扶贫协作，不但在各领域得到有效帮扶，改善了贫困地区生产生活条件、销售了贫困群众产品、吸纳了贫困人口就业，还在市场开拓、产业合作、劳务协作、人才培训等多个领域有效实现了区域协调发展、协同发展和共同发展。

　　电商扶贫方面，内蒙古自治区优秀农特产品通过互联网走向千家万户，物流"最后一公里"和"最初一公里"问题得到有效解决，快递价格实现大幅下降。旅游扶贫方面，内蒙古特色文旅资源通过项目化推动，获得了资金支持和发展指导，不少建档立卡贫困人口通过旅游业有效实现脱贫致富。企业扶贫方面，在"万企帮万村"行动下，各地采取"公司＋贫困户"等模式，发展起了适合当地资源禀赋的特色产业，不但实现了增收，还有效改善了当地脆弱的生态环境。

　　在全社会参与的大扶贫格局下，内蒙古自治区通过发挥政府和社会两方面力量作用，做到专项扶贫、行业扶贫、社会扶贫互为补充，形成了扶贫开发工作的强大合力，为集中兵力打好脱贫攻坚战、推进乡村振兴奠定了坚实稳固的基础。

**相关政策法规**

### 关于社会动员体系方面的政策文件

1. 内蒙古自治区政府办公厅关于进一步动员社会各方面力量参与扶贫开发的实施意见

2. 内蒙古自治区扶贫开发办公室　内蒙古自治区工商业联合会关于在全国"扶贫日"开展捐赠活动的倡议

3. 内蒙古自治区保监局、扶贫办印发关于保险支持深度贫困旗县脱贫攻坚的实施方案的通知

4. 内蒙古自治区商务厅、发改委、财政厅、扶贫办、妇联关于开展家政扶贫工作的通知

5. 内蒙古自治区聚焦脱贫攻坚加强挂职干部选派管理暂行办法

6. 内蒙古自治区贯彻落实《全面深化京蒙扶贫协作三年行动框架协议》实施方案（2018—2020 年）

7. 内蒙古自治区国资委、扶贫办　北京市国资委、扶贫援合办关于搭建京蒙就业扶贫载体三年行动工作方案（2018—2020 年）的通知

8. 内蒙古自治区扶贫办、北京市扶贫援合办印发《京蒙扶贫协作资金和项目管理办法（修订)》的通知

9. 北京市人社局关于进一步做好京蒙劳务协作促进贫困劳动力稳就业工作的通知

# 二、典型案例

 **案例一**

## 绣花针绣出脱贫路

　　蒙古族刺绣很受市场欢迎，农户靠着闲暇时间做些刺绣活，1年能赚1万多元。兴安盟科右中旗的京蒙扶贫车间以传承蒙古族传统文化为核心，以增强中旗教育扶贫质量及农牧民素质提升为目标，通过举办培训班，邀请该旗蒙古族刺绣协会10名一级工采取理论教学和实际操作演练相结合的方式，围绕如何用国际标准线绣花及缝纫裁剪技术、大作品大订单如何完成等进行系统培训，

兴安盟科右中旗京蒙扶贫车间带动当地妇女就业

为农户接收大订单、提高收入奠定了基础。

2012 年，丈夫遭遇的一场车祸打破了王金莲原本平静温馨的生活，家里的顶梁柱卧病在床，王金莲只能用柔弱的肩膀独自撑起这个家。2016 年，王金莲一家被纳入贫困户。

蒙古族刺绣的出现带给这个家庭一个转机。2017 年，王金莲开始学习刺绣。通过积极参加刺绣培训和不断的练习，王金莲的刺绣技能越来越娴熟，收到的订单也增加了。一米不到的绣品，她不出 3 天时间就能绣完，能挣到 350 余元。现在，王金莲每年能靠刺绣挣 1 万余元，丈夫的治疗费不再愁了，孩子也顺利完成了学业。

通过政府帮扶，王金莲找到了自己的生活新路子，同时她还积极带动村里其他妇女，主动上门指导培训。刺绣作为家里的额外收入，让这里的妇女找到了生活的价值。如今在乌逊嘎查，户户有刺绣，家家有绣娘，全嘎查从事刺绣的妇女就达 150 余人，年人均收入 2000 元到 8000 元不等。

截至 2019 年，科右中旗 173 个嘎查（村）集中举办刺绣培训班 100 期，共培训绣工 14700 人次。目前，全旗从事蒙古族刺绣的农牧民及居民超过 2.1 万人，其中贫困人口近 3000 人，已实现 1000 万元的产销收入。

 **案例二**

## "万企帮万村"合力断穷根

2015 年，按照中央和自治区关于打赢脱贫攻坚战的决策部署，自治区工商联、扶贫办和内蒙古光彩会成立了"村（嘎查）

企合作"精准扶贫行动领导小组,结合自治区实际情况,多措并举扎实开展精准扶贫开发工作。

一是通过发展养殖业进行精准扶贫。引导基层工商联因地制宜开展工作,锡林郭勒盟锡林浩特市组织动员 21 家企业与 51 户贫困户结成帮扶对子,从改善农牧民生产生活条件、发展养殖业入手,扶持贫困户稳定增收。二是通过发展种植业进行精准扶贫。蒙草集团在通辽市扎鲁特旗 4 个苏木建设了 50 万亩优质牧草基地,基地农牧民可获得初始入股分红、草牧场流转利润和就业工资三项收入,户均年收入 11 万元。三是通过开发产业项目精准帮扶。赤峰市宁城县充分发挥旅游资源优势,通过捐赠和产业帮扶打造旅游项目,开发观光旅游度假村,其中紫蒙湖景区依托丰富的水资源,目前共辐射盆地沟村、打虎石村和河洛堡村 30 余家农户开展渔家乐、农家乐经营,户均年收入 10 万元以上,吸纳当地 80 余农民就业。四是通过开展电商服务精准扶贫。锡林郭勒盟国际商贸城在正蓝旗上线的乐村淘电商服务平台,涵盖全旗 9 个镇,将农村的小卖铺和超市升级为乐村淘线下体验店,帮助农牧民实现网上购物和销售农畜产品,把商品、服务和信息快速输送到农村牧区,再把农畜产品、劳动力输送到城市,帮助农牧民发家致富。五是通过开展公益事业精准扶贫。通辽市泰和路桥工程公司为朱家杖子村铺设水泥路,实现了主街巷硬化全覆盖,又投资为村小学修建校舍、绿化校区等。

随着"万企帮万村"精准扶贫行动稳步推进,很多贫困村摘掉了贫困帽子,大踏步拥抱全面小康生活。截至 2018 年 6 月,全区 548 家企业与 1044 个村(嘎查)结对,1182 个项目投入 5 亿余元,带动建档立卡贫困户 56751 人。

# 第十九章
# 建立多渠道、全方位的监管体系

## 一、综　述

内蒙古自治区通过强化日常监管，在持续加大财政专项扶贫投入的同时，不断强化扶贫资金监督管理力度和扶贫资产规范管理力度。同时，围绕扶贫项目管理和扶贫信访监督积极开展探索改革，努力维护好贫困群众权益，坚决堵住违法违纪的口子。

### （一）强化财政专项扶贫资金使用监管

健全监管机制。一是优化政策供给。针对一些深层次、易反弹的问题，结合国家扶贫政策，出台政策性文件，打出政策组合拳。二是强化定期监测。会同自治区财政厅建立扶贫资金预算调整机制，定期通报调度，切实加快项目建设和竣工验收进度，全区财政扶贫资金支出进度明显加快。三是加强政策指导。针对基层实际工作中遇到的政策执行、落实过程把握不准确或理解不深

《决战决胜脱贫攻坚60热问》第五集

等问题，编印《财政扶贫工作"问与答"》两期。针对扶贫资金"闲置""滞留"的概念、统筹整合资金注意事项、脱贫攻坚项目库建立程序、扶贫资金项目公告公示注意事项等，印发《财政部、自治区扶贫资金政策解读汇编》一期。

强化指导培训。一是开展实地督导。由自治区扶贫办、财政厅联合成立扶贫资金监管指导工作组，定期或不定期进行实地调研、业务培训。采取书面指导、电话指导等方式，提升盟市、旗县对财政扶贫资金使用精准度和使用绩效。二是组织专题培训。联合北京国家会计学院举办 2019 年、2020 年自治区扶贫、财政系统财政扶贫项目资金绩效培训班，指导各盟市、旗县扶贫办的财务人员和财政部门扶贫干部准确把握财政扶贫资金相关政策，规范财务管理。三是扩大培训范围。结合 2019 年动态管理培训，对全区 12 个盟市 96 个有建档立卡任务和使用专项扶贫资金的旗县扶贫办工作人员、乡镇分管扶贫工作领导、驻村工作队开展培训。

加大监督检查。从 2018 年 10 月到 2020 年 12 月 31 日，结合扶贫开发成效考核、绩效评价，每年开展三次扶贫资金专项督查，根据各组的督查反馈，深入盟市旗县开展督导、下发紧急通知及约谈重点旗县。

全面开展财政专项扶贫资金绩效评价工作。出台《内蒙古自治区财政专项扶贫资金绩效评价办法》，聘请第三方机构对 12 个盟市和57 个贫困旗县和使用扶贫资金的非贫困旗县作出年度绩效评价，切实督促盟市、旗县做好扶贫资金管理使用工作。

注重结果运用。加大约谈问责力度，根据专项督查反馈，对相关旗县政府主要领导、财政部门负责人、扶贫单位负责人进行约谈，督促相关旗县全面梳理分类，深入查找原因，采取切实有效举措，加快扶贫资金支出进度，规范扶贫资金管理使用。

定期逐条核查公告公示情况。逐条核查各盟市上报的中央、自治区财政专项扶贫资金公告公示链接，督促各盟市、旗县严格落实扶贫资金项目公告公示制度，加快资金拨付进度，并及时做好备案工作，确保扶贫资金发挥实效。

## （二）推进扶贫资产管理先试先行

强化顶层设计。围绕扶贫资产管理范围和类型、管理内容和程序等内容，细化扶贫资产后续管护和监管的责任分工，规定扶贫资产处置的程序。围绕组织领导、工作责任、总结推广等内容，进一步明确扶贫资产"谁来管、怎么管、如何管得好"。围绕扶贫资产台账管理、年度清算、管护运营责任、成效评估、风险防控、收益分配、监督管理等内容，进一步指导推动全区做好扶贫资产管理工作。各盟市、旗县也结合实际，制定出台相应实施方案和管理办法，进一步明确了扶贫资产管理工作的时间表和路线图，加强了对扶贫资产管理的政策指导。

强化工作推进。2019 年 8 月 22 日，在兴安盟突泉县组织召开全区扶贫资产管理现场培训班，组织各盟市、旗县扶贫办主要负责同志现场观摩突泉县扶贫资产管理模式。2020 年 6 月 3 日，在乌兰察布市察右前旗召开全区扶贫资产管理工作座谈会，调度 12 个盟市扶贫资产管理进展情况，安排部署扶贫资产管理工作。

实行台账化管理。在全面摸清资产底数的基础上，各旗县根据资产类型、产权归属、管理权限，建立起底数清、产权明、责任实的县乡村三级到户类、公益类、经营类资产实体化管理台账。经初步统计，公益类资产 118 亿元、经营类资产 179 亿元、到户类资产 187 亿元。在内蒙古自治区精准扶贫大数据平台建设扶贫资产管理模块，开展扶贫资产信息化管理。

推进公司化管理。指导各旗县区筹建扶贫资产管理公司，建立完整的县乡村三级实体化管理台账，明确管理范围，摸清资产底数，精准界定权属，进一步规范了扶贫资产管理的实施过程和程序，有效推动产业扶贫项目及资产提质增效。

创新管理模式。一是管理模式多样。呼和浩特市采取"1＋1＋1"多元化扶贫资产管理模式（1种公司化运营模式，1种设立扶贫资产管理办公室模式，1种由乡镇、村集体经济及行业部门自主管理模式），使扶贫资产管护、运营更加科学化、合理化、规范化，让扶贫资产收益持续发挥了带贫减贫效应，巩固提升脱贫成果的作用。兴安盟突泉县推行双向追踪、三级定责、五权明置、五化运营的"2355"管理模式，有效解决了扶贫资金从哪里来到哪里去，扶贫资产"谁来管""怎么管"，扶贫收益"怎么用"的问题。乌兰察布市察右前旗为防止资产流失，充分发挥资产效益，探索出"三强化、两规范、三严格"的"323"模式，通过强化组织领导、摸底排查、"一账通管"，规范经营管理、收益分配，严格后续管护、资产处置、防范风险三个环节的监督工作，构建起"产权清晰、权责明确、管理科学、经营高效"的扶贫资产运行机制。二是统一管理标准。乌兰察布市根据形成资产的扶贫资金范围和资产类型，制定统一规范的流程、方法、台账、报表等，在市级核实理清2012年以来财政扶贫资金投入底数的基础上，采取实物盘点与核实账务、账内账外等相结合的方式，对扶贫资产进行了全面盘点、清查和登记等，准确掌握了扶贫资产状况。鄂尔多斯市针对基层工作负担重、财税业务人员短缺等实际，积极探索购买专业记账的第三方机构服务的工作办法，借助社会力量有效提高扶贫资产管理水平，助力规范和完善"三本账"建立。三是实现信息化管理。赤峰市结合扶贫改革试验项目《扶贫资产信息化管理和建立扶贫资产收益

赤峰市"防贫保障基金"启动仪式

分配长效机制》，培育出阿鲁科尔沁旗扶贫资产信息化典型，研发出集扶贫资金形成资产信息数据服务、资产登记、确权、运营、管护、收益分配、档案管理于一体的扶贫资产信息化系统软件，实现了数据精准化、管理无纸化、工作透明化、信息共享化、服务便捷化。四是规范资产收益。锡林郭勒盟"苏鲁克"（扶贫"铁畜"）管理办法，采取 3 年为一个承包期限，承包期到期且贫困户达到脱贫标准后，嘎查（村）收回所承包铁畜，对新增贫困户或返贫户进行下一轮自我扶持发展，形成了扶贫资产持续保值，贫困户长期受益的良好管理机制。兴安盟科右前旗创新实施产业扶贫利益联结"235"激励机制和扶贫收益"532"分配机制。"235"激励机制将实施的经营性资产划分为"培育期""稳定期"和"回购期"三个阶段，分别为两年、三年、五年，按照每个阶段的时间节点增加利益联结收益。将 50% 的收益用于设置嘎查（村）公益性岗位，30% 的收益用于保障特殊困难群体稳定脱贫或避免致贫，20%的收益用于壮大嘎查（村）集体经济和扶持嘎查（村）小型公益事业。五是强化风险评估。通辽市扎鲁特旗通过对项目实施风险、环境污染风险、资产管理风险、涉税风险、投资收益风险、返贫风险、社会治安风险进行综合分析，指导企业防范和化解矛盾，并以科学管理、技术支持、电子监控等方式方法确保扶贫资产的安全。奈曼旗通过聘请第三方机构，对扶贫资产经营进行年度绩效评估，对绩效不达标的及时整改，对整改不力严重影响资金安全的撤回投资，追究违约责任。

## （三）强化扶贫项目管理制度

严格扶贫项目组织实施。一是规范项目编报。本着自下而上、逐级上报的原则，以旗县为单位，按照村申报、乡审核、行业主管部门论证、扶贫领导小组审定的程序编报。项目村"两委"和驻村工作队在广泛征求贫困户意见的基础上筛选确定本嘎查（村）申报项目，编制项目建议书上报。旗县或乡镇政府统一规划的扶贫项目，也按项目编制程序申报审定。二是规范报备项目计划。旗县根据脱贫攻坚实际需要提出下年度项目计划，并于本年底前逐级上报各项目主管部门备案。计划主要包括项目类别、数量、资金投入、减贫目标等。资金投入须区分旗县、盟市、自治区和中央投入的资金规模。三是规范编制实施方案。在项目计划报备批复后、项目实施前，列入当年实施计划的项目嘎查（村）或项目单位以项目储备库为基础，按照旗县下达的财政扶贫资金计划，编制年度项目实施方案，报所在苏木乡镇审核、旗县主管部门审定、旗县人民政府审批，并将审批同意的项目实施方案逐级上报主管部门备案。四是规范项目组织实施。苏木乡镇政府组织项目嘎查（村）按照批复的实施方案组织实施，旗县统一规划的跨苏木乡镇

以"带"为主——企业发展带动吸纳边缘户务工就业

项目由旗县项目主管部门或由项目建设所在地苏木乡镇政府按照批复的实施方案组织实施。已备案的项目不得擅自调整变更，确因特殊情况需要调整变更的，按项目管理权限报批，并重新备案。五是规范项目招标采购。旗县政府作为项目责任主体，组织苏木乡镇政府做好项目的招标和采购工作。根据《招标投标法》和《政府采购法》，专项资金支出过程中涉及招投标和政府采购的，按照相关规定做好招投标和政府采购工作，提高工作效率，推动项目实施尽快落地。通过"一卡通"直接支付的到户自建直补项目不进行招投标和政府采购。

严格扶贫项目监督管理。一是严格项目评估验收。项目竣工后，项目实施单位进行自验，并向苏木乡镇政府或旗县项目主管部门提出验收申请。苏木乡镇政府或旗县项目主管部门在 20 个工作日内完成验收并出具验收报告，对形成的资产进行评估。入户项目验收时受益贫困户须签字确认。二是严格项目后续管护。建立健全项目后续管护机制。依据项目验收报告及时办理资产交接，明晰产权归属，明确管护主体，建立资产管理制度，落实资产管护责任，避免资产流失，确保贫困人口受益。项目资产实行委托经营的，明确委托经营期限及期满后资产处置方式。三是保证项目实施质量。项目实施单位按照财政扶贫资金的一定比例预留项目质量保证金，项目完工并通过验收后，按照协议规定拨付质量保证金。质量保证金预留比例、退还时限、违约责任、赔偿事宜等按照相关规定进行处理。四是加强项目协调指导。自治区负责扶贫项目的指导监督、绩效评价；盟市负责协调服务、监督检查；旗县区负责项目储备、年度计划和方案制定，组织各有关部门、苏木乡镇、嘎查（村）具体实施，开展绩效自评，并承担扶贫项目管理主体责任。五是加强项目档案管理。实施方案、年度实施计划、项目进度监管、相关会议记录及公告公示、项目受益户名单、相关协议合同、验收报告、资金支付资料、项目资金管理台账、产权界定移交、后续管理方案。

## （四）加强扶贫信访监督

一是强化信访制度建设。制定《内蒙古自治区扶贫系统信访工作暂行管理办法》《自治区扶贫办依法分类处理信访诉求实施细则（试行）》，明确扶贫领域信访投诉事项的受理范围、办理程序、办理时限等，做到有章可依、有据可循。严格执行《纪检监察机关、扶贫开发领导小组成员单位扶贫领域问题线索移送办法（试行）》，定期向自治区纪委监委移交重大事项举报、干部违纪违法案件问题线索。二是建立领导包联盟市机制。内蒙古自治区扶贫办党组成员对所联系盟市的重点信访件办理解决情况实行定期调度、定期研判、定期督导。开展基层调研督导工作时，对重点信访事项、重点群体实行带案下访，确保群众合理诉求得以解决。三是按时召开信访会

呼和浩特市土左旗驻村工作队入户宣传扶贫政策

商会议。成立扶贫信访领导小组，每季度召开机关信访会商会议，通报"12317"扶贫监督举报平台受理信访事项情况，通报各业务处审核信访核查报告情况，综合研判信访诉求反映的突出问题，推动工作落实。四是加强信访事项督办工作。对于国务院扶贫办转办、领导批办的信访事项，采取限时办结、下访指导、跟踪督办等形式，由专人进行督办，及时了解掌握信访件调查处理情况。五是加强信访核查报告的审核。由机关各处、事业单位对信访核查报告从政策、

"12317"平台解读政策、答疑解惑

措施等方面进行审核；由机关党委负责从核查的程序、人员、时限等方面进行审核，对信访事项处置不准确、问题解决不精准的报告予以退回，完善核查后再报，做到"事事有回音"。六是建立信访通报机制。加强对旗县扶贫部门信访工作的指导，每季度通报各盟市"12317"扶贫监督举报平台信访受理、办理情

况，找出问题和不足，进一步规范受理程序，回应合理诉求，提升办理质效。七是建立考评机制。把扶贫领域信访工作纳入盟市党委政府扶贫成效考核监控指标体系，压实盟市旗县抓扶贫领域信访工作的责任，推动脱贫攻坚责任落实、政策落实、工作落实。

## 点评

习近平总书记指出，必须坚持把全面从严治党要求贯穿脱贫攻坚工作全过程和各环节，实施经常性的督查巡查和最严格的考核评估，确保脱贫过程扎实、脱贫结果真实，使脱贫攻坚成效经得起实践和历史检验。内蒙古自治区在脱贫攻坚具体工作中，通过抓严抓实扶贫资金监管，扶贫资产、项目管理，扶贫信访监督，确保做到阳光扶贫、廉洁扶贫。

扶贫资金一分一厘都不能乱花。内蒙古自治区通过定期或不定期进行实地调研、业务培训，聘请第三方机构对财政专项扶贫资金开展绩效评价，加大监督检查、落实公告公示，确保把扶贫资金的每一分钱都花在刀刃上。

扶贫资产切实做到运维有效。围绕扶贫资产"谁来管、怎么管、如何管得好"，在实践中不断创新管理模式，先后探索出"2355"管理模式、"苏鲁克"（扶贫"铁畜"）管理办法、"532"分配机制等一系列行之有效的管理手段，实行台账化管理，推进公司化管理，确保防止资产流失、发挥资产效益。

强化扶贫项目相关制度。通过规范项目编报、报备项目计划、编制实施方案，严格项目评估验收、后续管护等办法措施，确保扶贫项目规范实施、质量过硬。

加强扶贫信访监督制度。通过强化信访制度建设、建立领导包联盟市机制、加强信访事项督办、建立考评机制等，积极解决群众合理诉求、回应群众线索举报，切实做到"事事有回音"。

为督促推动各地脱贫攻坚责任落实、政策落实、工作落实，确保高质量打赢脱贫攻坚战，内蒙古自治区不断推进脱贫攻坚监督执纪工作的标准化、规范化，确保让党放心、群众受益。

## 相关政策法规

### 关于监督管理体系方面的政策文件

1.内蒙古自治区财政扶贫资金专项整治行动工作方案

2.内蒙古自治区财政专项扶贫资金管理办法

3.内蒙古自治区政府关于进一步加强扶贫资金使用管理的意见

4.内蒙古自治区扶贫办印发关于完善旗县脱贫攻坚项目库建设的实施意见的通知

5.内蒙古自治区扶贫办印发关于完善内蒙古自治区扶贫龙头企业认定和管理制度的实施意见

6.内蒙古自治区扶贫资金项目公告公示实施办法（修订）

7.内蒙古自治区扶贫办、发改委、民委、农牧业厅、林业厅、财政厅联合印发关于进一步加强扶贫项目管理的指导意见

8.内蒙古自治区审计厅、扶贫办印发关于扶贫资金管理使用方面的负面清单

9.内蒙古自治区扶贫办关于光伏扶贫建设补助资金管理使用的通知

10. 内蒙古自治区扶贫办关于进一步做好扶贫小额信贷风险补偿资金使用工作的通知

11. 内蒙古自治区财政厅全面落实扶贫小额信贷财政贴息和风险补偿政策的通知

12. 内蒙古自治区扶贫开发领导小组关于进一步做好扶贫资产管理工作的通知

13. 内蒙古自治区扶贫系统信访工作暂行管理办法

14. 内蒙古自治区扶贫办依法分类处理信访诉求清单

15. 内蒙古自治区扶贫办依法分类处理信访诉求实施细则

# 二、典型案例

 **案例一**

## 突泉县："2355"模式让扶贫资产持续滚动发展

2020 年，兴安盟突泉县不仅退出国家贫困县序列，还因成功探索出了可复制可推广的"2355"扶贫资产管理模式，荣获了全国脱贫攻坚组织创新奖。

"2355"管理模式，解决了如何发挥好扶贫资产形成的资产收益、实现资金全程风险防控、让其在阳光下高效运行、确保每一分钱都花在刀刃上的难题，让扶贫资产能持续滚动发展，让贫困户持续受益。

"2355"模式中的"2"是指双向追踪摸家底，给扶贫资产找"主人"。先是横向查扶贫资产都有哪几类，再纵向查这些扶贫资金用到了哪个村、哪个户。该县梳理出了 2014 年以来每一笔扶贫资金的使用方向和受益群体，摸清了每一项扶贫资产数量和具体位置，形成了一整套账本。资产的"主人"找准后，他们从上到下逐级发放确权书，让贫困户和村集体吃上"定心丸"。

"2355"模式中的"3"是指三级监管明责任，给资产找了 3 个"监管人"。突泉县编织了"县级统管、乡镇辖管、村级直管"的三级责任体系网，提高了扶贫资产风险的捕捉和防御能力。

"2355"模式中的第一个"5"是五权明置防风险。突泉县给扶贫资产上了"所有权""经营权""收益分配权""监督权""处置审批权"等 5 个制度"保险"。突泉县聚美恒果企业就是受益户之一。公司与 274 户贫困家庭、453 名贫困人口建立资产收益模式，运营到户扶贫资产 436.4 万元，每年将资产年收益的 10% 给贫困户分红。2018 年以来，453 户贫困户每年获得资产收益总计 43.64 万元，人均达到了 980 元。

"2355"模式中的第二个"5"是五化运营保收益，给资产找了 5 个"保姆"。突泉县组建扶贫资产管理公司这个服务平台，探索"运营专业化、投向多元化、决策流程化、防险系统化、收益长效化"的路子。目前，县扶贫资产管理公司这个专业的保姆团队，已经代管村级资产 4.77 亿元，年收益 4500 万元以上。县扶贫资产管理公司还将部分扶贫资金注入突泉县绿丰泉肉牛养殖企业合作经营，建成了蒙东地区最大的安格斯牛养殖基地，形成全产业链。

## 案例二

# 一笔资金四方受益

锡林郭勒盟正镶白旗伊和淖日苏木阿日善嘎查是一个将项目资金用到"极致"的嘎查。50万元汇到嘎查的账户上时，嘎查"两委"班子并没有第一时间将钱"下放"到各贫困户中。

手里捧着钱却不敢花。党支部书记额尔登巴雅尔道出了原因："我们嘎查的一部分贫困户年老体弱，还有的身患残疾或重大疾病，其实这一部分群体给钱还好，可50万元说多不多、说少不少，钱总有花完的一天，如果把钱换成牲畜，可这部分群体又严重缺乏劳动力，基础设施薄弱，草牧场面积小，牲畜给得起但养不起。"除此之外，还有的牧户曾将草场承包给他人，最长的达十年，用额尔登巴雅尔的话说就是"即便给了一两头牛让别人代养，也很难经营壮大"。

经过一番深思熟虑，2018年初，阿日善嘎查"两委"班子将50万元以嘎查名义，按每头15000元的高价购买了33头西门塔尔母牛。牛并非从外引进，而是全部出自本嘎查牧业大户的棚圈中。

从本嘎查购牛不光是"肥水不流外人田"，而且是一条嘎查全民"受益链"。嘎查从牧业大户买进牛后，并没有直接交给贫困户散养，而是与本嘎查18个党员中心户、党员户及致富带头人签订了《扶贫项目牛承包合同》，将这33头牛分配给以上"寄养户"进行饲养经营，"寄养户"每年以每头2000元的标准向嘎查缴纳寄养费，一次合同期为5年，其间所产牛犊归"寄养户"

所有，而每年共计 66000 元的寄养费除 30% 归入集体经济外，剩下的 46200 元将以分红的形式分配给现有未脱贫的贫困户。

一笔资金四方受益，阿日善嘎查用活扶贫项目，进而带动了整个嘎查的利益全覆盖：牧业大户有条件、有基础，从大户购牛本身就降低了风险，不仅激发了大户的养殖积极性，也带动了嘎查中等收入群体——"寄养户"的扩大再生产。同时，分红也让贫困户有了可持续性收入，待其生活改善后也可进行承包，而 30% 的扣留资金又让集体经济有了盈余，并用于本嘎查扶贫、救灾、重大疾病救助、牧民子女助学等各方面，一条集售牛、承包、分红、集资的"受益链"日渐成熟。

额尔登巴雅尔说："如果 33 头项目牛在饲养过程中出现意外或死亡，那么责任归承包方，这就保证了嘎查一直拥有 33 头项目牛，从另一个角度讲这就是全嘎查的'铁畜'。"

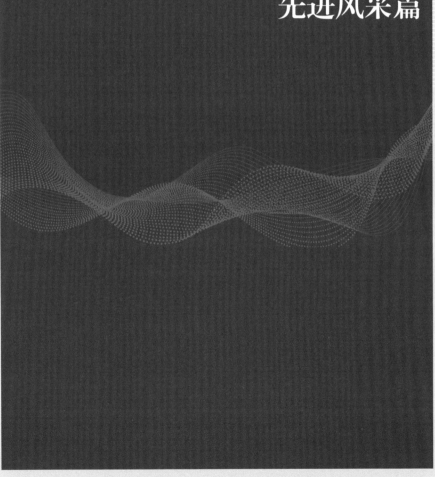

第四部分

先进风采篇

# 第二十章

# 脱贫攻坚先进集体及先进个人事迹

## 白晶莹：飞针走线绣前程

兴安盟科尔沁右翼中旗人大常委会主任、科尔沁右翼中旗
蒙古刺绣产业专项推进组组长、蒙古刺绣协会会长

她，是引领内蒙古自治区兴安盟科尔沁右翼中旗
妇女深耕蒙古族手工刺绣的带头人；她，是传承保护
和创新发展蒙古族刺绣非遗文化的积极推动者；她，
筹划建立了国内最大的蒙古族刺绣扶贫车间，带领贫
困地区农牧民妇女开拓出一条脱贫致富的新路子……

白晶莹

她，就是当选全国脱贫攻坚楷模荣誉称号的"草原绣娘"白
晶莹。

带动 2.6 万名妇女参与蒙古族刺绣产业，带领 2895 名建档立卡
贫困户人均年增收 2000 元。在中国脱贫攻坚战场上，这股用针尖刺
破贫困的攻坚力量，来自内蒙古自治区兴安盟科尔沁右翼中旗（以下

简称"科右中旗")。

在科右中旗，说起"白主任""白老师"无人不知、无人不晓。白晶莹既是科右中旗人大常委会党组书记、主任，也是深受广大农牧民妇女信赖的蒙古族刺绣产业带头人。

一根丝线，一头牵着万千百姓致富生计，一头连着千百年文化传承。她用纤纤巧手，靠着针尖功夫，穿起了各级党委、政府的惠民好政策，更带领草原绣娘"绣"出花一样的幸福生活。

## 草原绣娘传技艺

白晶莹出生于传统蒙古族家庭，自幼受到家庭熏陶，练就了一手娴熟的刺绣技艺。脱贫攻坚战打响以后，面对找不到致富出路的妇女时，想起了刺绣这门传统手艺。在白晶莹的倡导和努力下，"建档立卡"与"非遗刺绣"挂上了钩。她协调旗妇联、旗就业局等相关部门群策群力，组织开办蒙古族刺绣培训班，免费培训，并提供针线、布料等。白晶莹成了科右中旗蒙古族刺绣扶贫计划的发起人、领路人。2016 年，白晶莹担负起科尔沁右翼中旗蒙古刺绣产业专项推进组组长和蒙古刺绣协会会长的重任，开始立足本地实际，积极探索产业扶贫新途径。她以蒙古族刺绣文化产业为抓手，组织动员返乡大学生成立大学生创业就业扶贫服务协会、沃尔墩刺绣产业发展有限公司、图什业图民族手工艺协会，并筹划建立蒙古族刺绣培训基地、蒙古族刺绣产业园等，让"建档立卡"与"刺绣脱贫"挂上了钩，也让蒙古族刺绣发展迎来了新契机。

五年以来，在"刺绣脱贫"这条路上遇到过多少难题，只有白晶莹自己知道。

旗级财政资金困难，没有额外经费买图样，她就拿来白纸自己设计、绘制蒙古族刺绣图案，设计制作了 1072 件刺绣产品和 7000 余张刺绣图案，免费提供给广大绣工及返乡就业大学生使用；没有针线和布料，她就发动大学生创业就业扶贫服务协会的大学生们申请小额创业贷款购买原料，无偿提供给参加培训的贫困群众；没有时间讲课，她就利用工作日的早晚时间和双休日、节假日下乡入户。从刺绣图案设计、色彩搭配、艺术审美到具体的绣、贴、堆等技法，她倾囊相授，耐心指导。伴着晨曦，踏着夕阳，多年来，白晶莹的足迹遍布科右中旗的 12 个苏木镇（乡）、173 个嘎查（村）。冒风雪，顶烈日，穿草原，越沙丘。一串串足迹，丈量着科右中旗从"国贫旗"到"摘帽旗"的蜕变过程。

2016 年以来，蒙古族刺绣培训班已遍布全旗 12 个苏木镇（乡） 173 个嘎查（村），集中举办刺绣培训班 132 期，共培训绣工 14753 人。通过绣工们的传帮带，科右中旗全旗参与刺绣的妇女达 2.1 万人，实现 2000 万元的产销收入，其中建档立卡贫困户 2895 人，人均年增收 2000 元，农村地区刺绣人数在 50 人以上的嘎查（村）已有 51 个。通过动员培训，掌握刺绣手艺的人群年龄拓宽了，从 18 岁到 70 多岁，老少齐动手，靠自己双手在绣针尖上谋幸福。

### 蒙湘联手出国门

"花随玉指添春色，鸟逐金针长羽毛。"科右中旗蒙古族刺绣作为一项古老的手工技艺，虽然有很多独特的韵味，但是想走出深闺远销国内外市场，还需要融入时尚元素，满足国内外客户的审美需求。

经对口帮扶单位中宣部挂职干部牵线搭桥，2018 年湖南长沙县与科右中旗开展了"携手奔小康"活动。12 位湘绣技师来到科右中旗传授了湘绣技艺，先后近 3500 位绣工参加培训。此次培训后，白晶莹带着众人群策群力将湘绣与蒙古族刺绣进行了有机融合，开发出更多新颖的题材，时尚的刺绣受到了广大群众的喜爱，市场前景更加广阔。不只是居民家中，更是商场、酒店青睐的装饰品。

白晶莹不断地在市场中寻找新的商机，通过努力，沃尔墩刺绣公司、大学生创业就业扶贫服务协会与骄阳湘绣厂签订了协议，落实订单生产，借力推动科右中旗蒙古族刺绣产品漂洋过海走出国门；与内蒙古自治区传统工艺工作站合作，建设内蒙古自治区传统工艺工作站分站。

随着市场的扩大，白晶莹也在不断探索中找到了科学的管理模式，建立了科右中旗蒙古族刺绣培训基地和实训车间，形成了"企业＋协会＋基地"的运营模式，建立成熟的管理团队，在团队的协作下，扶贫车间于 2017 年一举拿下了 450 万元的订单，2018 年的一次订购会上拿下了 5.3 万元的刺绣订单和 20 万元的先期订购款。每一名绣工的年收入都能达到 3—5 万元。2017 年，2895 名建档立卡贫困户因王府刺绣产业发展受益，实现人均年增收 1809 元，形成了 51 个 50 人以上从事刺绣产业的嘎查，实现 825 万元的产销收入。

2017 年 9 月 16 日，白晶莹（中）与绣娘面对面开展刺绣培训

2018 年，科右中旗探索"电商＋刺绣"发展模式，初步与阿里巴巴集团达成合作意向，利用互联网平台的即时性与"无疆界"渠道，搭乘"互联网＋"快车，"王府刺绣"通过电商渠道进行销售，为刺绣产业腾飞插上"电商翅膀"。

以图什业图"王府刺绣"产业发展为契机，白晶莹带领着当地的贫困妇女走上了一条致富的道路，用古老的蒙古族刺绣融合湘绣再加上时尚的元素，使刺绣成为一种产业，助力脱贫，绣出了一条幸福路。

## "攻"在当前，"谋"在长远

对于脱贫，白晶莹拿出了"铁杵磨针"的韧劲和"绣花"的功夫。2019 年 7 月 15 日，习近平总书记考察内蒙古自治区赤峰市期间就少数民族非遗传统文化作出了重要指示，为更好传承和发展蒙古族刺绣文化指明了方向。2019 年 8 月，中国手工刺绣传承创新大会命名科右中旗为"中国手工刺绣创新创业示范基地""中国蒙古族刺绣文化之乡"。蒙古族刺绣产业迎来了前所未有的发展机遇，到 2019 年底，科右中旗蒙古族刺绣产业产值达到 2000 万元。

这让白晶莹深有启发——要将刺绣非遗文化产业的发展放在更宏阔、更长远的坐标上。

作为地区非遗文化的蒙古族刺绣，虽然有很多独特韵味，但要想走出深闺远销国内外市场，还需要不断提升它的创新力和竞争力。

白晶莹团队立足脱贫攻坚实际，逐步探索出了独具特色的集产品研发、生产、销售于一体的蒙古族刺绣产业市场运营机制。通过"请进来，走出去"方式，积极推动蒙古族刺绣与中国四大名绣等绣种的交流合作；邀请美术家协会、书法家协会等艺术家团队，开展富有民族特色的精品样图创作；并依托文化旅游节庆活动，开展精品刺绣论坛、评选活动。

如今，在科右中旗蒙古族刺绣产业基地里，缝纫车间、刺绣车间、成品室、研发室、展览室一应俱全。还设计开发了包、桌旗、蒙古袍等系列主题产品，亮相法国国际订货会和米兰时装周。

在第三届中国纺织非物质文化遗产大会上，白晶莹以《非遗扶贫与乡村振兴》为题做主题演讲。她说，蒙古族刺绣是一项非物质文化遗产，也是扶贫路径，要以乡村振兴接续脱贫攻坚，焕发出更大的价值，带领更多的群众"绣"出美好而幸福的生活。

## 全国脱贫攻坚模范

# 武汉鼎：为乡亲们拼一个好光景

### 呼和浩特市清水河县畜牧局原局长、退休干部

他是一名用一生去改变家乡面貌的老人，把六十载光阴献给了需要他的农村、农业和农民，不管是在职还是退休后，不论待遇如何，甘愿为乡亲们奉献一切；他心系群众，切实解决群众实际困难，徒步行走 3 万余公里，足迹遍布 5 个乡镇 30 多个偏远村庄，坚持

武汉鼎

不懈下乡蹲点，帮助 1 万余人摆脱了贫困；他用自己的行动诠释了一名老党员、一名基层干部带领贫困群众脱贫致富奔小康的价值追求和使命担当。

清水河县位于沟壑纵横的黄土高原上，是内蒙古区级贫困县。生活在这里的人们以前只能靠天吃饭，位于深山沟壑村子里的贫困人口占全县贫困人口 20% 以上。在清水河县，武汉鼎这个名字几乎家喻户晓。60 年来，他坚持不懈下乡蹲点扶贫，足迹踏遍清水河县的千沟万壑。"甘为人民老黄牛，不用扬鞭自奋蹄……发展科技生产力，壮志未酬誓不休。"他用自己坚实的脊梁，60 年如一日，带领乡亲们走上了脱贫致富奔小康的康庄大道。

### 帮扶铺出致富路

20 世纪 80 年代中期，武汉鼎辞去兽医站站长职务后，帮扶的第一个贫困村就是全县最穷的暖水湾村。

"你们看，眼前这条深沟里面遗留下的土窑，就是我丈夫祖辈居住生活了几十年的家。1989年开始，在武大爷的帮扶带领下，我们开始从沟里向上面平地搬迁。随后，全村开始发展生产，走向致富路。"清水河县暖水湾村村民严琼手指着深沟里的土窑说。这些土窑承载了村里人太多的生活印记。每每提起武汉鼎带领村里人奋斗致富的故事，她都热泪盈眶。1986年，她刚从四川成都远嫁到暖水湾村时，村里人住的都是跑风漏气的土窑洞，从村里去县城要翻过三道山岭，走十几里路。炕上的铺盖补丁摞补丁，再加上几个坛坛罐罐，这就是一家人的全部家当。"婚后，有位长辈给我送来200块钱，说外地小姑娘嫁到这个穷地方不容易，让置办些生活用品。当年的这笔钱对于穷苦的农村来说可是天文数字，我当时忍不住就哭了。"严琼后来才知道，这位长辈就是武汉鼎，他帮助村民看病、医治牲畜、盖房子，全村26户人家他都帮助过。为了帮助暖水湾村脱贫，他甚至常年住在村里不回家。

不仅如此，为了使村民致富，他还发动大家搞养殖业。不少贫困户穷的连一块钱都拿不出来，他就免费将小鸡送给他们。正是这送出的一笼笼小鸡，使许多贫困户看到了希望，帮助他们走出了困境。考虑到暖水湾村的长远发展，他又帮助村子健全了基层党组织，培养了一批能带动村民致富的"领头雁"和牲畜防疫员。主动争取脱贫优惠政策和有关部门的大力支持，陆续打通水、电、路，联通更大的市场。如今，在武汉鼎的带领下，家用电器和私家车已经成了暖水湾村村民的标配。

## 科技照亮脱贫路

"广种薄收、吃啥种啥，今年娶媳妇要吃糕，就种黍子，用这种老办法永远脱不了贫！"老牛坡村的一间民窑内，炕上地上挤了三四十个村民，正在聚精会神听武汉鼎讲解什么叫市场比较效益。

　　多年的扶贫工作，让武汉鼎深深感觉到贫穷并不可怕，怕的是穷而无志，安于现状；怕的是根深蒂固的落后思想观念。他深知提高贫困群众的科学文化素质和转变贫困群众思想观念的重要性，在亲身讲解农业技术的同时，组织内蒙古农业大学学生来村里进行暑假"三下乡"社会实践，开展支农、支教、捐助活动；在贫困村办夜校和各类培训班，多次邀请科研院所、大中专院校和农牧业专家学者、科技人员给贫困群众讲课；自费为贫困群众订阅各种报纸资料，带领贫困群众开展读书读报活动。为了提高贫困人口的综合素质和劳动技能，推进产业扶贫，他走到哪里，就将科技火种带到哪里。他告诉大家，种地一定要把握"三不"原则，"非良种不种，亩产上不了千斤的不种，进不了市场的不种"。

　　2016 年以前，座峰村一直在粮食亩产两百斤左右的老路上徘徊，近三分之一的村民尚未脱贫。为此，武汉鼎从县里请了专家，专门

武汉鼎（右）手把手教村民科技种田

讲解科技种田、精种高产的原理，解决当地种植玉米无霜期短的问题。为了打消村民的顾虑，因多脏器功能衰竭住进重症监护室才出院没几天的他又拿出自己两万元的养老金，购置70元一斤的良种和地膜，赶在春播前无偿发放给全村76户农民，还手把手教村民点种覆膜。这时的武汉鼎已经80多岁，而且是大病初愈，连续六七天蹲在地里，满头汗、浑身土，为村民们种植玉米进行技术指导。在他的带领下，当年座峰村玉米获得大丰收，仅出售玉米一项收入，就实现了整村脱贫。

几十年来，他先后在贫困村开办了39所农民夜校，推广25项农牧业适用技术和35个优良品种，累计培训贫困群众5000多人次。他通过将科技扶贫和产业扶贫相融合的办法，不断把一个个贫困村带上了脱贫致富之路。

## 一生帮困不止步

清水河南部山区水贵如油，村民们往往是爬坡下沟走几里地甚至是几十里地才能背回一桶水。常年背水的老人脊背上都留下了高高凸起的疮疤烙印。为了给祖祖辈辈吃水困难的贫困村打上一口井，他多次到水文地质部门反映村民吃水困难的情况，终于在坚持不懈地努力和自治区脱贫工作队的帮助下，暖水湾村、大阳坪村、老牛坡村等贫困村的人畜饮水难问题得以解决。当自来水通到窑洞时，男女老少欢呼雀跃，老人们更是激动得泪流满面。

武汉鼎不仅为贫困村排忧解难，帮助他们解决生活难题，还一直主动接济贫困村民。在盆底青村、大阳坪村、老牛坡村等贫困村内，都有他接济帮助过的贫困群众。有村民做豆腐买不起大锅，他就把钱送了过去，那是他大半个月工资；有村民买不起猪崽，他跑了大半个清水河县，又步行十几里地，给村民抱来了猪崽；还有村民突发脑梗急需抢救，他翻山越岭连夜送药，险些被冻成雪人……60 年来，他把自己工资收入的大半都用来接济了贫困村民。仅退休后 25 年里，他陆续捐出的养老金就有 40 万元。

　　几十年来，每年除夕前，他总是要赶到贫困村里过年。当家人希望和他一起过个团圆年时，他总是歉意地说："我这辈子离不开这些乡亲们。在家里过年心里觉得不踏实，总惦记着快开春了，出去外面打工的人也回来了，正好坐在一起商议商议，来年种点啥、养点啥，也能趁农闲搞搞科技培训。"把农村当成家，把贫困群众当成兄弟姐妹，武汉鼎把 60 年的岁月奉献给了山区，奉献给了贫困群众。

## 全国脱贫攻坚奖获得者

# 王文彪：沙漠里的"治沙狂人"

### 亿利资源集团董事长

王文彪

他提出"政府政策性支持、企业产业化投资、农牧民市场化参与、技术持续性创新、生态系统性改善"的合作机制，使位于沙漠腹地的杭锦旗等地生态环境明显改善；他提出走以"公益＋市场""产业＋扶贫"为特点的可持续治沙扶贫路子，使当地沙区10万余百姓受益，创造了5000多亿元的生态财富；他是内蒙古

王文彪荣获联合国首届"全球治沙领导者奖"

鄂尔多斯高原上的精英，也是沙漠里的绿色使者，30 年的治沙历程，他让中国的治沙经验载入了联合国文件。

在内蒙古鄂尔多斯市杭锦旗，王文彪可是当地人崇拜的偶像。他曾被评为"内蒙古自治区劳动模范"，还曾荣获联合国首届"全球治沙领导者奖"。对于他来说，这不仅仅是荣誉，更是坚持治沙的动力。

王文彪生在库布齐沙漠，长在库布齐沙漠，吃尽了沙漠的苦头，也在沙漠的肆虐中得到了历练，体味到了治沙成功的愉悦。30 年，对于一个人来说很漫长；但对于沙漠改造事业来说，却是短暂的。如果选择了沙漠治理这一事业，那就等于把自己的整个生命都搭进去了，王文彪就是这样一名无悔选择、矢志不渝的沙漠之子。

### 修建穿沙公路：防沙之路从这里起步

库布齐沙漠，一个并不遥远的地方，它在距北京直线距离仅 800 公里的黄河大"几"字顶部，曾是北京沙尘暴的主要发源地之一。

起初，王文彪的沙漠经济之路，是从库布齐沙漠中的一条穿沙公路开始的。1988 年，在政府部门工作的王文彪被选派到濒临倒闭的杭锦旗盐厂当厂长。1995 年，王文彪在杭锦旗盐厂的基础上组建了亿利资源集团，主导产业是无机盐化工。要想救活盐海子化工，必须修建穿沙公路，彻底打通库布齐沙漠腹地和外界的交通。

1997 年，亿利资源集团与当地政府和民众联手，经过 3 年的艰苦奋战，终于打通了第一条纵贯库布齐沙漠南北的柏油路，创造了"大漠奇迹"。从穿沙公路防沙护路绿化中，王文彪得到这样的启示：沙漠是可以防治的，人们可以用自己的力量让荒漠停下脚步。

近 20 年的实践中，王文彪和团队一起探索并确立了"锁住四周、渗透腹部、以路划区、分割治理、科技支撑、产业拉动"的防沙用沙战略。按照这个战略，王文彪带领亿利人投资修建了5条纵向穿沙公路，实现了"分而治之"，而且路修到哪里，水电就通到哪里，绿化就跟到哪里，并逐步延伸。使世世代代被沙漠围困的库布齐人有了一条通往外界的坦途。至今，王文彪带领亿利集团自筹资金7.5亿元，先后修筑了5条长达450公里的沙漠公路，架设了一座黄河大桥。随着沙漠绿化和公路修筑，库布齐沙漠中的10万农牧民生产生活条件大为改善，满怀希望走上了新征程。

## 从防沙到用沙：一个"被动"变"主动"的过程

如何将沙漠负资产变成可以产生经济效益的绿色资产，让沙漠治理行为本身就能产生经济效益，让产生的经济效益更好地推动沙漠治理，王文彪一直在苦苦思索着。一次，他与同事们意外发现甘草这种可在干旱、半干旱环境旺盛生长的中草药，便迅速研发其种植新技术，将其推广开来，获得了治沙和收益的双成果。经过30年的探索，他大胆提出了"库布齐沙漠经济学"，通过一二三产业融合发展，促进大生态与大扶贫、大数据、大旅游、大健康、大光伏等融合发展的绿色发展新路。

为了让更多受沙漠影响的人尽快有收益，他不断总结30年的治沙致富经验。在他的带领下，创新建立"政府政策性支持、企业产业化投资、农牧民市场化参与、技术持续性创新、生态系统性改善"的合作机制，走出了一条以"公益＋市场""产业＋扶贫"为特点的可持续治沙扶贫路子。

组建劳务就业扶贫队伍，实现"一人打工、一户脱贫"；建立达拉特循环经济工业园，辐射带动周边地区55290人就业创业；甘草产业扶贫、生态移民扶贫、教育培训扶贫、党建扶贫、肉羊养殖产品扶贫、光伏产业扶贫……"亿利绿色发展的脚步到哪里，生态产业扶贫就落实到哪里。"王文彪是这样说的，也是这样做的。

## 库布齐治沙经验：让中国与世界相连

当古丝绸之路在这片大漠黄沙下吟唱着中华民族往昔的荣耀时，库布齐萌生的片片新绿正构建着这个古老文明连接欧亚大陆乃至世界的现代通途。这正是王文彪当初的梦想，如今一跃成为现实。

2008 年，王文彪成为第十一届全国政协委员，让他的治沙之梦站上了更高平台。他在企业"厚道、共赢"的核心价值观中加入了三个字——领导力。

2012 年 6 月，联合国"里约＋20"峰会上，库布齐沙漠生态文明被列为峰会重要成果向世界推广，使联合国防治荒漠化国际公约提出了到 2030 年实现土地荒漠化零增长的目标。

"作为全国政协常委，能够推动库布齐的生态文明建设成果赢得世界声誉，也是我的荣誉。"王文彪说。对国际社会而言，可能很少有人会记住他的名字，人们记住的更多是中国，是中国创造的又一个奇迹。

继联合国肯定之后，很多国家，特别是非洲、中东地区荒漠化严重的国家代表主动找到王文彪，希望能够开展防沙治沙领域的技术合作。与坦桑尼亚、赞比亚合作的治沙项目将催生第二条"坦赞铁路"开通；加纳环境与科技部部长博尼斯·阿迪库·赫鲁表示："我将在回国后告诉政府，我们可以去中国库布齐亲眼看看，库布齐是我们学习商业治沙的典范。"

# 吴云波：专啃硬骨头的基层"勤务兵"

### 通辽市扎鲁特旗巴彦塔拉苏木东萨拉嘎查
### 党支部书记、嘎查委员会主任

吴云波

他成长在一个有着 234 户牧民、以畜牧养殖为主、农牧结合的贫困嘎查；在党的富民政策支持下，他超前谋划、科学养殖，成立了玛拉沁艾力（意为"牧民之家"）养牛专业合作社，走出了一条以支部为核心，抱团脱贫的道路；他用实干和智慧、热血和汗水，在脱贫攻坚一线书写着青春的华章，激扬着青春的风采。

大学毕业后，回到家乡东萨拉嘎查带领乡亲们脱贫致富的吴云波（中）

2009 年从学校毕业的吴云波，没有选择去大城市发展，而是返回他的家乡东萨拉嘎查，在乡亲们的信任下，当选为嘎查主任。东萨拉嘎查地处大兴安岭南麓，村民以放牧养殖为主，是巴彦塔拉苏木面积最大、最穷的嘎查，如何贯彻落实好中央脱贫攻坚的部署要求，推进精准扶贫工作，如何为贫困已久的家乡人民谋求一条致富之路，一直是吴云波的心头大事，经过用心学习、不断实践，结合当地实际，他逐渐摸索出了一条成功的脱贫致富之路。

## 把解决问题的对策找出来

推进深度贫困地区脱贫攻坚，需要找准致贫的主要原因，采取有针对性的脱贫攻坚举措。多年来，村民一直延续分户经营、单打独斗的生产方式，导致草场超载、环境污染严重、疫病防治困难、市场风险把控能力弱，相应的，群众增收的步伐缓慢。吴云波意识到，只有整合资源，横向联合，才能增强市场竞争能力。2013 年，经过嘎查"两委"多次讨论，玛拉沁艾力（意为"牧民之家"）合作社正式成立。

第一步迈出了，但还远远不够。

"成功不能靠生搬硬套，只有因地制宜，发挥长处，展现特色，才会有更好的前景和发展。"要想致富，必须变单纯养牛为产业深加工，带动传统养牛走上现代产业之路。吴云波一环扣一环：2014 年建饲草料基地，2015 年成立奶制品厂、餐饮公司和牛排店，2016 年建立通辽直营店、宁波销售处和合作社鲁北分社……目前合作社已有奶制品厂、餐饮服务公司、绿色牛肉直营中心、牛排店，形成了从养殖、育肥、屠宰、精加工、直营专卖到餐饮的全产业链格局。

产业扶贫要解决的问题，不仅是老百姓种什么养什么，更是怎么卖出去、卖给谁、如何卖出高价的问题。吴云波想到了互联网思维和技术。为此，他积极联系区域优秀电商企业平台，大力发展"博览"经济，构建电商平台、直销中心、零售体验店一体化的农畜产品宣传、展示、销售平台，提升农畜产品的知名度和影响力……随着电子商务发展规模的不断拓展，东萨拉嘎查的产品销路问题迎刃而解。

## 把党支部的堡垒作用发挥出来

头雁振翅，群雁高飞。无论是脱贫攻坚，还是乡村振兴，都离不开农村基层党组织的引领。2012 年，吴云波将党支部书记、村委会主任一肩挑，坚持把党建"主业"与脱贫攻坚"主责"相统一，走出了一条以支部为核心、抱团脱贫的道路。

经过多次调研，并结合东萨拉嘎查粮多草茂和村民有养牛传统的优势，一条"党支部＋合作社＋产业基地＋农牧户"的发展路子被蹚了出来。

"市里正在推行稳羊增牛计划，我们就顺应形势，将我们的牛产业做大做强！"吴云波找到嘎查其他几名党员商量着，"吃个低保、骑个摩托照样过一辈子，可我们不能这样过。我们党员要给大家做榜样！"为此，吴云波不仅卖掉自家全部 300 多头牛羊，还借来 200 万元搞基础建设，在父亲多年栽种的 1300 亩林地里盖起几万平方米的牛舍、仓库，并深挖了水井。村民们看到实实在在的硬件设施，开始对合作社有了信心，仅仅 10 天时间，入股率达到 90% 以上。

站在年出栏 1000 头的大型育牛场里，吴云波与另外 6 名党员一起在党旗下庄严承诺："一定要为嘎查的群众蹚出一条致富路，党旗不倒，我们的心就不倒！"

## 把好作风树起来

吴云波挑选了 10 名能干的年轻人作为合作社的理事会成员。在理事会成员第一次会议上，吴云波为大家立了"规矩"："在座的都是合作社的领头人，领头人就要比别人吃更多苦，受更多累。不愿意干的，现在就可以退出！"讲完这番话后，不仅没人退出，大家的心更齐了。

合作社成立后，11 名理事担起了全部的责任，他们每天早上 6 点到岗，晚上 10 点多才回家，还经常值夜班。2014 年腊月二十九，合作社把挣来的利润全部分红，村民们高高兴兴地领走了钱，但每个理事只发了 4000 元工资。吴云波说："我们没有白辛苦，终于兑现了对村民的承诺。"

开展产业扶贫、委托帮扶、直接帮扶、就业帮扶、股份合作……经过几年努力，东萨拉嘎查农牧民收入增加了。而创新合作社与农牧民的利益联结机制，更使得农牧民获得了初始入股分红、合作社就业工资等多项收入，实现了由农牧民变股民、进企业当工人的重大转变。合作社成立以来，全嘎查 234 户 1072 人，有 207 户 989 人入股成为社员，28 个困难户中的 36 名劳动力实现了就业。截至 2017 年底，合作社总资产达到 3200 万元。

# 刘金锁：这个村支书很有招儿

## 通辽市科左中旗代力吉镇东五井子嘎查党支部书记

他带头成立肥尾寒羊养殖专业合作社，通过赊养、租借两种方式把引进的品种羊投放给农牧户，带动周边村屯农牧民脱贫致富；他针对嘎查剩余未脱贫的建档立卡贫困户，通过"合作社＋农户"的模式带动发展养牛业，鼓励全嘎查无劳动能力贫困户入股分红；他凭着对脱贫攻坚工作的执着追求，以一个共产党员特有的情和

刘金锁

刘金锁（右）正在查看村里土地流转的花生长势

爱，时时以身作则，处处率先垂范，赢得了村民们的一致好评。

走进科左中旗代力吉镇东五井子嘎查，听到最多的就是刘金锁作为嘎查党支部书记带领农牧民致富的故事。东五井子嘎查有 217 户 868 人，是一个常年干旱少雨、盐碱坨沼地多的小村庄。从一个基础设施薄弱、产业结构单一的小村庄，发展成现有羊存栏 5000 多只、牛存栏 800 多头，人均纯收入可达 2.32 万元的小康村，这些变化都离不开这个不怕忙、有实招儿的村支书。1999 年，时年 34 岁的刘金锁在村民的支持下，高票当选为村委会主任，大力发展规模养殖业，把农民从"面朝黄土背朝天"的传统农业生产模式中解脱出来，带领村民在脱贫致富的道路上一走就是二十年。

### "二虎吧唧刘书记"很有招儿

上任伊始，刘金锁天天想着的事情，就是如何让村里的乡亲们都富起来。面对村里到处脏乱差的状况，他号召各家各户建猪圈和厕所。村里人却把这当成了玩笑话，笑称他为"二虎吧唧刘书记"。他非但没有生气，还每天利用"大喇叭"讲这样做的好处，听他这样细致入微地讲道理，村民们纷纷动手修建起了自家的猪圈和厕所。接下来，刘金锁又开始了他的第二步计划——修路。当时的东五井子全部都是坑坑洼洼的土路，刮风尘土漫天，下雨满地泥泞。"这路必须得修，不仅要修，还要修得好！"看到了他办成事儿的韧劲儿和决心，村民们全都拿起铁锹、赶着马车、开着四轮车，加入修路大军中，合力修建出"九横三纵"的村路和1200米的排水沟。

为了让困难群众提高收入，刘金锁把自家的大羊以每组10—20只承包给困难户饲养。2006年，他了解到肥尾寒羊易饲养、无须放牧、适合圈养，有产羔多、生长快、抗病力强等特点。于是在试养殖成功的基础上，带头成立肥尾寒羊养殖专业合作社，把引进的品种羊通过赊养、租借两种方式投放给社员，陆续有58户村民加入专业合作社中来，羊存栏5000多只、年出栏2万多只，带动周边村屯500多户农民发展肥尾寒羊养殖，村里发展越来越好。"二虎吧唧刘书记"有很多招儿，也成了村民的口头禅，村民们对这个办事有招儿的书记充满了期待。

### 激发农户内生动力他有招儿

面对村集体背负的140万元外债，村民们都不愿意动，啥也不想干。

"我有招儿啊！"刘金锁眼睛放光地说，"我把所有的债主都找来了，对他们说，只要保证不再增加利息，一定尽快把钱还给他们。"得到肯定答复后，刘金锁将嘎查按人口均等分配后剩余的土地在嘎查内承包，承包人根据承包面积和年限承担集体相应额度债务，140万元的集体债务就这样被全部化解了。

由于村农户之前的资产不良率高，金融机构不敢贷不能贷，极大地挫伤了农户想扩大养殖的积极性。如何使村集体经济不负债，还运转良好？他有一个大胆的想法——打造信用村。通过由嘎查"两委"为农户担保贷款，统一组织贷款、还款服务，杜绝不良贷款出现。从2016年到2018年，全村共贷款1670万元，扩大规模的农户养殖产值翻了好几番。

村民参与积极性高，村里活起来了。但村里剩余的贫困户多数是老弱病残，劳动能力比较弱，这该怎么办？刘金锁有他自己的招儿。2017年3月，他组织成立了科左中旗刘文宝养殖专业合作社。按照"量化到户、股份分红、滚动发展"的方式，将村里仅剩的25户建档立卡贫困户全部吸纳入社，切实解决了全村的贫困人口问题。

### 土地集中拓增收他有招儿

土地承包后，嘎查里有2000多块分散地块，家家要预留机耕道，浪费了不少地。如何实现土地集中连片，一直是刘金锁放在心上的事儿。2017年，他引导群众置换"插花地"，实现了万亩耕地集中连片。确权后，村里每人还分得了两亩青贮地，让发展养殖业的饲料也有了着落。他还争取到高效节水农业项目，用1000万元帮扶资金打了65眼井，使1.2万亩地具备了水浇条件。并将9147亩耕地，以每亩500元的价格流转给黑龙江艾克农业科技开发有限公司种植高蛋白大豆，公司返聘村民就地参与田间劳作。土地流转后村民的收入稳定增长，劳动力富余出来。仅2018年全嘎查外出务工350多人，比上一年增加100多人。土地流转有收入，打工上班有工资，合作社入股有分红，如今的嘎查，很多人当上了"多薪农民"。

说起下一步打算，刘金锁神采飞扬地说："我还有很多招儿没使出来呢！我要乘着全旗打造沙棘产业基地的东风，把沙棘产业发展好；争取资金买几台大型的农用机械，建个农机合作社，自己搞机械化生产、规模化种植；把养殖合作社进一步做大，实现统一饲养、统一销售，让更多乡亲抱起团来共同致富奔小康。"

# 岳桂玲：敢想敢干的致富带头人

### 呼伦贝尔市莫力达瓦达斡尔族自治旗鑫鑫源种植专业合作社理事长

她是一名土生土长的呼伦贝尔莫力达瓦达斡尔族自治旗（以下简称"莫旗"）巴彦乡人，受到高等教育的她，带着对家乡的热爱，通过自主创业，在家乡打拼出一片新天地；她利用智慧农业，对农产品进行深加工，使农产品有了更高的附加值，形成了品牌效益，

岳桂玲

彻底打开了市场；她利用"互联网＋农业"，带领着莫旗 9 个乡镇 19 个村 131 户贫困户脱贫致富，以产业扶贫带动了乡村振兴。

在全国"大众创业、万众创新"的思想指引下，岳桂玲利用"互联网公司＋联合社＋合作社"的经营模式助力脱贫，利用智慧农业，为农特产品打造品牌，提高自身附加值；利用互联网技术让当地优质的农产品拥有了广阔的销路，打出了品牌。

### "合作社＋农业"，走上智慧农业路

岳桂玲大学毕业后回到家乡，看到一边是家乡优质的大豆无人问津，另一边是极大的市场需求，供需信息的不对等成了农民增收的拦

岳桂玲进行莫力达瓦扶贫产品直播

路虎。为了帮助乡亲们，她利用当地全国优质大豆和非转基因大豆生产基地的优势，走上了专业种植合作社的道路，让当地的百姓增产增收。岳桂玲领办的莫旗鑫鑫源种植专业合作社，按照"精而优、特而美"的理念，确立了绿色品牌战略，开展了智慧农业与脱贫攻坚相结合的扶贫项目，"合作社＋贫困户＋基地"模式打造了一条大豆深加工产业链。构建出"线上销售、线下加工"的产品销售平台，并对种植过程进行全程溯源监测，2018 年合作社共带领 50 户贫困户种植绿色大豆 589 亩，每户平均增收 2226 元，发展绿色产业的同时助力了脱贫攻坚。

岳桂玲还利用莫旗东五乡毗邻 110 国道的交通优势，将合作社的物流配送、农副产品深加工基地设在此处，打造了规范化的物流联盟。

## "互联网＋扶贫"，站在时代风口上

成绩并没有让岳桂玲停止前进的脚步，反而让她更加清晰地认识到只有不断地扩大市场，才能持续发展。她接下来瞄准了电商领域，合作社相继注册了"豆地租""莫力丰谷""寒药""鲁日格勒"等商标，形成品牌效应，并与国内知名电商平台"京东""云集"县域负责人对接相关产业发展、脱贫攻坚等助力农产品上行的项目，开通莫力达瓦"京东扶贫馆"、"云集"店铺，在莫旗建立了100家农村电子商务服务站，安排了100多人就业；注册成立了莫旗年年丰收网络技术有限公司，公司整合了莫旗涉农企业、合作社的农产品，通过电子商务公司进行农产品线上线下销售，采用互联网O2O2F（线上、线下、家庭）营销模式，全旗电子商务服务站的农产品统一处理、统一配送，通过做大需求量降低配送商品物流价格，同时通过集中配送降低包装成本，共计帮助农户采购农用物资1000多吨，交易额达200多万元，为农民节省资金15万元；通过第三方平台"拼多多"、腾讯微店、线下体验馆，带动农村电商服务站年销售大豆1000吨、山珍、干菜等近50吨，每个农村电商服务站年销售额平均达20万元。随后，岳桂玲又成立了莫旗网红团队，利用"抖音""快手"宣传莫力达瓦的旅游资源和农特产品，通过电商促脱贫，带动更多的农户脱贫致富。

为了更好地带领乡亲们致富，岳桂玲打造了莫旗农民专业合作社联合社，这一平台将家乡的米面粮油等农副产品推广到北京、上海等地，给优质的农产品找到了销路，解决了困扰多年的有产量卖不出问题。为了给村子里的妇女增收，她又购买了大型烘干设备，组织大家烘干、晾制干菜，使广大的妇女既能照顾家又能利用空余时间增收。

通过一系列的努力，岳桂玲培训、扶持致富带头人385名，帮助贫困妇女 52 人，培养巾帼科技特派员 20 多名，每年通过合作社和网站安排就业 22 人，辐射带动 500 名妇女增收致富，为农村妇女提供信息、培训、技术、销售等服务 1000 余人次。

岳桂玲以"互联网＋联合社＋合作社"的模式，使贫困群众搭上了互联网高速发展的列车，使优势种植业转化成了脱贫产业，带领越来越多的农民致富奔小康。

# 孟刚：把"担当"写在脱贫攻坚一线

## 呼伦贝尔市莫力达瓦达斡尔族自治旗阿尔拉镇党委书记

孟刚

他是一名将一腔热忱投入家乡建设的达斡尔男儿，也是一名有着深厚民族情怀的基层干部；他勇于担当，牢记初心使命，以党员实际行动带领群众推进产业发展，使两个乡镇实现了村民家庭收入的提高；在他的不懈努力下，一幅农民幸福和谐、贫困户安居乐业，幸福指数节节攀升的美好图景徐徐展开。

孟刚先后任职的西瓦尔图镇、阿尔拉镇，都是当地有名的贫困镇。尤其是西瓦尔图镇（汉语直译为"烂泥洼地"）是一个以达斡尔族为主体的少数民族贫困乡镇，基础设施落后，产业支撑力弱。面对这些难题，他勇于担当，带领村民完善基础设施，发挥产业引领，真正使当地群众享受到脱贫攻坚的成果。

### 身体力行促脱贫

到任西瓦尔图镇后，孟刚先后筹措资金落实了 200 多万元的桥涵

孟刚（中）鼓励农户种植食用菌增加收入

项目，修缮了1998年时被山洪冲毁、20余年未能修建的桥梁，解决了100多户群众出行和几十名孩子上学难题，使这座桥成了干群关系连心桥、贫困致富直通桥。面对贫困面大、危房存量多的现状，他多方筹措资金，先行为贫困群众注入启动资金实施自建，同时协调房地产企业帮助农户零利润统建，仅一年时间就改造1600栋危房，占全镇危房的80%，为这些贫困群众彻底解决了住房安全保障问题。镇区集中供暖和500万元改造项目也在他的推动下相继落实，实现了集中供暖全覆盖，极大地改善了镇区居住环境，有效地提升了群众的生活质量。

孟刚深知，要脱贫，产业发展是关键。在他的努力下，西瓦尔图镇整合各类项目资金，采取"合作社＋集体＋贫困户"的模式，以种养殖合作社为纽带带动贫困家庭脱贫致富，全镇有6个村落实了880万元的光伏扶贫项目，3个村落实了285万元的菌棚、采摘园扶贫项目，2 个村落实了 100 万元的肉牛肉羊养殖项目。他通过协调当地企业，在其产品销售中让利于贫困户，使群众得到真金白银的价格实惠。镇里的 192 户贫困户拿着建档立卡证，到镇里和旗里 16 家惠农示范店都可以低于市场价购买农资、医药和日用品等。

## 加强引领促发展

2018 年 2 月调任阿尔拉镇党委书记后，孟刚第一时间深入村屯开展调研，了解实际情况，理清脱贫思路。在他的推动下，档案材料管理进一步完善，尤其建立了佐证材料专项档案，确保识别准确、退出精准。加强了镇扶贫办建档立卡贫困系统数据管理，通过几次整改摸查工作，及时对贫困户信息进行更新。他注重抓住产业扶贫关键点，目前共 9 个扶贫产业项目产生效益并对贫困户进行效益分红。贫困户人均增加收入过万元，全镇享受政策贫困户户均增收 4000 元、享受效益分红的贫困户 179 户 517 人。

他还创新采取"公司（合作社）＋集体＋贫困户"的模式，以和日塔勒畜牧养殖合作社、圣辰蔬菜种植合作社等新型经营主体带动贫困户发展产业，形成利益联结机制；引进产业化龙头企业博远菌业有限公司，发展食用菌种植产业，带动阿尔拉村、马当浅村贫困户脱贫致富。为率先垂范，只要有一点时间，他都要到所包扶的贫困户家中排忧解难，义务为他们修缮房屋、出谋划策。他还主动资助了一名少数民族学生，直至完成学业。2018 年 11 月，在他的谋划下，阿尔哈浅村投资 730 万元建起了"扶贫攻坚产业园"，辐射带动了全镇 11 个村的贫困户脱贫。同时在西部片区培训基地建立了阿尔拉镇脱贫攻坚作战指挥室，统一调度全镇脱贫攻坚工作。仅一年时间，全镇 437 户贫困户脱贫 411 户，脱贫率达 93.27%，贫困发生率低于 3%。

### 家国情怀驻心中

作为一名少数民族干部，他始终将家国情怀放在心间，甘于为群众奉献。

他心系少数民族群众，坚持挖掘、传承、发扬少数民族文化，多方协调聘请少数民族非物质文化传承艺人对原有的镇内博物馆进行完善和充实，在"扶贫产业园"建起了趣味曲棍球场地和达斡尔族艺术"匠人馆"。亲自挂帅组织在旗达斡尔文化艺术季中上演阿尔拉专场文艺演出，节目贯穿扶贫主线，生动展现了阿尔拉镇达斡尔族人民踏歌而来、起舞向前的精神风貌。

作为一名达斡尔族基层干部，他有着带领贫困群众脱贫致富和传承达斡尔民族文化的使命担当，但也和平常人一样，是家中的儿子、丈夫、父亲，是家中的顶梁柱。然而长期以来，他身不离乡镇村屯，心不离贫困群众，时刻以"镇村是我家，群众是家人"的情感要求自己。他对辛劳的妻子充满了愧疚，也缺失了对年迈父母和年幼孩子的陪伴，但，这是他不悔的选择，他始终牢记着忠诚干净担当的干部标准，无私奉献，砥砺进取，在平凡的岗位上做出了不平凡的成绩。

# 王召明：以企业之魂筑小康之路

## 内蒙古蒙草生态环境（集团）股份有限公司董事长

他自幼与草结缘，就读内蒙古林学院期间开了人生第一家花店，经过 25 年的努力，从花店到绿化公司，再到经营生态修复业务，把毕生精力都放在生态修复上；他以"草、草原、草产业"为立足点，

王召明

将生态建设和精准扶贫紧密结合，积极投身到全国"万企帮万村"等各项扶贫工作中；他带领团队建立了"公司＋合作社（合作商）＋贫困户"的机制，通过创造就业岗位，带动贫困户参与生态建设。

在王召明的心中，一直藏着一个信念，要为荒原、沙地、矿山和城市带来一抹绿色。为此，他向大自然学习，开启了一段引种驯化培育草原乡土植物的历程。在王召明的求学路上，总有着好心人的不断帮助。感受到社会大家庭温暖的他，也希望可以温暖他人，回馈社会。

### 产研结合护生态

为了推进草原乡土植物的特色育种和帮扶贫困户，王召明定下了"每个研发基地要请农牧民参与科研、每个生态项目要让老百姓参与建设"的规矩，形成了"公司＋合作社（合作商）＋贫困户"的机制和"一保一增三支持"模式，即流转土地保收益，订单收购增收益，提供技术支持、种子支持、资金支持。

在和林格尔县、武川县、土左旗、五原县、苏尼特右旗等地建立种植基地 13 个，盘活土地 6.2 万亩，带动 1260 名贫困农牧民就业，人均年收入近 3 万元。

内蒙古和林格尔县黑老夭乡又根据当地实际，提出了"订单式"育种、育苗精准脱贫项目。为了研发基地能精准发力，他几乎步行走遍了和林的山坡沟壑，对老百姓的土地情况、水利条件、适合的品种都做了分析。他与每一户沟通签订收购协议，承诺为建档立卡贫困户提供种源和技术指导，明确收购保护单价，仅此项目带动当地建档立卡贫困户 66 户 118 人脱贫。

王召明（右一）以"草、草原、草产业"为立足点，带动贫困户参与生态建设

　　王召明的生态扶贫从内蒙古走到了西藏。2017 年，王召明 4 次入藏，从海拔 2000 多米到 5000 多米，从绿草丛生到冰雪覆盖的地方，摸索出适合西藏的产业与扶贫相结合的致富路——"万亩植物种苗繁育基地"，该项目流转集体土地 8200 亩，覆盖带动 178 户贫困家庭、818 人受益，贫困户家庭总收入达 204 万元，村集体年合计收入达 41 万元。他通过"土地租用＋订单劳务＋保本收益"的模式打消藏民顾虑，组织章达村、江津村、阿扎村周边农牧民到公司务工，既提高了贫困户的收入，也解决了企业用工问题。繁育基地项目开展至今，已让阿扎乡农户 492 人实现了不离乡不离土就近就业，发放工资 1230 万元，建档立卡贫困户近 200 人受益；公司还招录本地贫困户大学生 4 人就业，流动短期用工 1000 多人。

### 扶危济困有担当

王召明说，蒙草是党的企业、是社会的企业，也是百姓大众的企业，承担社会职责，蒙草义不容辞。近5年，他以公司或个人名义累计捐赠救灾款、助学金等达5967万元。

2017年，蒙草集团向内蒙古锡林郭勒盟、呼伦贝尔市等地区6582户受灾牧民捐赠牧草20000余吨，价值2000多万元；2018年，向巴彦淖尔市各受灾地区捐赠1200万元抗旱救灾款，帮助12122户牧民渡过难关；向锡林浩特市宝力根苏木、朝克乌拉苏木等7个苏木捐赠180万元抗旱救灾款，使得917户牧民受益。蒙草集团已向受灾农牧区累计捐赠3459.2万元，直接受益的农牧民达20000余户。

为了让贫困学子完成学业，蒙草集团设立了"蒙草励志奖学金"，向贫困地区爱心助学累计700多万元；通过支持草原文化保护、绿色公益、贫困村基础设施建设、医疗救助、困难慰问、企地共建捐赠、文化赞助等形式支出公益帮扶金1798.9万元。每年组织贫困学子来企业参访，王召明都与其交流"尊重与爱"的思想，讲对一花一草的态度、对艰难与困境的态度、改变命运的信念。

蒙草在呼和浩特市和林格尔县建设"内蒙古草原乡土植物馆"，免费面向中小学生提供"生态科普教育"课程，年均接待生态教育学生8.9万人次，是孩子们学习自然、尊重自然、传递爱的生态空间。

今天的蒙草生态已是行业创新的生态修复上市公司，收集种质资源信息近2.7万种、储存乡土植物3000余种、植物标本3.3万余份、土壤样本近100万份、引种驯化乡土植物160余种，为草原、沙地、矿山、城市生态奉献了绿色的生命力。

# 程国华：让革命老区再添光彩

### 赤峰市宁城县小城子镇党委书记

程国华

　　他走遍全镇 19 个行政村 1145 户贫困户，提出了情况在一线掌握、决策在一线部署、问题在一线解决、成效在一线检验的"一线工作法"；他创新脱贫举措，提出了"一亩果树脱贫一户"的创新思路，使宁城县小城子镇成为内蒙古林果第一镇；他针对贫困户求财无门、治家无道、处事无方的实际，提出了"一堂一群一场一训"的"四个一"文化引领扶贫模式；他用行动展现了一个基层共产党员不顾小家为大家，对党和人民的事业的无悔忠诚。

　　2015 年 12 月，程国华带着组织嘱托和群众希望，奔赴抗日英雄高桥烈士牺牲的地方即内蒙古宁城县小城子镇任党委书记。面对老百姓眼巴巴的目光，他暗下决心：一定不辜负组织希望和父老乡亲厚望，尽快带领群众踏上脱贫致富的康庄大道，让烈士鲜血染红的这片土地生金长银，百姓扬眉吐气。七老图山下，八素台河畔，一幅壮观的脱贫攻坚民生画卷徐徐展开。

## "四个产业"让贫困群众土刨金

　　作为农业大镇，小城子镇脱贫攻坚底子薄、任务重。根据小城子镇气候等特点，程国华带领全镇干群大摆果树经济林、设施农业、乡村旅游业、养殖业即"四个主导产业"龙门阵，并确定了打造红色旅游名镇、建设塞外林果之乡的发展定位。

　　程国华亲手扶持了百氏兴林果专业合作社，组织 27 名党员以"一对一"形式帮扶 96 个贫困户发展果树栽植，实现户均年增收 30％以上。2015 年以来，全镇每年以 2000 亩的递增速度发展果树经济林，目前林果总面积达到 4 万亩，盛果期面积 1.5 万亩，人均年增收 4000 元。全镇涌现出面积超过 3000 亩的林果专业村 10 个，20 亩以上果树栽植大户 720 户，千亩以上采摘园 5 处，万亩以上采摘园 1 处。打造了八素台流域 50 里林果旅游采摘观光带，建起十多处苹果主题公园。全镇农民果树经济林收入占人均总收入 40％，林果专业村占 80％，小城子镇一跃成为内蒙古林果第一镇。

　　"一亩果树脱贫一户"是程国华提出的脱贫创新举措。栽植一亩地 56 棵果树，年产 4000 斤苹果，能获纯收入近万元。因此，一亩果树使贫困户纷纷脱贫。2016 年以来，在程国华力主下，小城子镇多管齐下发展果树经济林，三年累计发展果树经济林 6500 亩，2019 年

程国华（左）提出了"一亩果树脱贫一户"的创新脱贫思路

又新发展果树经济林 2500 亩。全镇靠发展果树经济林脱贫的贫困户达 518 户 1578 人，实现人均增收 4000 元。

果树经济林与乡村旅游融合发展，设施农业建设与移民搬迁工程结合进行，是程国华又一脱贫创新之举。三年多来，程国华带领干部群众开辟了小城子镇独具特色的"春季赏花、夏季踏青、秋季摘果、冬季养生"的农旅发展之路，不仅打造了林果旅游采摘观光带，建起苹果主题公园，还布展并对外开放了拥有 400 年历史的清格尔泰旧居，擦亮了葫芦峪红色旅游风景区、三百年陪嫁牡丹等旅游品牌。景区农家乐餐饮服务等实体如雨后春笋，不少贫困户靠旅游服务纷纷脱贫。全镇在公路沿线发展设施农业专业村 7 个，人均增收 1.2 万元。有 66 个贫困户迁入移民新居，投入设施农业经营，实现住有新居、干有产业、富有进项。

## "四个一"让贫困群众生动力

情况在一线掌握，决策在一线部署，问题在一线解决，成效在一线检验，是程国华扎实的脱贫攻坚"一线工作法"。他走遍全镇 19 个行政村的 1145 个贫困户，详细了解每一个贫困户的家庭基本情况、主要致贫原因、扶持项目选择等，掌握了第一手翔实资料。同时，根据每个行政村的实际情况，提出有针对性的脱贫举措，对贫困户如何脱贫、贫困村如何退出做到心中有数，从而确保全镇脱贫攻坚工作思路清晰、措施得力、有条不紊。小城子镇创造的"三到村三到户"项目验收、户档案"集中整理、分卷誊抄"模式，扶贫迎检模式和经验在全县得到推广。

走村入户使程国华发现，头脑空空、求财无门、治家无道、处事无方，是不少贫困户的致困原因，对他们进行修身明理等靶向治疗，实施扶贫扶志和扶智刻不容缓。在他的带领下，旨在提高贫困群众综合素质的"三扶"工作，在全镇各村如火如荼开展起来。乡村文化讲堂、《群书治要》学习群、健身广场 LED 电子显示屏、为贫困户送一则家训等举措，使"三扶"工作成效凸显。"一堂、一群、一场、一训"就像春风化雨，教育和改变着贫困群众，长志气、赶穷气、争口气蔚然成风，内生动力大大增强，实现了物质与精神双促进、双提升和双收获。到 2018 年末，全镇共组织乡村文化讲堂 90 余场次，受益群众达 5000 余人次。同年 12 月，该镇乡村文化讲堂创新案例被自治区扶贫办选中，推荐到国务院扶贫办进行经验交流。

# 王文成：让边墙村旧貌换新颜的答卷人

## 锡林郭勒盟太仆寺旗宝昌镇边墙村
## 党支部书记、村委会主任

王文成

7 年前，他接过边墙村村委会主任的接力棒，带领群众强基础、兴产业、促增收，开始走上了被乡亲们称为"致富传奇"之路；他扑下身子苦干实干，一心要让边墙村变个样，使得昔日贫穷落后的"后进村"变成了生活富裕、村风文明的"先进村"；他用真心、真情在脱贫攻坚的答卷中书写了一名共产党员的人生诗篇。

边墙村曾经是周边地区人人皆知的贫困村，土路、土房、土院墙是乡亲们永远的记忆。现在的边墙村水泥马路延伸到村子的深处，道路两旁是明亮整洁的砖瓦房，整齐划一、错落有致。让边墙村旧貌换新颜的就是我们的答卷人——王文成。

工作中的王文成

## 筑牢堡垒强基础

金山银山，不如党支部这座靠山。在旗委组织部的积极支持协调下，把"想干事、能干事、干成事"的优秀人才王文成推举到边墙村"两委"班子中。王文成不负众望倾力履职尽责，为民办事。

几年来，王文成从上级部门为村里争取建设项目 100 万元，带领大家改造危房、硬化路面、安路灯、垒院墙、建公园……边墙村生产生活条件空前改善。短短几年，累计投资 2100 万元，建起了文体广场、文化活动室、卫生室、公共厕所，街巷硬化 12 公里，安装路灯85 盏，改建院墙 32000 米，580 户农民危房改造并通了自来水。一个昔日贫穷闭塞"后进村"，变成了一个生活富裕、村风文明的先进村。

增加村集体收入是解决村里问题的金钥匙。王文成根据本村实际情况，决心念好"开发"经。自 2015 年以来，他创新思路，引进企业开办石料厂，使村集体每年有了 30 万元的集体收入。建起了 80 座塑料大棚出租，使村集体收入每年增收 16 万元。再加上光伏扶贫村级电站收益、村级农业机械租赁等，截至 2019 年底，村集体经济收入突破 100 万元。

## 产业联动做先锋

产业是农民脱贫致富的基础，王文成紧紧围绕强村富民目标，依托产业项目支撑、合作社带动、金融扶贫支持，不断调整产业结构，大力发展林苗、马铃薯、蔬菜、中草药种植和肉牛养殖以及农业旅游产业，走出了一条独具特色、集聚发展的新路子。

随着旅游业的不断发展，王文成瞄准了乡村旅游这一发展潜力巨大的朝阳产业。他制定了长远规划，采取积极争取资金、与企业合作、吸纳社会资本注入等形式，打造集生态观光、农俗体验、特色餐饮住宿于一体的农俗游示范村。经过几年的努力，现已完成湿地公园、芍药沟、农家客栈、会议中心的建设，湿地水系、林间烧烤、垂钓园、滑雪场及亲子活动中心也都建设完善。每一项工程建设都需要大量的劳动力，开展的各项旅游活动也创造了众多就业岗位，对此，王文成优先推荐聘用本村劳动力特别是贫困户家庭劳动力，从事砖瓦工、小工、运输、清洁、餐饮等工作，以增加贫困户务工收入。

王文成引导大家转变思想，结合实际，大力发展特色产业。为发展蔬菜产业，他积极争取项目，引导群众建设温室大棚，完成水、电、路、渠等配套设施建设。2016 年，投资 536 万元，建起 3.3 万平方米蔬菜交易市场。通过示范带动，农民看到了发展温室大棚蔬菜的"钱景"，纷纷投资温室大棚蔬菜产业。2018 年，村里再建 80 个温室大棚，发展特色蔬菜、马铃薯微型薯种植，收到了很好效果。在育苗生产上，为了打消村民的顾虑，王文成率先尝试在水浇地上培育树苗，自己出资购买树苗并免费提供给村民种植，如今边墙村有育苗基地 350 余亩，年输出各类苗木达 120 余万株。

### 因地制宜促转型

为进一步促进农业转型，拓宽农民增收渠道，王文成因地制宜，引导大家大力发展中药材种植。他率先成立了太仆寺旗中药材协会，学习外地先进经验，成立了农民专业合作社，统一供种、统一管理、统一收购、统一销售，实行"合作社＋基地＋农户"的模式，引领广大农户走规模化、标准化、产业化种植之路。村里种植黄芪、射干5000多亩，每年提供季节性务工岗位1万人次，每天平均300余人次，带动50余贫困户增收，为村里剩余劳动力，特别是妇女、中老年劳动力提供了季节性务工的场所，有效增加了村民收入，获得了很好的经济社会效益，中药材产业正在成为村民们增收致富的新渠道。

截至目前，边墙村508户、1193人通过产业支撑村里就业，全村贫困人口全部脱贫，年人均收入由原来的2000元提高到18000元。

"雄关漫道真如铁，而今迈步从头越。"王文成同志扑下身子、情系群众、激情干事，用自己的实际行动诠释了一名党员干部为民服务的宗旨，用真心、真情、实干的工作激情抒写着一名共产党员的人生诗篇。

## 周勇：草原上的"领头羊"

### 锡林郭勒盟羊羊牧业股份有限公司董事长

他坚持实业报国，以一名普通党员的爱国情怀和强烈的使命感，带领企业坚持走绿色发展之路；他心系草原，积极扶贫帮困，以崇高的信念、坚定的创业创新精神，全力以赴谋发展，真心实意为牧民谋

周勇

福祉；他积极发挥龙头企业带动作用，让草原羊产业成为贫困户长效脱贫的坚实基础，闯出了一条牧企利益联结，产业发展带动贫困户脱贫致富奔小康的康庄大道。

牧民的蒙古包里，嘎查的牧场上，常常能看到他的身影。从羊肉产业生产端到加工端，从流通端到销售端，怎样让好羊肉卖上好价钱，增加牧民的收入，是他心头最牵挂的事情。

多年来，他吃住在厂里，琢磨着品种的分割包装，羊肉品牌打响了，牧民的腰包鼓起来了，但他与家人的团聚却越来越少。他常常说，让"扶贫羊"变身"羊贵妃"是他这些年来做得最有意义的事情。作为一名党员民营企业家，周勇以坚定的政治立场、无私的奉献精神、拼搏的创业精神，扎根草原，带领团队全力打造内蒙古草原羊肉品牌，推动草原羊产业发展。在帮扶贫困群众、产业扶贫方面成绩突出，为全行业树立了榜样，赢得广大牧民的赞誉。

## 扎根草原　情系牧民

内蒙古草原羊肉闻名全国，但受品牌推广、销售渠道等因素的制约，多年来销量一直受限。牛羊屠宰加工企业上游联结牧民，下游对接市场，是连接牧民和市场的重要桥梁和纽带。然而传统小屠宰厂经营粗放、龙头带动能力较弱，很难稳定提高草原羊肉的价格，制约着牧户科学发展和稳定增收。面对困境，周勇下定决心要改变草原羊产业发展现状，发展好草原羊产业，打响草原羊肉品牌，让好羊肉卖上好价钱，让辛苦放牧的牧民能有好的经济收益，带动贫困牧民过上好日子。

2013 年，周勇创办了锡林郭勒盟羊羊牧业股份有限公司，从此扎根草原，一心扑在畜牧业产业发展上。2014 年，公司建成一条年 5000 吨牛羊肉屠宰加工生产线和一条年 1000 吨牛羊肉熟食品生产线，生产经营锡林郭勒盟苏尼特羊肉产品，一举成为当地产能规模最大的牛羊屠宰及食品加工企业。公司创立至今，周勇始终坚持"质量兴牧、品牌强牧、富牧强企"的经营理念，按照"北方保羊源，南方打市场"的差异化发展思路，主打中高端市场，着力凸显草原羊肉天然、绿色的品牌优势，不断提高收羊价格，积极带动广大牧民增收致富。

### 不忘初心　甘于奉献

周勇把党建工作和企业生产经营、产业扶贫相结合，通过组织开展"党员示范岗""党员结对帮扶""产业扶贫""捐资助学"等实践活动，不断加强干部职工学习，让公司管理团队牢固树立起"一心向党、回报社会"的理念，发挥基层党组织先锋模范作用，用实际行动诠释共产党人为民服务、甘于奉献的初心。

2016 年，按照苏尼特右旗旗委、政府打赢脱贫攻坚战的统一部署，周勇积极响应，成立了"羊羊牧业脱贫攻坚指挥部"，部署公司产业扶贫工作，加强公司与牧民利益联结机制，主动让利给牧民，带动牧民脱贫致富。公司按照"龙头加基地，基地带牧户"产业扶贫模式，通过"订单收购、贷款帮扶、资产收益扶贫、销售扶贫"等多种举措，辐射带动了 2100 多户牧民实现稳定增收，让 4300 多人从中受益。2016 年以来，累计投入 1840 余万元，用于牧户价格补贴、贷款贴息、购买饲料、兑现分红、返还销售资金，让 735 户建档立卡贫困户得到帮扶，取得了显著的扶贫成效。

周勇（右二）代表羊羊牧业为朱日和镇乌兰哈嘎查牧民捐赠玉米饲料

## 扶贫济困　实业报国

　　党中央、国务院支持民营经济发展的一系列决策部署，更加坚定了周勇发展产业、扶贫济困、实业报国的信念。他积极推广订单式畜牧业，为打消牧民"养羊难，卖羊难"的顾虑，领着收羊员下牧区访牧户，一户一户签订合同，提前定好保护价，打通销路，规避牧民养羊风险。几年来，羊的收购价一直保持上行态势，苏尼特羊成了草原上的"羊贵妃"。羊羊牧业采取扶贫资产收益扶贫模式参与扶贫，截至 2019 年累计支出扶贫收益分红资金 510 余万元，让贫困户户均增收 2316 元。

　　保护草原生态并解决牧民贫困问题的根本出路在于要始终把"生态优先、绿色发展"放在首位，使人与自然和谐发展。他直言献策，向政府提出了算好绿色账、打好绿色牌、保护好草原的意见建议，引导牧民少养精养，引导企业提质提价，加快淘汰落后产能，推动企业走品牌化发展道路，加快转变牧业经济发展方式。在当地政府支持下，苏尼特羊产业已经发展成当地的扶贫产业、富民产业和优势产业，通过政策扶持、企业扶贫，草原上羊少了、草绿了，牧民收入却增加了，绿水青山真正变成了金山银山。

# 刘长安：京蒙扶贫协作的"先行者"

## 北京凯达恒业农业技术开发有限公司董事长兼总经理、内蒙古薯都凯达食品有限公司董事长

刘长安

他把北京的技术优势带到了内蒙古乌兰察布，积极促进一二三产业的深度融合，使当地马铃薯产业实现转型升级、提质增效；他带领公司在发展马铃薯产业的同时，打出了"公司＋合作社＋农户"的扶贫组合拳；他探索出万企帮万村、爱心帮扶、订单帮扶、产业帮扶等多种形式的农企利益联结机制，带动当地4343名贫困人口脱贫；他用一名民营企业家的情怀践行着精准扶贫的使命和担当。

说起薯条、果蔬脆片，市场上有许多热销牌子，如三只松鼠、百事、良品铺子等，然而，谁会想到这些牌子的产品制造商竟是来自于内蒙古，一个被称为中国薯都乌兰察布市的企业——内蒙古薯都凯达食品有限公司。该公司董事长刘长安是地道的北京人，是北京市人大代表、知名企业家，更是塞外乌兰察布这个深度贫困地区的脱贫带头人。短短5年，刘长安和他的凯达公司真心真情践行京蒙帮扶，不仅带领当地贫困人口脱了贫，更提升了马铃薯产业档次，实现了

"双赢"。

## "要通力合作，帮助农民增加收益"

乌兰察布市贫困面广、贫困程度深、脱贫难度大，是全区脱贫攻坚主战场。有 8 个国贫旗县，其中，商都、化德、兴和 3 个旗县被列入"燕山—太行山集中连片特困片区"。这里天冷风大、年平均降水量 250—430 毫米，是个"地上无草、地下无宝"的贫瘠地区，"莜面、山药（马铃薯）、烂皮袄"，曾被称为当地的三大宝，全市 100 多万农民，有一半依靠马铃薯生存。

2015 年 5 月，作为一名科技特派员，刘长安报名参加了由京蒙对口帮扶挂职干部团队组织的"京蒙合作项目对接会"，来到了乌兰察布市。他说，"刚来到这里颇为震撼，想不到离首都这么近，还有这么穷的地方，我们是马铃薯企业，这个地方又产马铃薯，为什么我们不能通力合作，帮助农民增加收益？"寥寥几句，说出了刘长安的初衷也道出了他的大爱。经过仅一个月的考察，他便决定在国贫旗察右前旗投资 5 亿元建厂。

经过几年的发展，薯都凯达公司日益强大，从 2016 年落地乌兰察布市就喜讯不断：从当时占地一期 200 亩到目前五期总占地 1400 亩；从当年投资 5 亿元到目前的 32 多亿元……建成察右前旗国家级现代农业产业园的核心区；据悉，该项目分五期建成，全部开工建设，2021 年底全部投产后可带动 50 万亩种植基地及 3 万户农民参与种植，产值 50 亿元，带动建档立卡贫困户 5000 人脱贫并持续致富。

## "不仅要让农民种马铃薯挣钱，也要让各环节都挣钱"

种植马铃薯需要倒茬保持肥力，以往农民们种马铃薯挣钱了，可第二年种倒茬作物如青储玉米、燕麦只能保本。"我们的扶贫不能是

刘长发在乌兰察布市国家级马铃薯现代农业产业园区施工现场督导工程进度

一时的，一定要长远地使他们受益，不仅要让农民种马铃薯挣钱，其他环节也要挣钱，而且我们要做好配套服务，让农民降低种植成本、稳定收入、少操心、零风险，打造一条全产业链，让他们终身受益。"这成了公司做事缜密、真情扶贫的原则。

涓涓细流，汇聚大爱。乌兰察布大地留下了刘长安的串串脚印，他在察右前旗和察右中旗挨家挨户的调研、走访，对老百姓的土地、水利条件、就业、劳动力、教育情况都做了详细分析，由此不断修正扶贫、带贫模式，从订单式拓展到多形式的扶贫"双赢"模式。4 年间，刘长安一直积极投身脱贫攻坚事业，通过"3 + 2"（即订单扶贫 + 就业扶贫 + 爱心扶贫 + 万企帮万村 + 建扶贫车间）扶贫模式，精准施策、建立长效造血机制，助力贫困户脱贫。截止到 2020 年初，公司扶贫总支出达 730 多万元，累计带动周边 3 万多户农民参与马铃薯、冷凉蔬菜种植，帮扶当地建档立卡贫困人口4343 人。

## "要推动国家级产业园成功，实现农民的致富梦"

2020 年 5 月 26 日，乌兰察布迎来特大喜讯：国家现代农业产业园举行开工奠基仪式，这标志着该市在打造国家马铃薯试点、推动马铃薯产业升级发展上又迈出了新步伐。而产业园顺利落地，离不开刘长安这个"助推器"。从 2018 年开始刘长安就带领着他的团队积极与农业农村部协商，按照建设国家现代农业产业园的标准，默默提升企业的品质，并且借助行业优势帮助园区招商引资，完善产业链上下游企业。经过两年的努力，"国家级园区"这个起初觉得遥不可及的目标实现了。

2020 年 2 月，经内蒙古自治区政府宣布，乌兰察布最后 7 个国贫旗县全部摘掉贫困帽。然而，如何让贫困户稳定脱贫，持续增收？刘长安思索着。他说："2020 年全国两会上，总书记提到了乌兰察布的马铃薯，给了我们发展的巨大信心。我们将认真落实马铃薯主粮战略，要做就做核心区的标杆产业，成为马铃薯产业里的佼佼者，下一步，我们还要建设马铃薯仓储交易中心，助推马铃薯尽早登上期货交易平台，让全国所有种植户们不再为卖农产品难、卖不上价钱发愁。"

刘长安常说自己是个"种地人"，几年来，他始终坚守着要让"薯都人"靠种马铃薯脱贫致富、发展一方产业带动一方发展的初心，在创业的道路上砥砺前行。见一叶而知深秋，观滴水可知沧海，他的大情与大爱伴随着他的事业长久地、深深地扎根在了乌兰察布。

# 马树友：小笤帚"扫"出致富路

### 赤峰市巴林左旗委常委、宣传部长

他深入调研，跑遍全旗每一片种植基地、每一个加工企业、每一户加工户，研究市场规律，从创新良种推广方式入手，解决了笤帚苗原苗产量低的问题；他深入研究市场供给，创新产品研发方式，实现了笤帚苗就地加工转化增值；他立足当地笤帚苗产业发展

马树友

现状，创新组织方式，破解发展难题，带领群众找到了一条发展笤帚苗产业持续巩固脱贫成果的新路子。

作为土生土长的巴林左旗人，多年来，马树友一直目睹着家乡笤帚苗产业"小、散、乱"和"有产品、无市场"的状况。如何让传统产业"旧貌换新颜"？如何让笤帚苗产业成为脱贫减贫的新引擎？如何把笤帚苗产品"优起来""闯出去"，让老百姓"富起来"？马树友一直苦苦找寻着答案。

## 产业升级助力脱贫

为了实现笤帚苗增产增收，马树友把黑龙江省农业科学院和赤峰农研所相关专家请到巴林左旗，对笤帚苗新品种进行了试验种植，试验结果，新品种与种植户"自留种子"相比，单产提高了25斤。新品种在全旗推开，当年种植户就达到17000多户，其中建档立卡贫困户4154户，户均增收了1200多元。

在产量得到大幅提高的同时，马树友把目光投向了产品研发、产

马树友在企业调研笤帚苗产业

业提档升级。他带领团队对全国的笤帚市场进行了系统考察学习，对笤帚苗产品进行升级改造，推进产品研发和绑扎技术提升，先后研发出精品笤帚、杯刷、保健锤、动物生肖等9类100多个创新产品，实现了"普通笤帚"向"艺术笤帚"的华丽转身。成本只需几块钱的小笤帚，经过艺术加工升级，"身价"一下子陡增到十几元、几十元，原本朴实无华的笤帚苗变成了一把把流光溢彩的致富金苗。

为了规范产业标准，提高产业化生产程度，普及笤帚绑扎技术，他组织行业专家制定《普通笤帚生产技术规程》和《精品笤帚生产技术规程》，实现巴林左旗笤帚绑扎标准化。为了使农牧民能够掌握专业技术，在他的倡导下，当地每年都举办上百期笤帚加工绑扎技术培训班。目前，已累计培训2万余人次，笤帚苗加工技术工人由700多人增加到2000多人，其中建档立卡贫困户由362人增加到1495人，人均年增收1.5万元，真正实现了笤帚苗产业脱贫致富的目标。

### 网络直播助销路

随着产业规模的逐步壮大，新的问题来了。市场怎么解决？产品的销路怎么办？这是根本的问题。马树友组织协会成员参加各地农产品展销会，不仅销售产品，还到处去取经、学经验。在这个过程中，一种新型的销售观念闯入了马树友的视野，那就是网络直播销售。

马树友组建起了旗级网红直播中心，邀请电商专家给农牧民讲课，让每家每户都能常年接受培训。如今笤帚加工户家家一部手机，一个直播间，全旗范围内每天都有上百万的点击率。通过培训，村民们学会了绑扎技术并掌握了网络销售方式。白天在笤帚加工厂上班，晚上回到家里打开快手、抖音，进行绑扎笤帚现场直播带货。村民孙红艳把契丹辽文化元素"植入"笤帚编花技术中，为"小笤帚"赋予了文化的内涵和气质，她的产品受到了格外的关注和青睐。她成立的草编制品有限公司，生产6大类100多个品种，年销售额达1600多万元，带动100多名贫困户、下岗职工实现了脱贫就业。

通过多渠道宣传、多元化手段推广，巴林左旗的笤帚制品已销往北京、上海、山东、广西等19个省区市，精品笤帚和艺术笤帚还远销日本、韩国和欧洲。

### 金融活水奔小康

要想把产业做大做强，不能只停留在一村一户上，要坚定不移地朝着专业化、标准化、组织化迈进。在产业发展的道路上，笤帚企业规模小、资金不足始终是一个无法回避的制约因素。经过多方奔走、反复协调，马树友找到了解决这一难题的关键钥匙——贴息贷款。

围绕推进产业精准脱贫，发挥金融的助推作用，精准对接金融需求，推动"金融活水"流向贫困地区、流向龙头企业、流向贫困群众。2019 年以来，旗政府累计为 25 家规模以上的笤帚企业提供了 1000 多万元贴息贷款，解决了企业的燃眉之急。

马树友在抓笤帚苗产业专项推进的历程中深深体会到，用心扶贫，首先要用心做事，既要开拓思想和创新思维，还要站在百姓的角度和立场上想问题。笤帚苗产业既适合工厂化集中生产，也适合一家一户分散经营，关键是如何让贫困户参与进来，绑定在产业链上。全旗 2019 年投入京蒙扶贫协作资金 2570 万元，新建 12 家笤帚加工厂。截至目前，政府总计投入资金 1.2 亿元，建设规模以上笤帚加工厂 85 家，把巴林左旗 8 万人吸附到产业链上，带动 4459 户、9363 名贫困人口实现人均年增收 4800 元以上。

## 全国脱贫攻坚组织创新奖获奖集体

# 赤峰市林西县：党建引领促发展
# 改善民生落实处

脱贫攻坚，全国一盘棋，林西县作为内蒙古自治区首个脱贫摘帽的国家级贫困旗县，是内蒙古乃至全国打赢脱贫攻坚战的缩影。在林西，一个个感人肺腑的故事，诠释着驻村工作队员与贫困群众守望相助、团结奋斗的深厚友谊；一串串带着温度的数字，见证着林西县在打赢脱贫攻坚战中一路策马向前。

林西县

赤峰市林西县位于内蒙古自治区东南部，1986 年被列入国家级贫困县名单。近年来，林西县认真贯彻落实党中央关于精准扶贫、精准脱贫的各项决策部署，把脱贫攻坚作为首要政治任务、头号民生工程，不搞花拳绣腿，不做表面文章，靠加强党的领导和实打实干，贫困发生率由 2014 年的 10.9% 降至 2019 年底的 0.01% 以下，是内蒙古自治区首个，也是 2017 年度全自治区唯一一个实现脱贫摘帽的国家级贫困县。

### 紧紧围绕脱贫目标，突出难点发力

一是实施健康扶贫工程，重点突破三个制约瓶颈。为突破资金保障瓶颈，创新融资模式，设立医疗保障基金，撬动商业保险、大病保险，整合民政及社会救助资金，将部分产业基金收益充实到健康扶贫资金池中；为解决过度诊疗问题，创新管理模式，实施单病种限费和

林西县新城子镇英桃莫河村易地搬迁新村新貌

162 种临床路径，严把资金使用关；为解决资源紧张问题，创新服务模式，推行分级诊疗，对建档立卡贫困人口实行签约医生、家庭服务全覆盖，实行定期体检和上门巡诊制度，确保小病在乡村、大病不出县、康复回基层。

二是实施易地扶贫搬迁工程，重点实现三个搬迁目标。为实现"拔穷根"，采取整合资金的方式，将农村危房改造、易地扶贫搬迁、生态移民、幸福互助院等项目集中整合，最大限度地发挥项目资金的聚合效应；为实现"换穷貌"，在搬迁时尊重民意，以安置区域群众满意为前提，切实做到"五不选""六靠拢"，采取整村搬迁方式，引导群众自主选择向产业园区集中、向中心城区和镇区集聚；为实现"改穷业"，量体裁衣、精准施策，对有劳动能力的贫困人口和鳏寡孤独、老弱病残等贫困老人分别采取产业扶助和养老互助新模式，实现了户户有依靠、人人有保障。

## 紧紧围绕精、准、细、实，突出机制创新

一是创新责任机制，使干部动起来。推行四套班子主要负责同志和县委常委包联乡镇、处级领导、县直部门、重点企业包村，党员干

部帮扶贫困户，工作队驻村工作的"四级联动"包帮工作机制，实现每个村都有 1 支驻村工作队、1 名下派"第一书记"，每户贫困户都有 1 名党员干部帮扶。工作好同受表扬，工作不好同受通报。

二是创新管理考核机制，使工作规范起来。制定脱贫攻坚工作下乡驻村工作队日常管理与考评办法，配套建立"六项机制"，形成"一述职、两测评、四联考"考评体系，推行"日考勤、周记录、月考绩、季通报"制度，使驻村工作队的工作进一步规范。

三是建立激励机制，使干部的精神提振起来。坚持脱贫战场"论英雄"，预留 20 个科级岗位，实行"悬冠激励"。

### 紧紧围绕稳定增收，突出产业带动

一是以带贫减贫为目标，加大对龙头企业的招商引资力度和对龙头企业、合作组织的扶持力度，树起了"甜菜、肉牛、金鸡、中草

林西县七合堂高效经济林喜获丰收

林西县统部镇活畜交易市场

药、野果"5 种产业。鼓励贫困人口入股，使贫困户获得生产性、财产性、劳务性和资产性 4 方面收入，形成了"1 + 4 + 5"产业扶贫模式。

二是下力气整合涉农资金、扶贫资金和社会帮扶资金，在与帮扶部门做好沟通的基础上定点投放，集中力量培育大产业、好产业。

三是以增加贫困人口和老弱劳动力收入为目标，制定实施《林西县"十三五"农牧业产业扶持政策》，县财政投入产业奖补资金 3.3 亿元，撬动金融资本 17 亿元，谋划 8 个农牧主导产业，同时建成 35 个脱贫产业园区，使贫困人口守家在地增收致富。

### 紧紧围绕激发内力，突出智志双扶

一是提供公益岗位，增强贫困人口自力更生意识。公益岗位按照"三定三评"原则，进行工作状况和质量评定，各岗位的贫困人口根据工作实绩，人均年增收 500—3000 元。通过采取生产奖补、劳务补助等方式，鼓励引导贫困人口通过主动参与生产经营、就业打工、家

**林西县十二吐乡苏泗汰新村全景**

门口公益岗安置等形式获得稳定收入。

二是引导风尚激发内生动力。设立乡风文明建设奖补资金，用于奖励典型，形成良好社会风尚。设立"孝扶共助"基金，60周岁以上的建档立卡贫困人口，在子女自愿参与、签订承诺书并主动认缴赡养金后可享受"孝扶共助"政策，每年可增加1200元到2000元不等的收入。设立"爱心超市"104个，对贫困户日常表现进行打分，激发贫困人口内生动力。

三是加强实用技能培训。重点对贫困户进行实用技术类培训，构建了由政府相关部门、社会团体、电商龙头企业为主体的电商扶贫人才培训体系，累计培训建档立卡贫困人口2120人。

## 紧紧围绕合力攻坚，突出党建引领

一是推广党建融合发展模式。建立非建制性乡镇脱贫攻坚党建联合体9个，围绕扶贫产业组建党建联合体21个。通过建立需求、服务、共享资源"三个清单"，统筹规划配置各成员党组织公共服务资源，让机关围着基层转、党员围着群众转、服务围着需求转。

二是强化组织领导。成立党政主要领导任双组长的扶贫开发领导小组，设立脱贫攻坚指挥部；建立"1＋20"精准扶贫政策支撑体系，为各地区、各部门和工作队推动脱贫攻坚指思路、明方向、给抓手。

三是把夯实农村基层党组织建设同脱贫攻坚有机结合起来。结合村"两委"换届，优化村党组织书记53名，面向社会选聘13名党员优秀人才进村任职，村书记、主任"一肩挑"比率达到74.8%。

四是坚持在脱贫一线考察识别干部，加强督查问责，把脱贫攻坚实绩作为选拔任用干部的重要依据。

# 鄂尔多斯市杭锦旗人民武装部：征战 "死亡之海" 的绿色使者

杭锦旗人民武装部

20世纪90年代，鄂尔多斯市杭锦旗人民武装部积极响应党中央号召，挺进号称"死亡之海"的库布齐沙漠，用心血与汗水浇灌着沙漠绿荫，在祖国北疆构建了一道生态安全屏障。"绿意"带来新生活，嘎查焕发新生机。在大力实施生态扶贫中，杭锦旗人民武装部利用生态建设成果，把人们对美好生活的向往逐步变为了现实。都说"铁打的营盘流水的兵"，20多年来，杭锦旗人民武装部的干部、职工换了一茬又一茬，但苦战沙海的决心始终没有动摇。

杭锦旗位于内蒙古鄂尔多斯高原西北部，库布齐沙漠横贯东西。20世纪90年代，杭锦旗沙化、半沙化面积达59.3%，气候十分恶劣，贫困人口超过7万人，是"三年两灾"的国家级贫困县（旗）。1994年，鄂尔多斯市杭锦旗人民武装部积极响应党中央号召，挺进库布齐沙漠，打响了与风沙抗战的第一枪；2014年以来，他们认真践行"绿水青山就是金山银山"的发展理念，利用生态建设成果，以生态扶贫

鄂尔多斯市杭锦旗人民武装部为牧民解决安全饮水问题

为主要模式积极参与脱贫攻坚，带领干部职工和广大民兵义务植树2700 余亩、管护林地近万亩，促进周边农牧民增收 80 余万元，还无偿提供林草资源 2000 余吨，使贫困农牧民增收 40 余万元。

## 学习方针政策，定准参与脱贫攻坚的目标点

杭锦旗人民武装部深入学习习近平总书记关于脱贫攻坚工作的重要论述，切实把干部职工和广大民兵的思想统一到党中央、中央军委和习近平总书记的决策部署上来，为团结一心参与打赢脱贫攻坚战奠定了坚实的思想基础。2014 年初，杭锦旗人民武装部党委主动向旗委、政府请缨，采取生态建设支撑生态扶贫的模式，深度参与全旗打赢精准脱贫攻坚战。杭锦旗人民武装部会同旗扶贫办及相关苏木（镇），历时半年对全旗生态扶贫工作进行调查摸底，在征求多方意见的基础上，制定了生态扶贫五年规划，确立了"全面动员、依靠生态、盘活资源、产业带动、持续脱贫"的工作思路，明确了

帮扶项目、帮扶对象、投入资金、办法措施等，为全面开展生态扶贫工作提供了依据。

### 探索扶贫新路子，把准参与脱贫攻坚的切入点

一是盘活生态资源。充分利用现有资源，为农牧民脱贫助力。2014年以来，杭锦旗人民武装部无偿为锡尼布拉格嘎查的阿拉腾等7户牧民提供万亩林生态基地中的杨柴、青草用于喂养牲畜，为每户每年节省饲草费用达5000元，降低了他们的养殖成本；先后为1名病退职工和1名患病退伍军人免费提供沙柳条110余吨，每人增收5万余元，减轻了他们的医疗费用负担；积极回应杭锦旗锡尼镇具体需求，协调流转了锡尼布拉格嘎查牧民其木格的435亩荒沙地，助其获得补偿近20万元，不仅还清了长期债务，还让他的孩子圆了大学梦。

二是发挥民兵作用。2014年以来，杭锦旗人民武装部动员广大

鄂尔多斯市杭锦旗人民武装部干部职工帮助牧民扩大养殖规模

鄂尔多斯市杭锦旗人民武装部官兵在沙漠种植沙柳

民兵发挥主力军作用，积极推进生态扶贫，累计种植林草 2700 余亩。积极宣传开展"一兵带一户"活动，杭锦旗 7 个苏木（镇）的民兵骨干深入发动群众、主动帮带群众，形成了群策群力抓扶贫的良好局面，星星之火渐成燎原之势。

三是抓好结对帮扶。针对阿斯尔嘎查实际情况，注重抓细抓小、一事一法，逐一攻克致贫难题。大力帮建嘎查党支部，配齐支部办公设施。杭锦旗人民武装部领导定期深入支部讲党课，与支部成员共研共商脱贫措施。坚持对症下药、因人施策，聚力解决群众现实困难，整修房屋、保障过冬用煤、购买鸡苗、新建牲畜圈舍、开展种植养殖培训等等。坚持发展集体经济，在增加嘎查集体收益、注入发展动力的同时，带动了 3 户贫困户增收脱贫。

## 打造生态扶贫长效模式，找准稳定脱贫的发力点

一是生态补偿促进脱贫。2014 年以来，杭锦旗人民武装部义务

种植和管护的万余亩林地，仅禁牧补贴每年可为 10 余户农牧民增收 8 万余元。在杭锦旗人民武装部生态建设的号召下，杭锦旗持续开展治沙造林活动，森林覆盖率从 1994 年的 5.4%增长到 2018 年的 18.7%，全旗每年有近亿元林业补贴惠及全旗农牧民。

二是生态就业带动脱贫。杭锦旗人民武装部生态基地护林员于二明原本是贫困户，自担任生态护林员以来工资逐年增加，过上了不愁吃不愁穿的好日子。杭锦旗近百家企业、单位参照杭锦旗人民武装部做法，吸纳贫困户任职生态护林员，扶持他们走上了脱贫致富路。

三是生态产业推动脱贫。杭锦旗人民武装部采取"生态＋产业"的扶贫模式，在生态基地建起了甘草种植示范区，带动贫困户种植甘草，取得了明显的经济效益。

# 通辽市科尔沁左翼后旗：
# 产业引领打赢脱贫"翻身仗"

科尔沁左翼后旗

成立合作社、打造肉牛品牌、发展生态扶贫……一项又一项工作在通辽市科尔沁左翼后旗落实，一个又一个扶贫产业被激活，一个又一个"穷根"被拔除。全国生态文明示范工程试点县、全国脱贫攻坚组织创新奖，黄牛产业减贫案例和生态产业减贫案例入选"2019 全球最佳减贫案例"……荣誉的背后是科尔沁左翼后旗凝心促脱贫、不使一人掉队，聚力谋发展、不让一户落后的使命和担当。

科尔沁左翼后旗（以下简称"科左后旗"）位于通辽市东南部，

科尔沁左翼后旗生态产业扶贫模式入选全球减贫案例，旗长（右）赴罗马交流经验

是国家扶贫开发重点旗、革命老区。精准扶贫开展以来，旗委、旗政府深入贯彻习近平总书记关于扶贫工作重要论述精神，全面落实党中央、自治区党委、市委关于脱贫攻坚的各项决策部署，把脱贫攻坚作为最大的政治任务和促进民族团结、边疆稳固的最大民生工程来抓，立足实现贫困群众持续稳定增收，把产业扶贫作为根本性举措来抓，按照"资金跟着贫困户走、贫困户跟着产业走、产业跟着市场走"的工作思路，推动有劳动能力的贫困户产业发展全覆盖。截至 2018 年底，科左后旗累计减贫 11690 户 30285 人，贫困综合发生率由 2014 年的 11%降至 1.23%。

## 牢牢牵住"牛鼻子"，带领群众奔小康

立足科左后旗资源禀赋和发展优势，旗委、旗政府将黄牛产业作为群众脱贫增收的主导产业来抓，引导贫困群众养牛致富，走出了一

科尔沁左翼后旗发展黄牛产业

科尔沁左翼后旗扶持养牛合作社

条"为养而种、为牧而农、草畜平衡、农牧结合"的良性循环发展之路，全旗已脱贫户中有 80% 是通过养牛脱贫的。

推行四种模式，确保有牛养。将贫困户分为"能贷能养、能贷不能养、不能贷能养、不能贷不能养"四类，分类制定针对性措施，实现了有劳动能力的家家有牛养，无劳动能力的户户有分红。

创新金融产品，确保有钱养。旗财政投入风险抵押金，存入农业银行、旗信用联社，放大十倍予以发放。在全国首创肉牛繁育贷和育肥贷金融产品，开创了政府、银行、保险公司和企业等多方合作的新模式，最大限度满足资金需要。同时，协调金融机构对贫困户实施"三优五不一增一减"、延长贷款周期、无还本续贷等多项优惠政策。

转变经营方式，确保养好牛。培育产业指导员和畜牧技术服务员，指导贫困群众转变生产方式。完善配套服务，建立健全旗镇村三级服务网络，降低养殖风险，提高养殖效益。建立黄牛改良站、防疫站、村级冷配点，为贫困户基础母牛办理养殖保险，解除贫困户的后顾之忧。

推进产业链发展，确保收益多。引进牛肉及牛副产品深加工企业，成立养牛专业合作社，引领黄牛产业规模化、标准化、组织化发展，打造了"科尔沁肉牛"品牌，"科左后旗黄牛"通过国家原产地保护产品认证。"科尔沁牛业"是全国第一家通过牛肉产品有机认证的企业，也是中国牛肉行业唯一进入世界肉类组织的企业。"科尔沁"商标被认定为"中国驰名商标"。

### 握紧生态"金钥匙"，治沙与治贫双赢

科左后旗位于科尔沁沙地腹地，沙化面积一度达到近 80%。面对生态和民生的双重压力，旗委、旗政府坚持生态优先、绿色发展，创新造林、管护和益贫性工作机制，积极探索既让沙地增绿，又让群

科尔沁沙地综合治理工程"科左后旗双百万亩集中治理区"

众增收的发展路子。

创新造林机制，生态修复、生态产业促增收。坚持自然修复与工程治理相结合，用好财政补贴资金，撬动社会资金，引导各类主体投入生态建设，并采取专业施工、保活造林的模式，实行大规模连片治理，大大提高了生态治理的速度和质量，每年以100万亩左右的规模加速推进，全旗土地沙化退化现象得到有效遏制，林草植被迅速恢复，沙地治理项目区内耕地粮食单产大幅提高。积极调整林草种植结构，促进沙地治理由生态型向生态和效益并重转变。鼓励农牧民利用退耕还林还草地块、采伐更新迹地、庭院周边等地发展特色种植。

突出绿色发展，文化旅游、益贫性机制促增收。实施"全域、四季、旅游＋"发展战略，着力打造特色景区景点，带动贫困农牧民参与旅游产业实现增收。建立益贫性机制，引导贫困群众参与生态建设管护。在生态治理中，优先吸纳贫困农牧民务工或直接参与到苗木抚育管理、树木栽植、后续管护等工作中。在全市率先实行全域全年禁牧政策，建立了农村牧区综合执法大队，聘用建档立卡贫困农牧民为生态护林员。

建立激励机制，落实生态惠民政策促增收。采取有偿流转土地的方式，鼓励群众将沙化土地退出来用于造林种草，群众将土地交给专业造林队伍保活造林三年后，按照"树随地走""谁所有、谁管护、谁受益"的原则，将林木再移交给农牧民。同时，落实生态奖补政策，发放各类生态补贴资金，实现生态惠民。

## 精准施策"拔穷根"，产业扶贫全覆盖

坚持精准施策、多措并举，积极拓宽产业增收渠道，加大帮扶力度，实现产业扶贫全覆盖、可持续、有后劲。

推广节水农业。采取工程治理、"民干公助"等方式，大力实施浅埋滴灌为主的农业高效节水工程建设，促进种植业提质增效。

搞活庭院经济。通过政策扶持、企业带动、技术培训等措施，积极引导贫困户利用庭院种植蔬菜瓜果、发展特色养殖。签订农产品进校园、进超市协议，建立蔬菜供应基地，解决蔬菜销售问题。

发展光伏产业。实施海鲁吐镇新艾里嘎查地面集中式光伏扶贫电站项目和68个村级光伏扶贫电站项目。

推进"电商＋扶贫"。支持电商企业向基层延伸，带动贫困户网上销售农副产品，全旗现有电子商务服务网点452处。

鼓励自主创业。坚持培训一人、就业一人、致富一户、带动一片，举办技能培训班、建设"扶贫车间"，带动贫困户就业创业。

密切利益联结。探索建立股份合作、订单帮扶、价格保护、生产托管、流转聘用等企业与贫困户利益联结机制，推广"龙头企业＋专业合作社＋贫困户""龙头企业＋贫困户＋基地"等产业化经营模式，

吸纳贫困人口融入产业链增收。

# 兴安盟突泉县：为资产上"保险"
# 让"家底"更丰厚

突泉县

从垃圾遍地到道路院落整齐划一，从基本温饱到产业发展如火如荼，从特困地区到整县脱贫不落一人……在脱贫攻坚战场上，突泉县干部群众上下一股劲、干事一条心，探索形成了"2355"扶贫资产管理模式，为资产筑牢"防火墙"。通过一次次的攻坚行动，一条条问题销号，在管好"一分一厘"的生动实践中摆脱贫困、迈向小康。

兴安盟突泉县属大兴安岭南麓集中连片特困地区，全县人口约30万人，是国家扶贫开发工作重点县、内蒙古重点扶持的革命老区。在精准扶贫之前，存在基础设施薄弱、产业发展步伐缓慢、公共服务能力不足等困难和问题，脱贫任务艰巨。近年来，随着精准扶贫的深入实施，贫困人口接连"拔穷根""甩穷帽"，兴安盟发生翻天覆地的变化：2020年3月，全县146个贫困村全部出列，11765户23357名贫困群众成功脱贫迈向小康，突泉县正式退出国家贫困县序列，在脱贫攻坚的"大考"中交出了高分"成绩单"。

突泉县高分的背后，凝聚着突泉县委、县政府举全县之力强力推进精准脱贫的智慧和汗水，更离不开近年来扶贫资金的持续投入。2014年至2020年7月底，突泉县累计投入扶贫资金16.01亿元，形成扶贫资产14.76亿元。针对全县投入的扶贫资金形成的庞大扶贫资

突泉县扶贫资产规范化管理办公室人员详细介绍管理运营模式

产，为管好"一分一厘"，突泉县聚焦"精准"二字，下足"绣花"功夫，追踪溯源找到扶贫资金形成资产的位置，清查核算扶贫资金形成的资产，建立动态管理台账，创新探索了双向追踪、三级监管、五权明置、五化运营的"2355"扶贫资产管理模式，解决了如何发挥好扶贫资产形成的资产收益、实现资金全程风险防控，让其在阳光下高效运行的难题，让扶贫资产持续滚动发展，让贫困户持续受益。

　　"2355"中的"2"是指双向追踪摸家底，给扶贫资产找"主人"。先是横向查扶贫资产都有哪几类，再纵向查这些扶贫资金用到了哪个村、哪个户。梳理出了2014年以来每一笔扶贫资金的使用方向和受益群体，摸清了每一项扶贫资产数量和具体位置，形成了一整套账本。资产的主人找准后，从上到下逐级发放确权书，让贫困户和村集体吃上"定心丸"。

　　"2355"中的"3"是指三级监管明责任，给资产找了3个"监管人"。突泉县编织了"县级统管、乡镇辖管、村级直管"的三级责任体系网，提高了扶贫资产风险的捕捉和防御能力，让"谁的孩子谁抱走，谁也别当局外人"。

　　"2355"中的第一个"5"是指五权明置防风险，给资产找了5个"保安"。突泉县给扶贫资产上了"所有权"、"经营权"、"收益分配权"、"监督权"、"处置审批权"等5个制度"保安"，不但筑牢了扶贫资产的"防火墙"，还让扶贫资产能"滚雪球"，给贫困户栽上了"摇钱树"，给村集体和扶贫企业建造了"聚宝盆"。

　　"2355"中的第二个"5"是指五化运营保收益，给资产找了5个"保姆"。突泉县组建扶贫资产管理公司这个服务平台，探索"运营专业化、投向多元化、决策流程化、防险系统化、收益长效化"的路

兴安盟突泉县"百姓名嘴"基层宣讲，把党的政策带到寻常百姓家

子。截至 2020 年 6 月底，县扶资公司已经代管村级资产 4.77 亿元，年收益 4500 万元以上。"扶贫资产的合作手续门槛很高，不但要把厂房和奶牛全部抵押，还得设共管账户，接受干部驻企监管和第三方评估。虽然管理的部门和人多，但确实解决了我们企业资金不足的问题。"突泉县天兴奶牛养殖公司总经理刘大伟说，"得益于扶贫资金的注入，现在我们的奶牛存栏从 2000 头增加到 8000 头了，日产鲜奶超过 50 吨，比以前赚钱多多了，每年还给村集体经济创收 800 多万元呢。"

扶贫资产管理公司还将部分扶贫资金注入到突泉县绿丰泉肉牛养殖企业之中进行合作经营，如今企业把从澳洲进口的 5100 头安格斯牛繁育到 1.7 万头，建成了蒙东地区最大的安格斯牛养殖基地，屠宰厂、有机肥厂等项目也上了马，形成全产业链，每年给村集体分红 1100 万元。现在全县养牛 10.6 万头，牛存栏量三年翻两番，产业入户覆盖率达到 23%，户均存栏 2.1 头，1267 户贫困群众年均增收 1.1 万元，扶贫资产不仅为产业发展注入了活力，而且产业发展也给农民增收插上了翅膀。

## 自治区脱贫攻坚先进个人

# 朝勒孟：牧民的事都是他的牵挂

格日勒图雅嘎查距离乌兰察布市四子王旗政府所在地 35 公里，辖区面积 69.6 万亩，常住户 105 户、278 人。尽管地处国家 4A 级景区格根塔拉草原腹地，但纯朴的牧民们一直以畜牧业为主导产业，又因为这里属于水资源匮乏地区，嘎查基础设施薄弱、生产力水平较低，发展一度滞后，牧民增收困难。2014 年，格日勒图雅嘎查被识别为重点深度贫困嘎查村，建档立卡贫困户 30 户、66 人。

"要为牧民们寻找致富之光！"从嘎查达到嘎查书记，生于斯长于斯并深深热爱着这片草原的朝勒孟深知自己肩上的重任。作为一名在基层工作战线上的共产党员，长期以来他都恪守着"奉献不言苦，追求无止境"的人生格言，一直在带领牧民致富的路上苦苦地探索着。

"一方水土养一方人。"在朝勒孟看来，大草原的每一处美景都值得珍藏，更值得永续利用。他说："四子王旗的天然草场是内蒙古草原的主体部分，同时也是北方重要的生态安全屏障。解决好'三牧'的问题，对巩固边疆稳定，保护草原生态，维护民族团结意义重大。"

在发展初期，朝勒孟有意识地引导牧民们开发旅游产业，以旅游拉动经济增长。曾经因为羊价大跌欠下巨额债务的布日格德 2016 年办起了牧家乐，一年纯挣 10 多万元，当年就脱了贫。像布日格德一样，越来越多的牧民们走上了经营旅游之路。如今，全嘎查 105 户牧户已经有 80 多户建起了牧家乐。特别是近两年，朝勒孟带领嘎查牧民大力发展集体经济，采用"旅游＋扶贫"模式将资金入股龙头企业，按股分红，找到了带动牧户稳定增收的重要渠道。

搞旅游，既搞活了经济，也让牧民们掀起了"头脑风暴"。他们先后建立了旅游中心，创建了养殖专业合作社，创立了"蒙古戈壁羊"品牌，还把专卖农畜产品的网店开了起来。

"过去扶贫，大多以帮扶为主，等于给贫困户输血，现在不能只靠政策，还得靠产业，让牧民真正能挣上钱，实现自我'造血'。"为了让还没有脱贫的牧民从等待输血向自我造血转变，朝勒孟带领嘎查村民为 9 户 19 人购买牛羊、饲草料、建设储草棚等投入资金 20 余万元；利用京蒙扶贫协作，为 4 户 6 人实施高效肉羊生产联合体建设项目资产托管经营，贫困户有了年度分红……他们还围绕"两不愁三保障"要求，根据贫困户实际情况与住房意愿，解决了大部分贫困户的住房问题，同时还为 5 个在读学生家庭发放了教育补助，让他们不

朝勒孟（中）入户为群众宣讲政策

再为孩子上学发愁……

从 2014 年被识别为重点深度贫困嘎查村，到 2018 年退出贫困嘎查村序列，短短四年时间，格日勒图雅嘎查在朝勒孟的带领下打了个漂亮的"翻身仗"，完成了从"自救"到"自强"的转变。如今的格日勒图雅嘎查，再不是曾经的没水没电没信号的穷乡僻壤，牧民们在辽阔的大草原上也享受到了城里人的现代化生活：用电用水均达到标准水平，广播电视户户通，手机信号全覆盖。

"牧区信息化建设的投入力度也应当加大，各地直播带货正火，我们也要适时跟上。四子王旗可是'神舟'降落的地方，我们想以此为依托打出自己的品牌，进一步增加产业收入。"朝勒孟说，和牧民有关的事儿都是他的牵挂。

# 高凯杰：一定要把北村搞好

他是坚韧不拔的"硬汉"，是村民眼中的好书记，更是群众致富路上的"领路人"。自 2011 年 7 月当选锡林郭勒盟多伦县多伦诺尔镇北村党支部书记以来，面对艰巨的脱贫攻坚任务，高凯杰带领全村党员干部科学谋划发展思路、积极调整产业结构，不但改变了北村贫穷落后的面貌，更带领全村百姓走上了小康之路。

2011 年的北村，年人均收入不足 4200 元，村里家族矛盾多、干群关系紧张、群众上访不断，危机之时，多伦诺尔镇党委作出任命高凯杰为北村党支部书记的决定。高凯杰放下在外地经营多年的采石场生意，毅然回到村里担起了这份沉甸甸的责任。他下定决心，一定要把北村搞好，绝不辜负镇党委、政府的重托和父老乡亲的厚爱。

发展才是硬道理，经过深思熟虑，2014 年，高凯杰提出"科学发展，增收富民"的发展思路，把工作重心放在抓党建促脱贫工作上。通过整合北村现有资源，成立了"北越蔬菜种植专业合作社"，建设日光温室，协调落实了恒温库、储藏库等项目，实现北村绿色无公害蔬菜种植基地现代化转型。为增加贫困户收入，早日实现脱贫，他大力推行"党支部＋合作社＋贫困户"的资产收益型扶贫模式，由党支部引领贫困户将土地和扶贫项目资金入股到合作社，将有劳动能力和劳动技能的贫困户安排到合作社务工，建立蔬菜产量提成激励机制，实现了合作社与贫困户双赢。

看到村民富裕起来了，高凯杰的干劲更足了。为充分发挥"北村模式"的示范带动作用，激发北村蔬菜产业发展新动能，在多伦诺尔镇党委、政府的大力支持下，他积极推行"联合党委＋公司＋合作社＋农户（贫困户）"模式，担任联合党委副书记和公司执行董事。联合南村、双井子村和新仓村注册成立了多伦县德胜农业科技有限公司，有效解

高凯杰主持召开北村"两委"会议

决传统生产经营过程中出现的难题。大力发展抱团产业，积极开拓中高端市场，与知名企业签订合作协议，"北村蔬菜"逐渐成为人人知晓的绿色品牌。

2019 年，高凯杰引进了绿色蔬菜分拣、包装和仓储设备，对蔬菜进行精加工，进一步延伸了蔬菜产业链条，又以全域旅游为契机，将全村 80% 的耕地流转给了合作社，发展农业休闲观光旅游，既壮大了北村的集体经济，也给全体村民带来了更大的福利。在高凯杰的带动下，外出务工人员纷纷返村创业就业，2019 年，北村年人均收入达到 13600 元。

当村官难，当一名好村干部更难。高凯杰根据各户实际情况，因户施策，帮助群众解决实际困难。北村的每一户百姓，他都视为亲人，能帮尽帮、应扶尽扶。担任北村党支部书记的时间里，高凯杰把一个贫穷落后的村庄发展成为闻名遐迩的小康明星村，成了令人向往的世外桃源！

# 莫津民：百姓信赖的"大家长"

在赤峰市克什克腾旗土城子镇十里铺村，有一位深得百姓信赖的"大家长"，他对这片土地全情投入，对这里的村民忘我付出。2014 年 7 月被派驻以来，他走过每家每户，熟悉一草一木，把十里铺村当成了自己的另一个家。他就是十里铺村第一书记莫津民。

莫津民经验丰富、思维活跃、口才绝佳，是克什克腾旗政法领域有名的人物。为了快速融入到百姓当中，他借住了一处村民闲置的房子，把家安在了村里。他经常入户走访，到田间地头同村民一起劳动，谁家有婚丧嫁娶，他都积极参与，实心实意帮忙，很快就和村

莫津民慰问 86 岁孤寡低保户王芹

里 300 多户村民"混熟了",村民都习惯亲切地称他"老莫",之所以对他尊重又爱戴,是因为大家都是他开展乡村建设、精准扶贫以及 2017 年灾后重建等务实为民工作的受益者。

驻村几年来,凭借着扎实的群众基础,他克服了许多困难,优质高效完成了十里铺村危房改造、街巷硬化等工程项目,留下"一箩筐"生动感人的故事。比如村民不愿意自己出钱垫付工程资金,莫津民就用自己的信用卡垫付资金为村民们拉砖进料、说服当地村民李广发自动让出自己的院落进行道路取直,还为本村修建广场捐款两万元……他常说:"只要是以心换心地去做群众工作,什么难题都能解决!"

他发挥自己曾在招商局任职的优势,努力发展村集体经济,积极带领村"两委"成员走出门去招商引资,并以村"两委"为主导建立农业专业合作社,从事农产品深加工项目,产业带动的优势逐渐显露出来。

他倡导和动员当地企业承担脱贫攻坚的社会责任。2016年，当地一家葡萄种植企业，为34户贫困户每户帮扶资金1500元，并在企业用工方面优先使用这些贫困户家中的劳力。他组织村民学习农业科技知识，推广使用滴灌技术。2018年当地遭遇大旱灾害，正是靠滴灌技术，使村民的损失降到了最低。

十里铺村有一片千余亩撂荒地，多年弃耕，退化沙化严重，极大影响了周围耕地的土壤环境。莫津民同村"两委"协商搞起了治沙工程，不但把地平整了，还种上了青贮玉米，粗略计算，这块地治理好后可以为村集体创造100万元的经济收入。

莫津民任职十里铺村第一书记的几年，村"两委"空前团结，村各项工作突飞猛进。驻村4年来，莫津民犹如一棵大树，把根深深扎进十里铺的土壤中，与十里铺村群众结下了深厚的感情，他从村民需要出发，从细微小事做起，为脱贫攻坚挥洒热血，践行着一名驻村干部的责任担当。村民们都说，自从来了莫书记，这日子是越过越红火。

# 李南南：不负青春不负村

"我是农村走出来的孩子，再次回到农村，村民把我当家人，我就要为他们做些实事。"兴安盟科右前旗阿力得尔苏木乡混都冷嘎查驻村第一书记李南南是这样说的，也是这样做的。2017年，身为"90后"检察官的他主动请缨成为一名驻村干部。母亲的心疼、爱人的不舍、亲朋好友的劝说……都没能阻挡他到扶贫一线工作的决心和脚步。

李南南（右）组织嘎查妇女开展草编手工艺技术培训

初来乍到，老百姓对这个年轻书记的能力充满疑问，村干部盼着小伙子能为村里带来改变，村民也在观望城里的小伙子能干点啥。为了尽快了解村情开展工作，李南南和工作队队员用一个月时间走遍了村里的 301 户，村民的大事小情都印在了他的心里。同时，他虚心向村干部学习扶贫知识，空闲时间在网上浏览各地脱贫攻坚的经验做法。在一次外出考察学习中，李南南和包村干部马孟良发现了宫廷黄鸡这个品种，宫廷黄鸡具备易于饲养、肉蛋品质优良等特点，非常适合贫困户养殖。说干就干，在与村"两委"、贫困户沟通后，他和马孟良自掏腰包购买鸡苗，分给村中养殖经验丰富、脱贫动力强的建档立卡户白巴雅尔图等 3 人饲养，并免费为他们提供幼鸡食用的饲料。养殖初期，李南南向技术人员学习养殖经验，再教给贫困户。在李南南的关注和贫困户的精心饲养下，这批宫廷黄鸡苗壮成长，一跃成为混都冷的致富"商鸡"。"一只鸡能卖 130 多块钱，鸡蛋 2 块钱一个，比普通的柴鸡赚得多，销路也好。"在李南南的带动下，混都冷嘎查又有十几户贫困户有意愿加入养鸡致富的行列中。

产业有了，接下来就是解决销路问题，为充分利用电商优势，李南南和驻村队员多次参加农村电子商务培训会，大家化身"店小二"、变身成为"微商"，帮助村民销售农产品。2019 年初，混都冷嘎查联合益农种植专业合作社召开种植南瓜动员大会，组织农户种植了 500 亩南瓜，南瓜丰收后，通过网络销售一空。这种"合作社＋农户＋电商"模式让南瓜有了好销路，也降低了农户种植风险。"不仅是南瓜，我们还卖了鸡蛋、沙果等产品，今后我们要整合资源，发展农产品深加工，进一步提高农牧民收入，促进嘎查集体经济发展。"李南南兴奋地说。

组织开展妇女草编手工艺技术培训，为妇女拓宽增收致富空间；与帮扶单位沟通，为贫困户打 53 口深水井，解决人畜用水安全问题；送生病的老人去医院、为贫困户搬运草料、帮助家里受灾的群众转移物资、抓基础设施建设……担任第一书记的三年，李南南不忘初衷，用实际行动践行着为民谋福祉的使命。如今的混都冷嘎查，路通了、灯亮了、村美了，老百姓的日子越过越好了。

# 王万斌：让聚宝庄成为聚宝盆

提起王万斌，呼和浩特市清水河县宏河镇聚宝庄村村民都说他讲诚信、重道义、办事实在。"说到必须做到，要做就做最好，钱财可以不要，诚信永不可失！"这是支部书记王万斌一直坚持的做事原则。

聚宝庄村曾是自治区级贫困村，村资源相对匮乏，没有可收益的集体项目，村民生活条件艰苦。2007 年王万斌任聚宝庄村支部书记以来，这个难题一直困扰着他。他常跟村民们说："困难是暂时的，只要我当一天村支部书记，就会让大家都过上富裕的生活。"为此，他积极听民声、访民情。经过一段瓶颈期后，想出了一条"可行之路"，那就是采取"公司＋基地＋农户"的模式，通过企业带动村经济发展，积极吸纳周边农户尤其是贫困户融入产业链。可是，哪家企业愿意来这个地方呢？经过再三考虑，他自己成立了内蒙古万兴宇食品有限责任公司，积极奔走解决资金不足问题，再难再苦都自己扛着，从来没有一句怨言，努力兑现着对村民的诺言。

他的辛苦没有白费，在党和政府的关心和帮助下，经过十几年的发展，内蒙古万兴宇食品有限责任公司已发展成为一家以养殖商品鸡和种植葡萄为主的龙头企业，企业的壮大，让农民得到了实实在在的

王万斌为村民整理葡萄架

利益，"公司＋基地＋农户"的经营模式，使贫困户获得了资产性、劳务性、财产性和生产性 4 个方面的收入。

一是为无劳动能力贫困户代养商品鸡，获得资产性收入。为 455 户贫困户代养商品鸡 2.28 万羽，代养期 5 年。每羽使用扶贫资金 40 元，贫困户不出资、不参与经营、不承担风险，每羽每年保底分红 12 元，代养期内可为每户实现固定分红收入 3000 元。

二是优先吸纳周边贫困户就近务工，获得劳务性收入。提供就业岗位 160 个，其中为 30 名贫困户人口提供常年务工，平均每人每月工资 2500 元以上，70 名贫困户提供季节性务工，平均每人每年可获得收入 5000 元左右。到 2022 年葡萄基地达到规模后，可提供 500 个以上就业岗位。

三是流转周边贫困户土地，获得财产性收入。共从贫困户手中流转土地 1000 亩，每亩流转费用 100 元，流转期为 11 年，每亩可获得固定流转收入 1100 元。

四是定向收购贫困户农产品，获得生产性收入。公司养殖商品鸡所需的原料，葡萄基地所需的农家肥料，都是向贫困户按高于市场价进行收购。

如今的聚宝庄，一派欣欣向荣的景象，多少年来，王万斌始终践行着自己的为人准则和做事操守，热情做人、真诚做事，不论年迈的老者，还是幼小的孩童，只要是答应的事情，他都会克服一切困难，履行自己的诺言。

# 于素侠：巧手"编织"创业梦

一个塑料大棚，一堆笤帚苗，几台自制的脚蹬式捆绑架子，在党

于素侠在金融扶贫的助力下创办"众富手工坊"

的扶贫政策支持下，这个名为"众富"的手工作坊撑起了赤峰市喀喇沁旗锦山镇阳坡村的产业梦，凭借自身努力，于素侠不仅顺利脱贫，还走上了产业致富的新路子，成为自治区脱贫攻坚脱贫致富优秀带头人。

于素侠原本有一个幸福温馨的家，然而天有不测风云，2011年于素侠的前夫去世，当时，两个孩子正在读高中，婆婆年迈多病，身背6万余元外债的于素侠，几度陷入绝望当中。但天性好强的于素侠，并没有被困难吓倒，当护工、做保姆、打零工，于素侠不知吃了多少苦、受了多少累，但摆脱贫困的坚定信心始终不曾动摇。2016年，于素侠被确定为建档立卡贫困户，经过锦山镇、阳坡村和驻村工作队反复研讨，决定发挥于素侠从事过手工制作皮制品工作的优势，为她量身打造了脱贫方案：办一个皮具加工的手工作坊。

方案有了，路子定了。于素侠贷款17万元，购买了缝纫机和原材料，把自家的屋子当厂房，办起了简易的手工作坊。"万丈高楼平地起"，于素侠拉开了她创业脱贫的人生新篇章。小作坊里的第一批产品顺利销售，于素侠尝到了创业的甜头，开足马力，全身心投入到手工皮制品的制作中，短短几年时间，产品远销其他省市，年收入10余万元。

在别人都认为于素侠终于可以享一享清福的时候，于素侠和张广生又组建了新的家庭，开始了他们新的尝试和探索。一个偶然的机会，张广生在网上获得利用笤帚苗加工制作盒式盖帘的信息，这让夫妻俩豁然开朗。经过考察，夫妻俩决定，把加工制作盒式盖帘作为新的产业突破口，打造"拳头产品"。2019 年，于素侠夫妻俩试种了70 亩地的笤帚苗，在捆绑笤帚的同时，尝试加工制作盒式盖帘，着力提升产品性能。盒式盖帘目前已在上海、太原等地打开了突破口，与当地经销商达成了初步合作意向。

日子好了，于素侠没有就此满足，"个人富不算富，大家富才是真正富"。为了帮助村里的贫困群众早日脱贫，于素侠夫妻俩积极吸纳村里的贫困户到手工作坊工作。"现在村里群众在我这儿捆绑笤帚，每人月收入达到 2000 元。到目前为止，我们已经做出了 1 万把笤帚，预计能收入 15 万元左右。"张广生介绍说。

没有比脚更长的路，没有比人更高的山。凭借着艰苦的努力和奋斗，于素侠先后被评为"自治区脱贫攻坚脱贫致富优秀带头人""赤峰市三八红旗手""赤峰市脱贫模范""喀喇沁旗优秀带贫减贫带头人"，并入选"赤峰好人榜"，于素侠的"众富手工坊"也被喀喇沁旗就业局确立为"就业局定点扶贫车间"。而她的经历、她的故事也给了更多人以生动的启示：只要生命不息、奋斗不止，生活就会给你希望、给你幸福。

# 赵洪波：巨力河村的"大管家"

他踏遍了所有建档立卡贫困户的门槛，被群众誉为巨力河村的"大管家"；他精准施策，结合当地特点努力寻求脱贫致富的"良方"；他坚守一线，全力抗疫筑牢疫情防控"最后一公里"……他，就是兴安盟扎赉特旗巴彦高勒镇巨力河村驻村工作队队员——赵洪波。

2015 年 9 月，赵洪波来到巨力河村担任第一书记。刚到村里时，他挨家挨户走访，短短几个月，就对村民的生产、生活状况有了详细了解。到老百姓家里拉家常、讲政策，和班子成员谈帮扶、想对策，村里的工作事无巨细，从班子建设到事务管理再到产业发展，他事事都要参与。为了能够让村民了解驻村干部的工作任务，赵洪波还印发了干群联系卡，上面有驻村干部的联系电话及工作内容，也正是这些细节把扶贫工作做到了老百姓的心坎上。

巨力河村的耕地多属山坡地，"靠天吃饭"现象较为突出。赵洪波结合实际注重特色产业发展，借助单位帮扶和项

巴彦高勒镇巨力河村驻村队员赵洪波（左二）入户了解情况

目支撑，规划建设农业设施园区。协调相关单位部门争取旱改水项目，将土地劣势转变成了创收优势。以树立特色品牌为思路，大力发展笨鸡养殖产业，为提高鸡的成活率，赵洪波积极组织技术培训，成立养殖跟踪服务中心。建立了"线上＋线下"、"预订＋零售"的销售模式，线上电商平台宣传推广形成预售订单，线下帮扶单位、驻村工作队员等协助宣传销售，一条龙服务让笨鸡养殖无后顾之忧。此外，发展舍饲养羊项目、入股乌市杜美牧业等一系列措施切实解决了村集体经济长期发展滞后的问题，拓宽了群众增收渠道。

为改善村民居住环境、打造特色乡村，赵洪波根据巨力河村的实际情况，决定发展生态旅游观光农业。在具体实施中，赵洪波联合村"两委"班子采取了有效措施：通过深挖蒙元文化内涵，建设了蒙元文化长廊、蒙元文化墙和具有民族风格的房屋及院落，在提高整村卫生状况的同时展现了马背民族勤劳、朴实、团结、向上的村风民风。

一直以来，赵洪波在攻坚路上率先垂范、砥砺前行，带着驻村队员，把根扎在巨力河村，把心交给巨力河村，破解工作中遇到的一个又一个难题。在他的带领下，一个经济快速发展、人民生活水平蒸蒸日上、村风和谐美丽的新巨力河村展现在兴安大地上。

## 巴雅尔：不改军人本色的"第一书记"

2014 年 5 月，身为复员军人的巴雅尔积极主动报名，经呼和浩特市民族事务委员会推荐，被选派到土默特左旗兵州亥村担任驻村第一书记。从进村的第一天起，他就卷起裤腿深入田间地头听民声、访民意，了解当地实际情况，想方设法解决村民最忧最盼的问题。

兵州亥村出行不便、用水困难，给村民日常生活带来诸多不便。

2015 年 12 月 20 日，巴雅尔多次与呼和浩特市公交总公司沟通，使 64 路公交车延伸到兵州亥村，解决了近万人的出行问题。用水问题一直制约着兵州亥村农业的发展，巴雅尔从兵州亥村的实际情况出发，与上级多个部门联系沟通，申请到 50 万元的发展资金。经村"两委"及村民代表大会表决通过，将资金全部用于打井、高低压线路和变压器配套建设、修缮灌溉渠道，同时在村务公开栏进行公示，征求群众意见建议，真正把惠民工程做实做好。

　　2018 年 4 月，他向组织申请下乡扶贫，被选派到善岱镇北淖村担任驻村第一书记、扶贫工作队队长，再次成为一名扶贫干部。

　　由于地理位置因素，北淖村每年会有 5 个多月时间存在人畜饮水困难的问题。为破解这项难题，巴雅尔积极与对口帮扶单位联系，经过一次次对接、实地调研、反复研究论证，将原计划帮扶项目改为自

正在云栗种扶贫互助养殖场喂羊的巴雅尔

来水管道改造工程。2018 年 11 月 10 日，投资 210 万元、总长 10.5 公里的自来水管道改造工程竣工，解决了沿线村民吃水难问题。

同时，为加快实施"乡村振兴"战略步伐，发展壮大村集体经济，实现整村脱贫，巴雅尔利用村里养殖业优势，通过"合作社＋党支部"的方式，把党在农村工作中的政治优势和专业合作社经济优势结合起来，成为帮扶到户、精准脱贫的强大牵引。2019 年 2 月，他自筹 4 万元，申请扶贫资金 9 万元，组织 6 户共 12 名贫困人口，租用废弃砖厂成立了北淖村云栗种扶贫互助养殖场，开启了用专业合作社经济优势带动贫困户发展的道路。通过家庭订单合作、电商销售形式，确立了"你家有鸡、他家有羊"的多元化养殖模式。让北淖村无劳动能力的贫困户不投一分钱，每年多了一份合作社分红，从根源上杜绝了返贫现象。以"因地制宜、因户施策、村有产业、人能增收"为总体目标，他积极向旗扶贫办申请村产业扶贫资金 50 万元，用于发展村集体产业——西门塔尔牛育肥项目，使村集体扶贫产业实现可持续发展，形成村集体经济利益共享共赢的长效机制。

# 李昇：做好扶贫工作的大事小事

2018 年 7 月，巴彦淖尔市磴口县审计局干部李昇接到了派驻隆盛合镇红旗村塔布村的驻村工作，任驻村工作队队长、红旗村第一书记的通知。能否适应这个全新的工作领域，能否应对好这份新的工作挑战？李昇不得而知，古语说得好"既来之、则安之"，面对全村贫困人口脱贫的艰巨任务，他没有退路，只能前进，尽自己最大努力干好工作。

任职以来，他与工作队员一道，把"家"搬到了村里，紧紧围绕

李昇（左一）积极开展健康扶贫工作，赴河壕村为残疾人贫困户发放血压计并介绍使用方法

《驻村工作主要职责》做好政策宣传工作，推动政策措施落实到村到户，并对建档立卡贫困户逐户排查，确保不漏一户、不漏一人，无死角、全覆盖帮扶。他深知肩上的责任重大，驻村近9个月的时间里，他深入走访65户贫困家庭，112名贫困人员，掌握了全村的基本情况和第一手资料，理清发展思路，为扶贫工作的进一步开展打下了良好的基础。

在全面摸底排查中，他完善档案资料，保证应纳尽纳、应退尽退；在入户走访中，他与村民深入交流，了解每家每户的具体情况。在此基础上，按照县委政府、镇党委的发展定位和支持方向，他与村"两委"分析包扶村的发展优势，制定了《脱贫攻坚三年规划》、《村项目库申报建议书》、《智志双扶年度计划》。同时，他积极引导帮扶干部入户宣传，讲解各级党委的扶贫开发政策以及各项惠农措施，塔布村的村民开始转变观念，克服"等靠要"的思想，摆脱了意识贫困和思路贫困，有了脱贫致富的信心和决心。

2018年，了解到塔布村小油路两侧雨后道路泥泞，严重影响农业生产及群众出行时，他及时协调，帮助塔布村小油路两侧铺设石子3.5公里，解决了实际困难。他还积极协调派出单位和帮扶干部为塔布村群众解决困难问题10多个。每逢节假日，他都要到贫困户、特困党员家中慰问，先后慰问贫困户、党员45户，慰问金额两万多元。协调派出单位连续两年同村"两委"举办主题党日活动，召开座谈会，了解困难群众思想状况，帮助协调解决实际问题，为群众排忧解难。

春风润物细无声。"只有把扶贫工作中的大事小事都做好了，人民群众才能真正感受到党和政府的温暖。"这是李昇常挂在嘴边的一句话。他是这样说的，也一直在这样做。

# 魏杰：让"后进村"变成"后劲村"

"脚下有泥土，心中有真情，驻村有实效。"这是杭锦后旗头道桥镇挪一村第一书记魏杰驻村两年来最深切的感悟。自驻村以来，他把群众当亲人，在群众工作上下足了功夫，通过他和村"两委"的共同努力，一步步带领贫困群众奔向致富路。

以前的头道桥镇挪一村是当地的一个欠发展村，基础设施建设滞后、缺乏支柱产业。掌握这一情况后，魏杰积极向上争取资金，完善各项基础设施建设，挪一村也实现了由欠发展到发展后劲足的华丽转变。

2019年，魏杰通过招商引资引进杨家河德丰园农联体种植专业合作社，建成了以订单瓜菜为主业的1万平方米综合市场，当年建成投运，扭转了周边5个行政村50多个自然组农产品销售市场偏少、偏小和有市无场的局面。据统计，入场交易群众人均可实现物流增收200多元，并创造500多个农民就地打工岗位，实现了就地生产、就地打工、就地销售的目标。

挪一村8组村民李宏亮就是受益群众之一，他因为家里有老人和小孩要照顾，农闲时间也不能出去打工，除了地里的收入几乎没有其他收入。如今村里有了合作社，农闲时他可以就近打工，补贴家用。"自从魏书记引进这个合作社后，我每年都来这儿打工，一年下来能干5—6个月，工资每天150元按时发，一年能挣2万多块钱，收入增加了不少，家庭也富裕了。"李宏亮说。

魏杰（右）与贫困户在钢架大棚中交流种植经验

2020 年，魏杰通过和头道桥镇党委政府、村"两委"班子协商以及多方考察，决定在杨家河德丰园农联体种植专业合作社的基础上，新建头道桥镇钢架大棚扶贫产业园，并积极争取上级扶贫资金 70 万元投资入股，具体由杨家河德丰园农联体种植专业合作社建设经营和管理，实行资金（钢架大棚）、技术（科学种植）、销售（产品包销）要素资源三托管，实现企业（法人经营分红）、农户（按比例分红）、村集体（按比例分红）收益分配三共享。

此外，挪一村还引进了落户贵州省老干妈蒙西地区辣椒种植示范基地，企业以每亩 700 元自行流转耕地 734 亩，其中 500 亩种植高辣高香辣椒，200 亩开展向日葵新技术新品种示范试验推广项目，带动全镇辣椒种植面积 3000 亩，辐射临河、磴口、中旗、前旗辣椒种植 1 万亩。

2020 年是脱贫攻坚决战决胜之年，越到紧要关头越要坚定必胜信心，作为驻村第一书记，魏杰始终保持着不畏难、不松劲、不停顿、不懈怠的干劲儿，以只争朝夕的劲头，用实际行动带领着挪一村的群众脱贫致富奔小康。

# 乌仁：草原上的"太阳姑娘"

鄂温克族姑娘乌仁，从小就心灵手巧，勤劳肯干，她把自己的工作室从小小的平房发展成鄂温克"太阳姑娘"文化发展有限公司。2015 年，"太阳姑娘"制作技艺被公布为自治区级非物质文化遗产项目，乌仁也光荣地入选"自治区级非遗代表性传承人"。

成为传承人后，乌仁深感肩负传承民族文化的重任，在自治区各级文化主管部门的扶持和指导下，她积极开展非遗文化保护传承活动，培养了 8 名"太阳姑娘"非遗代表性项目的传承人。她不断派非

乌仁（中）教贫困户制作太阳花

遗传承人到全国各地参加比赛、经验交流会等，以提高她们的专业水平。为了将鄂温克民族千百年的文化延续下去，从祖先手中传承民族记忆，让更多的年轻人了解民族历史的发展脉络，她派传承人深入全市各地积极开展传承授徒活动。

乌仁为家乡的姐妹们分享自己的创业经验，鼓励并支持她们积极创业，改善自身生活水平，同时也为当地经济发展起到了推动作用。如今，公司有固定员工 14 人，其中有 5 个建档立卡人员常年在公司工作。她经常深入苏木、嘎查、乡镇街道，教授下岗妇女制作"太阳花"系列皮毛手工艺品，并且为她们解决销售问题。公司先后在阿荣旗查巴奇乡、扎赉诺尔区、伊敏苏木、辉苏木、莫旗、根河等地开展培训，带动几千名妇女实现了再就业。仅 2019 年，当地建档立卡贫困户 12 人，人均增收 1600—3000 元。

乌仁率领团队开发百余种鄂温克族皮毛手工艺品及文化衍生品，

年销售量在万余件，取得了良好的经济效益。团队具备多元产品结构、不同大小的批量生产开发与供货能力。在传承发展非遗保护项目的同时，还与当地的皮雕技艺、兽骨文化、苏绣制作技艺、蒙古族毡艺制作技艺等非遗保护项目传承人开展跨界合作，开发出多元化的文化衍生品，受到当地消费者及广大游客的关注与喜爱，带动了这些项目传承人的增产增收。

随着文化与旅游的融合发展，在相关的政策引导下，乌仁将非遗与旅游紧密结合，在当地率先建立了"太阳花"非遗体验馆，与当地多家旅行社合作，吸引了更多的游客关注民族传统文化。从"非遗＋旅游"的模式衍生出"非遗＋研学"的模式，探索出文化传播与旅游产品整合的新途径。仅 2019 年，公司就接待研学团队 70 个，共计 1500 人左右，在让小朋友们体验鄂温克族独特非遗文化的同时，也让这些古老的民族非遗手工技艺生生不息地传承下去……

一切苦难和泪水换来今天的收获。从创建之初，乌仁就把公司定位在"保护民族文化，传承民族精神，服务旅游市场，解决牧民就业"上，几年来，她就像"太阳花"一样给家乡的人们带去了光明与温暖、幸福与希望。


# 张军：扶贫路上的"火车头"


"代霍"铁路上每天数列挂有百节车厢的火车呼啸而过，让人不禁感叹车头的动力强劲。铁路旁的"全国文明村镇""美丽乡村"额木庭高勒苏木巴彦敖包嘎查，有一位任内蒙古自治区人大代表的党支部书记张军，他一心率领贫困群众发家致富，在坚决打赢脱贫攻坚战的路上奋力疾驰，被贫困群众亲切地称为扶贫路上的"火车头"。

张军（左二）与嘎查"两委"班子成员共同商讨嘎查发展

张军是科右中旗人，出生于 1976 年的他，1997 年便开始为嘎查的各项事业服务，2005 年开始任嘎查党支部书记，至今他已为巴彦敖包嘎查服务了 20 多个年头。在脱贫攻坚战打响之前，巴彦敖包嘎查的发展已经走在了兄弟嘎查的前列，获得了旗、盟、自治区和国家的多项荣誉。可就在这样的条件下，还是识别出了 70 多名建档立卡贫困人口，这让张军心底萌生了一个想法："要想彻底摆脱贫困，必须改变现有的生产经营方式，走产业化发展的路子。"

找到了制约嘎查发展的原因，张军开始带领嘎查一班人走上了发展的新道路。他首先从嘎查"两委"班子队伍建设抓起，从强化嘎查班子的能力入手，不断提升为民办事能力。扎实开展学习教育，努力强化党员队伍建设，发展党员，培养嘎查后备干部，引导党员致富带头人通过领办、创办专业合作社，带动贫困户发展……一系列举措的实施，给嘎查注入了无限生机。在张军的带领下，科右中旗巴音敖包生态度假村有限公司、科右中旗巴彦敖包屯丰硕林果业专业合作社、科右中旗农发农机专业合作社、科右中旗巴彦敖包养鸡专业合作社相继注册成立。

巴彦敖包嘎查地处霍林河畔，代霍铁路和334国道穿境而过，具有得天独厚的地理优势和交通优势。张军紧紧把握优势，带领嘎查"两委"外出考察学习，结合嘎查实际，确定了大力发展旅游产业的思路。如今，巴彦敖包生态度假村总占地面积230万平方米，建筑面积2.66万平方米，总资产达4000多万元，年接待游客量30余万人次，收入可达300万元。乡村旅游的发展让嘎查的农牧民群众也转变了固有的发展思路，更让他们的钱袋子越来越鼓。生态度假村建成以来，嘎查始终给建档立卡贫困户和普通农牧户提供就业岗位，每个岗位每个月有近3000元的收入。

为切实帮助贫困户增收致富，嘎查还根据贫困户产业发展的意愿和实际需求，采取资产收益式产业扶持模式，贫困户将产业扶持资金入股嘎查集体经济组织和合作社，按照每人口每年1690元加每户1000元的方式进行分红。通过一系列产业扶持项目的实施，贫困户实现了脱贫增收，增强了发展的信心，打牢了摆脱贫困的基础。现在，嘎查不少百姓都成了开工资的农牧民，楼房和轿车也都走进了巴彦敖包嘎查百姓家中。

# 李智英：绽放在脱贫一线的"铿锵玫瑰"

2004年，李智英到乌海市乌达区最基层的街道办事处工作，从此扎根基层、服务群众，一干就是十几年，逐渐成长为基层独当一面的党员领导干部。2016年，她转任乌达区乌兰淖尔镇党委书记。刚到任几个月的时间里，她就走遍了镇里所有建档立卡贫困户的家，深入了解每一户家庭的详尽情况，谁家因病致贫、谁家没有劳动能力、谁家有一技之长……这些她都烂熟于心。每次到建档立卡贫困户家中，她都会有针对性地宣传扶贫政策，动员贫困户珍惜机会，利用现有各项扶持政策，增强脱贫致富的信心。

常言说，功夫要下在平时。工作中，李智英时刻寻找一切机会开拓乌兰淖尔镇的扶贫新方式、新手段。尤其到脱贫攻坚先进地区观摩学习，她总是认真揣摩所到之处的先进做法、有效之处，思考如何让这种做法为我所用、落地生根，最大限度地发挥学习带来的效用，探索脱贫攻坚的新路径。她借鉴其他地区的先进经验，尝试以党建为引领，积极与辖区龙头企业对接，帮助贫困人口实现就业、推动增收，建立了紧密型农企利益联结机制。组织吉奥尼酒业带动 31 户 42 人从事葡萄种植，雨润三禾、奥峰等企业提供就业岗位 30 余个。通过农企利益联结机制，乌兰淖尔镇引导贫困户自我脱贫，极大地激发了贫困户的内生动力，使贫困户成为脱贫致富的主角。

李智英（中）深入了解贫困户的具体情况

2017 年 9 月，李智英任乌海市扶贫办副主任。此时的她，没有丝毫的放松，反而多出了时不我待的紧迫感与坚决打赢脱贫攻坚战的责任感。在新的岗位上，她刻苦钻研、全面了解，充分发挥岗位职能，不断改进方法、提高效率。她协调多个部门，牵头制定了《乌海市打好打赢脱贫攻坚战三年行动方案（2018—2020)》，分年度明确了脱贫攻坚的目标任务、责任部门、着力重点和具体措施；组织各级扶贫干部深入全市 13 个行政村和 6 个涉农社区摸排 7704 户、20078 人，建立问题清单和整改台账，做好脱贫攻坚问题整改。她走村串户，范围由一镇扩到全市，用双脚丈量着全市的土地、用真情缩短与贫困户的距离；由此，她的工作方式也升级为"5 + 2""白 + 黑"，与三区扶贫办、各个镇办、村（社区）干部一起开会分析、研究政策，制定方案，及时整改问题，最大限度让政策与方案实用、好用、接地气。

面对扶贫干部找不准切入点的问题，她亲自下基层现身说法，多次走到干部职工中做培训，并编印手册发放到全市扶贫干部和帮扶责任人手中，还经常到三区及镇办问情况、找问题、出点子，引导扶贫干部、帮扶责任人增进与贫困户的感情，提高帮扶效果。

"全面小康，一个不能少；共同富裕，一个不能掉队"。让贫困人口摆脱困境、走上生活的正轨，始终是李智英心中根植的信念。如今的她，仍然像以往一样，每天奔波在路上。用她的话说，就是要站好自己的岗、最大限度发挥好这个岗位应有的作用。

# 辛芃伯：让繁荣村走上繁荣路

辛芃伯是扎兰屯市市场监督管理局成吉思汗市场监督管理所副所长，也是成吉思汗镇繁荣村驻村第一书记，他的肩上肩负着成吉思汗镇最大、贫困户最多的繁荣村 321 户、807 人贫困人口的脱贫担子。他从抓党建入手，建机制推理念、强班子带队伍、定规划兴产业、用真情和实干赢得村民的信任，让繁荣村村民的日子越过越好。

驻村以来，辛芃伯以"抓党建，强班子"为抓手，强化党建引领一切的信念，组织驻村队员与村干部结成帮带对子，在学习上解疑惑、工作上教方法、生活上送温暖。他坚持每天都去村民家里进行走访，宣传国家扶贫政策，提高群众对于扶贫政策的满意度。通过深入的调查研究和认真梳理，他对全村的贫困状况、经济发展现状、致贫原因、群众脱贫愿望及贫困户需求都有了清楚的认识，经过村"两委"班子进一步研究，制定了因村施策、因户施方的总思路，规划了"一村多品"、依托优势产业发展绿色经济的蓝图。

按照脱贫发展总思路，繁荣村依靠农民专业合作社多年的产销渠

辛芃伯正在写扶贫日志

道优势，大力推广芍药种植，现已带动 120 户党员及贫困户种植了百亩芍药田，并与北京同仁堂签订了收购合同，每亩收入达 2 万元。成立了新天利果蔬种植合作社，将 180 万元项目资金以资产收益分红的形式注入，建设了 108 个大棚，用于种植油桃、西瓜、葡萄等水果和蔬菜供游人采摘，产值达到 200 万元，直接带动 40 余户村民和贫困户承包大棚或在合作社打工实现增收，间接带动了 30 余户村民和贫困户收益土地承包金。2016 年至 2018 年，贫困户共计分红 35 万元。他和村"两委"、驻村工作队协调资金 100 余万元，购买大型农机具 11 台，成立利民农机农民专业合作社，用于免耕、深松、旋耕等服务和人居环境整治等。同时，带动村民大力发展繁荣村绿色庭院经济，与扎市蒲公英鑫盛山野菜加工厂合作，采取订单式种植、收购模式，全程提供技术指导和播种、起收设备支持，亩收入 1600 元至 2000 元。

4 年来，在他和所有帮扶干部的共同努力下，繁荣村的 321 户贫困户已全部实现脱贫，繁荣村的面貌发生了改变，村民的生活日新月异。

# 赵丽杰：田野上的"奋斗者"

赤峰市林西县荣盛达种植农民专业合作社理事长赵丽杰深受父亲的影响，对土地有着一种天然的热爱，对带领乡亲们一同脱贫致富有一种强烈的责任感。"只要她看好的事，认准了的事，就是吃再大的苦，受再多的累，都会一往无前地向前冲！"在丈夫董蒙眼里，妻子赵丽杰总有一股不服输的韧劲儿。2012 年，生在呼伦贝尔的赵丽杰跟随参军复员的丈夫，在林西县新城子镇双兴村成了家。刚进村，她的心就凉了半截，吃水难、房子破、路不平，手机还没信号。年轻人

赵丽杰（右二）与贫困户一起制作豆包

都出去打工了，只剩下留守老人，苦耕着几亩薄田。

"不能捧着金碗要饭吃！"身为党员的赵丽杰决心要在种地上做文章。她用婚后仅存的两万元钱买了一台小型拖拉机，流转了上百亩土地，种起了杂粮杂豆。梅花香自苦寒来，经历了农事之苦的赵丽杰，种田种出了规模，种出了效益。2014 年，赵丽杰注册了"董蒙家庭农牧场"，2017 年成立荣盛达种植农民专业合作社，带领乡亲们种起了有机杂粮。刚开始夫妻俩只流转了 300 多亩地，到 2019 年就已经发展到了 2.3 万亩。原来只有一台拖拉机，如今合作社和家庭农场已有大中小型农用机械 38 台。农业的集约化、机械化生产，极大地降低了杂粮杂豆的耕作成本，使合作社和农户都尝到了甜头，让 3500 多名农民人均增收 3000 余元。

赵丽杰热爱土地，热爱在土地上勤劳耕作的人们。为了把人们的劳动成果转化成实实在在的收入，她往返于各地推销农副产品，搞电商、建加工厂、创名优品牌。每到春节，赵丽杰都会带领全村妇女将村里的黄米、芸豆，制作豆包和年糕，通过线上线下的直销方式销往全国各地。

改变农村落后面貌，让老百姓有钱只是实现小康的第一步，如何让大家在脱贫的基础上进一步致富奔小康，是赵丽杰一直在思考的问题。于是，赵丽杰成立了农民培训中心，从领着大家干到和大家一起干，从靠天吃饭到科学种田，从单一生产到提升品牌，双兴村发生了历史性的巨变。但赵丽杰始终没有停歇，她意识到林西县虽然旅游资源匮乏，但独特的生态系统和近乎原始的自然风貌都可以吸引大量游客。游人在欣赏美景的同时还能感悟到爱护自然、保护生态的紧迫性。赵丽杰决定要在偏僻的山村建设出一块巨大的生态教育基地，让更多的人热爱自然，热爱土地，让这里的人们有更加宽广的致富之路。

从嫁到偏远山村的小媳妇，到远近闻名的致富能手，再到带领周围十里八村乡亲们抱团致富的主心骨，赵丽杰为偏远乡村蹚出了一条脱贫新路，她的辛勤付出得到了社会的肯定和乡亲们的敬佩。赵丽杰先后被中华妇女联合会评选为"全国巾帼建功标兵"，被自治区授予"全区农村牧区青年致富带头人"等称号。她那种吃苦耐劳、一往无前、不达目的绝不罢休的"蒙古马精神"，正在激励着一大批新时代的新型农民，为了幸福的明天而奋斗。

## 解良：57个红手印留下的扶贫干部

解良是乌兰察布市察哈尔右翼中旗阿令朝村57位村民极力挽留

下的一名驻村扶贫干部，是中央电视台报道的最美基层干部。他放弃了优越的生活和工作条件，丢下年迈的父亲和正在上学的女儿，以舍小家为大家的情怀，选择驻村扶贫，带领村民脱贫致富。

2015年5月，解良主动请缨驻村扶贫，来到察哈尔右翼中旗阿令朝村。尽管有思想准备，但当他进村入户了解当地情况后还是心头一震：地贫、村贫、人贫，4个自然村一半以上的人外出打工，常住104户、215人，"三到村、三到户"识别贫困户126户、322人，人均纯收入多年徘徊在2600元左右；村集体没有一分钱，村"两委"班子凝聚力、号召力不强。

睡在老乡家的土炕上，解良久久不能入眠，如果一家一户"撒胡椒面"，省事、简单，可群众得到眼前的实惠后仍无法从根本上脱贫致富。他走访、调查、与村"两委"班子研究，"精准扶贫＋集体经

解良（左）在耐心给贫困户讲解扶贫政策

济"的扶贫思路逐渐清晰，并被大家认同。

要想干事，得先赢得民心。谁家有人生病下不了地，他帮忙把医生请到家；谁家遇到困难，他立马上门帮忙；谁家的羊肉卖不出去，他发动亲戚朋友购买，还去商场超市推销……一年365天，他200多天住在村里，渐渐得到了村民的认可。在他的带领下，村里新建了养殖棚圈，合作社开始起步。可这时，解良一年的驻村期满，将回所在原单位自治区党委党史研究室。知道这个消息后，57位村民联名写下请愿书，摁下红手印挽留他。

留下来的他带着村民，大力发展集体经济。他带领村民，买回84头黑驴，开展肉驴养殖；开办胡麻油加工厂、石磨面粉加工厂；把村里的垃圾沟改造成鱼塘。通过采取"村集体＋农户＋精准扶贫户"的合作模式，以村集体占股25%、一般农户占股19.4%、贫困户占股55.6%的比例进行分红，带动村民脱贫。如今，阿令朝村集体经济资产已达400多万元。

扶贫几年来，从村里收到第一笔帮扶资金开始，他每天记账，接受监督，记好每一笔支出，每周与集体经济负责人对账，确保每一笔钱都能花在"刀刃"上。他提出，要用严格的制度把村里的每一分钱、每一笔账都管起来，规范资金使用，并及时给村民公示。如今村里每一项开支，都是由一整套制度"说了算"，每一项收支、每一笔账目都清晰明了地装在村民心里。

驻村后，为方便工作，他购买了一辆私家车，日日往返于村、镇、旗之间协调资金、项目。几年来为村里无数次拉运材料，从来没在村里报销一分钱，没有用村里的钱加过一滴油。"作为村里'当家人'，要带吃苦的头，带吃亏的头，把群众的事当成自己家里的事。只有这样，群众才会真心拥护你。"为群众办事，他心里永远都装着一杆秤。

# 附　录

## 全国脱贫攻坚楷模、先进个人、先进集体和全国脱贫攻坚奖获得者（内蒙古自治区）

### 全国脱贫攻坚楷模（1 名）

白晶莹　女，蒙古族，兴安盟科尔沁右翼中旗人大常委会主任、科尔沁右翼中旗蒙古刺绣产业专项推进组组长、蒙古刺绣协会会长

### 全国脱贫攻坚先进个人（44 名）

武汉鼎　清水河县畜牧局干部（退休）

云　鹏　蒙古族，和林格尔县盛乐经济园区台格斗村党支部书记、驻村第一书记，和林格尔县盛乐经济园区管委会事务服务中心副主任

巴雅尔　蒙古族，土默特左旗善岱镇北淖村驻村工作队队长兼第一书记，土默特左旗政务服务中心主任

程利翔　固阳县金山镇党委书记

郭彭飞　土默特右旗将军尧镇武大城尧村驻村工作队队长兼第一书记，包头市林业和草原局办公室主任

马艾飞　鄂伦春自治旗扶贫开发办公室党组书记、主任

玲　丽　女，达斡尔族，鄂温克族自治旗巴彦托海镇团结嘎查驻村工作队队长兼第一书记，鄂温克族自治旗巴彦托海镇党委委员、组织委员

姚家义　回族，阿荣旗三岔河镇党委书记

陈延成　兴安盟扶贫开发办公室原党组书记、主任，二级巡视员

王树庆　阿尔山市明水河镇西口村驻村工作队队长，阿尔山市明水河镇党委副书记、统战委员

齐晓景　女，蒙古族，科尔沁右翼前旗科尔沁镇乡土人才孵化中心负责人

付永久　奈曼旗青龙山镇互利村党支部书记

朱晓明　蒙古族，库伦旗扶贫开发办公室党组成员、副主任

于艳春　女，蒙古族，通辽市科尔沁区庆和镇党委书记

何胜君　满族，扎鲁特旗大军粮食种植专业合作社理事长

冯树鑫　赤峰市扶贫开发办公室党组书记、主任

张启航　敖汉旗萨力巴乡党委书记

宋占国　赤峰市派驻喀喇沁旗脱贫攻坚推进组联络员，赤峰市中级人民法院法警支队副支队长

萨仁图亚　女，蒙古族，巴林右旗巴彦塔拉苏木老道板嘎查驻村第一书记，巴林右旗宝日勿苏镇党委委员、组织委员

刘占林　林西县十二吐乡西山根村党总支书记

松布尔　蒙古族，苏尼特左旗扶贫开发办公室党组成员、副主任

高凯杰　多伦县多伦诺尔镇北菜园村党支部书记

乌云其其格　女，蒙古族，苏尼特右旗阿其图乌拉苏木额尔敦宝拉格嘎查驻村工作队副队长，锡林郭勒盟妇女联合会组宣部部长

史　芳　女，乌兰察布市委组织部副部长，乌兰察布市扶贫开发
　　　　办公室党组书记、主任

董　裴　蒙古族，商都县小海子镇麻尼卜村党支部书记、驻村第
　　　　一书记，商都县委办公室科长

贺　龙　兴和县店子镇朱家营村党支部书记，驻村工作队队长兼
　　　　第一书记，兴和县委办公室干部

丁瑞锋　女，卓资县易地扶贫搬迁服务中心副主任

纪全富　蒙古族，察哈尔右翼后旗旗委书记

王光荣　杭锦旗扶贫开发办公室主任

张栋梁　达拉特旗树林召镇党委书记

徐创军　巴彦淖尔市临河区扶贫开发办公室主任

邢洪圣　杭锦后旗蛮会镇党委书记

党占富　乌拉特中旗扶贫开发办公室党组成员、副主任

杨明轩　乌海市海勃湾区千里山镇团结新村驻村第一书记，乌海
　　　　市海勃湾区城市管理综合执法局一级科员

齐特格斯　蒙古族，阿拉善左旗银根苏木达兰图如嘎查村委会
　　　　　主任

布仁其其格　女，蒙古族，腾格里经济技术开发区嘉尔嘎勒赛汉
　　　　　　镇科森嘎查驻村工作队队长兼第一书记，开发区公
　　　　　　安分局党委委员、副局长

么永波　内蒙古自治区扶贫开发办公室党组书记、主任

张忠兵　内蒙古自治区派驻巴林左旗脱贫攻坚工作总队副总队
　　　　长，内蒙古自治区综合疾病预防控制中心传染病预防控
　　　　制研究一所所长

王汉文　扎赉特旗巴彦乌兰苏木吉日嘎岱嘎查驻村工作队队员，
　　　　中国银行股份有限公司内蒙古自治区分行工作人员

于智宝　乌兰浩特市斯力很现代农业园区朝阳村驻村工作队队员，国网内蒙古东部电力有限公司兴安供电公司综合服务中心离退休管理部

赵志强　扎赉特旗阿尔本格勒镇哈日楚鲁嘎查驻村工作队队员，中国移动通信集团内蒙古有限公司综合技术室经理

拓　康　内蒙古自治区财政厅一级主任科员

杨宝峰　内蒙古自治区住房和城乡建设厅村镇建设处处长

郭　俊　内蒙古自治区审计厅农业农村审计处处长

## 全国脱贫攻坚先进集体（33 个）

中共武川县委员会

内蒙古伊利实业集团股份有限公司

清水河县北堡乡老牛坡村党总支

中共固阳县银号镇委员会

扎兰屯市扶贫开发办公室

中共鄂伦春自治旗大杨树镇委员会

中共突泉县委员会

扎赉特旗音德尔镇阿拉坦花嘎查党支部

中共乌兰浩特市义勒力特镇委员会

中共科尔沁左翼后旗委员会

科尔沁左翼中旗女子驻村工作队

中共开鲁县麦新镇委员会

阿鲁科尔沁旗扶贫开发领导小组

中共翁牛特旗乌丹镇委员会

宁城县扶贫开发办公室

内蒙古富承祥牧业科技发展有限公司

中共太仆寺旗千斤沟镇委员会

正镶白旗宝力根陶海苏木森金宝拉格嘎查党支部

中共四子王旗委员会

中共察哈尔右翼前旗三岔口乡委员会

凉城县住房和城乡建设局

商都县七台镇喇嘛板村村委会

内蒙古电力（集团）有限责任公司鄂尔多斯电业局扶贫办

五原县扶贫开发办公室

中共乌拉特中旗石哈河镇委员会

中共海南区巴音陶亥镇委员会

阿拉善右旗扶贫开发办公室

内蒙古自治区卫生健康委员会

内蒙古自治区派驻四子王旗脱贫攻坚工作总队

中共内蒙古自治区委员会组织部机关委员会

内蒙古电力（集团）有限责任公司锡林郭勒电业局扶贫办公室

内蒙古自治区农村信用社联合社脱贫攻坚金融服务工作小组

中国太平洋财产保险股份有限公司内蒙古分公司脱贫攻坚工作小组

## 全国脱贫攻坚奖获得者（6 类 17 项）

### 脱贫攻坚模范

武汉鼎　呼和浩特市清水河县畜牧局原局长、退休干部（2018 年）

### 奋 进 奖

吴云波　通辽市扎鲁特旗巴彦塔拉苏木东萨拉嘎查党支部书记、嘎查委员会主任（2017 年）

刘金锁　通辽市科左中旗代力吉镇东五井子嘎查党支部书记（2018 年）

岳桂玲　呼伦贝尔市莫力达瓦达斡尔族自治旗鑫鑫源种植专业合作社理事长（2019 年）

王文成　锡林郭勒盟太仆寺旗宝昌镇边墙村党支部书记、村委会主任（2020 年）

贡 献 奖

白晶莹　兴安盟科尔沁右翼中旗人大常委会党组书记、主任（2018 年）

孟　刚　呼伦贝尔市莫力达瓦达斡尔族自治旗阿尔拉镇党委书记（2019 年）

奉 献 奖

王文彪　亿利资源集团董事长（2016 年）

王召明　内蒙古蒙草生态环境（集团）股份有限公司董事长（2019 年）

周　勇　锡林郭勒盟羊羊牧业股份有限公司董事长（2020 年)

刘长安　北京凯达恒业农业技术开发有限公司董事长兼总经理、内蒙古薯都凯达食品有限公司董事长（2020 年）

创 新 奖

程国华　赤峰市宁城县小城子镇党委书记（2019 年）

马树友　赤峰市巴林左旗委常委、宣传部长（2020 年）

组织创新奖

赤峰市林西县（2018 年）

通辽市科尔沁左翼后旗（2019 年）

鄂尔多斯市杭锦旗人民武装部（2019 年）

兴安盟突泉县（2020 年）

丛书策划：蒋茂凝　辛广伟

责任编辑：陈佳冉

特约编辑：陈　密

封面设计：姚　菲

版式设计：周方亚

责任校对：周　昕

**图书在版编目（CIP）数据**

建设亮丽内蒙古：内蒙古自治区脱贫攻坚答卷／本书编写组 编 . —北京：
　　人民出版社，2021.6（2021.7 重印）
ISBN 978 - 7 - 01 - 023266 - 9

I. ①建… 　II. ①本… 　III. ①扶贫－工作－研究报告－内蒙古 IV. ① F127.26

中国版本图书馆 CIP 数据核字（2021）第 050055 号

**建设亮丽内蒙古**

JIANSHE LIANGLI NEIMENGGU

——内蒙古自治区脱贫攻坚答卷

本书编写组　编

**人民出版社** 出版发行

（100706　北京市东城区隆福寺街 99 号）

中煤（北京）印务有限公司印刷　新华书店经销

2021 年 6 月第 1 版　2021 年 7 月北京第 2 次印刷
开本：710 毫米 ×1000 毫米 1/16　印张：29.5
字数：388 千字

ISBN 978 - 7 - 01 - 023266 - 9　定价：68.00 元

邮购地址 100706　北京市东城区隆福寺街 99 号
人民东方图书销售中心　电话（010）65250042　65289539